SPRINGER COMPASS

Herausgegeben von
M. Nagl   P. Schnupp   H. Strunz

Springer Compass

Herausgegeben von M. Nagl, P. Schnupp und H. Strunz

W. Reisig: Systementwurf mit Netzen. XII, 125 S., 139 Abb. 1985

K. Kurbel: Programmierstil in Pascal, Cobol, Fortran, Basic, PL/I. XII, 328 S., 52 Abb. 1985

J. Nehmer: Softwaretechnik für verteilte Systeme. XIII, 185 S., 66 Abb. 1985

T. Baggenstos, R. Marty, B. Mergler, P. Schnorf: UNIX als Basis für Softwareentwicklung. X, 199 S., 124 Abb. 1985

J. Bechlars, R. Buhtz: GKS in der Praxis. XIV, 379 S., 50 Abb. 1986

R. Franck: Rechnernetze und Datenkommunikation. XII, 254 S., 75 Abb. 1986

R. L. Baber: Softwarereflexionen. Ideen und Konzepte für die Praxis. XII, 158 S., 10 Abb. 1986

J. Hansel, G. Lomnitz: Projektleiter-Praxis. Erfolgreiche Projektabwicklung durch verbesserte Kommunikation und Kooperation. Ein Arbeitsbuch. XII, 224 S., 23 Abb. 1987

G. Goos. G. Persch, J. Uhl: Programmiermethodik mit Ada. VIII, 160 S. 1987

P. Schnupp, C. T. Nguyen Huu: Expertensystem-Praktikum. X, 360 S., 102 Abb. 1987

Y. Shirota, T. L. Kunii: UNIX für Führungskräfte. Ein umfassender Überblick. XIII, 157 S., 147 überwiegend zweifarbige Abb. 1987

J. Shore: Der Sachertorte-Algorithmus - und andere Mittel gegen die Computerangst. XVIII, 252 S., 7 Abb. 1987

P. Schnupp, U. Leibrandt: Expertensysteme - Nicht nur für Informatiker. Zweite, korrigierte Auflage. IX, 140 S., 31 Abb. 1988

J. Gulbins: UNIX. Eine Einführung in Begriffe und Kommandos von UNIX – Version 7, bis System V. 3. Dritte, überarbeitete und erweiterte Auflage. XI, 773 S. 1988

T. Spitta: Software Engineering und Prototyping. Eine Konstruktionslehre für administrative Softwaresysteme. XIII, 229 S., 68 Abb. 1989

D. Hogrefe: Estelle, LOTOS und SDL. Standard-Spezifikationssprachen für verteilte Systeme. XV, 188 S., 71 Abb. 1989

T. Grams: Denkfallen und Programmierfehler. X, 159 S., 17 Abb. 1990

M. Nagl: Softwaretechnik: Methodisches Programmieren im Großen. XI, 387 S., 136 Abb. 1990

N. Wirth: Programmieren in Modula-2. Übersetzt aus dem Englischen von G. Pfeiffer. Zweite Auflage. XIV, 240 S. 1991

F. A. Koch, P. Schnupp: Software-Recht, Bd. I. XV, 358 S. 1991

W.-D. Wagner: Software-Engineering mit APL2. X, 263 S., 131 Abb. 1992

H. Weber: Die Software-Krise und ihre Macher. XII, 150 S. 1992

J. Hansel, G. Lomnitz: Projektleiter-Praxis. Erfolgreiche Projektabwicklung durch verbesserte Kommunikation und Kooperation. Ein Arbeitsbuch. XII, 224 S., 23 Abb. Zweite Auflage 1993

H. Bertram, P. Blönnigen, A.-P. Bröhl: CASE in der Praxis. Softwareentwicklungsumgebungen für Informationssysteme. X, 262 S., 51 Abb. 1993

H. Bertram   P. Blönnigen
A.-P. Bröhl

CASE in der Praxis

Softwareentwicklungsumgebungen
für Informationssysteme

Mit 51 Abbildungen

Springer-Verlag
Berlin Heidelberg New York
London Paris Tokyo
Hong Kong Barcelona
Budapest

Horst Bertram
Adolf-Peter Bröhl

Bundesamt für Wehrverwaltung
Referat TE 5
Bonner Talweg 177, D-53129 Bonn

Peter Blönnigen

Ploenzke Informatik
Geschäftsstelle Essen
Girardetstraße 2, D-45131 Essen

CIP-Kurztitelaufnahme der Deutschen Bibliothek
Bertram, Horst: CASE in der Praxis: Softwareentwicklungsumgebungen für Informations-
systeme / H. Bertram; P. Blönnigen; A.-P. Bröhl. - Berlin; Heidelberg; New York; London;
Paris; Tokyo; Hong Kong; Barcelona; Budapest: Springer, 1993
(Springer compass)
ISBN-13: 978-3-642-95691-1   e-ISBN-13: 978-3-642-95690-4
DOI: 10.1007/978-3-642-95690-4
NE: Blönnigen, Peter:; Bröhl, Adolf P.:

Satz: Reproduktionsfertige Autorenvorlage
Umschlaggestaltung: Konzept & Design, Ilvesheim
45/3140-5 4 3 2 1 0 – Gedruckt auf säurefreiem Papier

Vorwort des Herausgebers

Nur in Ausnahmefällen wird eine rechnergestützte Softwareentwicklungsumgebung (SEU) bei einem DV-Anwender mit der notwendigen Vorbereitung konsequent eingeführt. Häufig beginnt eine Abteilung des DV-Bereichs versuchsweise mit der Anwendung eines CASE (Computer Aided Software Engineering)-Tools in einem einzelnen Projekt. Wenn mehrere günstige Bedingungen zusammentreffen - z.B. guter technologischer Stand des Produktes, Erfahrung des Projektteams mit Softwareengineering-Methoden und -Tools, hohe Motivation des Personals, gute Unterstützung durch den CASE-Anbieter während des Projektes und durch das verantwortliche Management -, hat die CASE-Technologie die Chance, bei diesem Anwender in weiteren Projekten eingesetzt zu werden und möglicherweise sogar die Softwareentwicklungskultur dieses Unternehmens nachhaltig zu verändern. Bei weniger günstigen Ausgangsbedingungen kann der Versuch, die neueste Softwaretechnologie einzuführen, auch kläglich scheitern.

Für größere Organisationen, zu denen das Bundesamt für Wehrverwaltung (BAWV) der Bundeswehr gehört, verbietet sich diese Vorgehensweise. In die Entwicklung und Pflege der vom BAWV betreuten komplexen Informationssysteme der Bundeswehr sind viele interne und externe Stellen eingebunden; die Veränderung der Softwareentwicklungskultur einer solchen Organisation ist ein außerordentlich komplexer Vorgang, der der sorgfältigen Planung und Abstimmung bedarf.

Mit den Mitteln zweier Forschungs- und Technologieprojekte der Bundeswehr konnte ein Projektteam aus BAWV-Amtsmitarbeitern und Mitarbeitern externer Softwarehäuser eine zukunftssichere SEU definieren, realisieren und einführen. Diese Projekte wurden in einer Zeit abgewickelt, in der

- die Informationstechnik zunehmend als Mittel zur Verbesserung der Wettbewerbsfähigkeit erkannt wurde,
- die Führungsaufgabe "Informationsmanagement" in vielen Unternehmen und Verwaltungen in der Hierarchie höher positioniert wurde,
- die Bedeutung der Qualität von Software zunehmend auch von der gesamten Management-Ebene erkannt und von den "mündigen" Anwendern eingefordert wurde,

- mit der Marktpräsenz der ersten ernstzunehmenden CASE-Tools das Thema
  Softwareengineering - nicht nur wegen der erforderlichen Investitionen - in der
  Informationsmanagementebene thematisiert wurde,
- die technische Entwicklung von Hardware und Software sowie massive Veränderungen im Preis-/Leistungsverhältnis der unterschiedlichen Rechnerklassen
  eine Verschiebung der Architekturen neu zu entwickelnder Informationssysteme
  von reinen Host-Lösungen zu Client-/Server-Lösungen erzwang,
- international erhebliche Anstrengungen zur Standardisierung der Softwareentwicklung unternommen wurden.

Besondere Anforderungen ergaben sich zusätzlich dadurch, daß diese F+T-Projekte
durchgeführt wurden, als durch den Zerfall des Kommunismus und die Wiederver-
einigung Deutschlands eine massive Strukturveränderung der Bundeswehr eingeleitet werden mußte.

Während die erfolgreiche Abwicklung des SEU-Projektes unter solchen Bedingungen noch als Pflicht im Rahmen der beruflichen Aufgaben der Projektmitarbeiter
eingestuft werden kann, gilt dies jedoch nicht mehr in bezug auf die Erstellung der
jetzt vorgelegten Publikation. Den Autoren ist zu danken, daß sie die mühevolle
Arbeit auf sich genommen haben, die Ergebnisse und Erkenntnisse der beiden
F+T-Projekte zu veröffentlichen, obwohl Praktiker üblicherweise weder die Zeit
noch die Motivation für eine solche Aufgabe mitbringen und im Gegensatz zu
Wissenschaftlern auch kaum mit karrierefördernden Wirkungen einer Publikations-
tätigkeit rechnen können. Gedankt werden soll außerdem dem Referat RÜ T III 1 des
Bundesministers der Verteidigung und der Amtsleitung des BAWV für die Geneh-
migung zur Veröffentlichung der Ergebnisse der beiden F+T-Projekte.

Zusammen mit den Autoren sieht der Herausgeber den primären Nutzen der vorgelegten Arbeit nicht in der wissenschaftlichen Dokumentation eines interessanten
Softwareengineering-Projektes. Vielmehr werden alle Informationsmanager, Dv-
Spezialisten sowie Manager und interessierte Mitarbeiter von Anwenderabteilungen,
die die Notwendigkeit einer revolutionären oder evolutionären Veränderung der bei
ihnen bestehenden Softwareentwicklungskultur erkannt haben, eine Fülle von Anregungen erhalten, die die Einführung einer innovativen SEU in ihrem eigenen Umfeld
erleichtern und beschleunigen wird. Angesichts der Qualitätsprobleme bestehender
Softwaresysteme, der erforderlichen Neuentwicklung von Informationssystemen mit
Client-/Server-Architektur und der anstehenden Re- und Reverse-Engineering-Pro-
jekte ist zu hoffen, daß die Arbeit von Bertram, Blönnigen und Bröhl sowohl in der
Praxis als auch in der Wissenschaft Anerkennung erfährt.

Hoffnungsthal, im Juni 1993   Horst Strunz

Inhaltsverzeichnis

Teil III Softwareentwicklungsumgebungen bei der Bundeswehr

Einleitung

Das allgemeine Problem der Softwareproduktion ist augenfällig: Es mangelt häufig an der Qualität der erstellten Produkte.

Deshalb ist der Nutzer oft mit dem Ergebnis langer Softwareentwicklungsprozesse bereits zu Beginn der Nutzung unzufrieden. Er ist enttäuscht, weil er nicht das erhält, was er sich vorgestellt hat und für seine Arbeit benötigt.

Seine Unzufriedenheit wächst aber meistens im Laufe der Zeit noch, weil die Wartung der Produkte problematisch ist. Die Ursache liegt darin, daß diese individuell erstellt, wenig strukturiert, intransparent und schlecht dokumentiert sind. Das hat letztendlich zur Konsequenz, daß die Produkte kaum noch vom Autor selbst, geschweige denn von jemand anderem zuverlässig und in angemessener Zeit geändert und gepflegt werden können. Damit wachsen aber nicht nur Mißbehagen und Unzufriedenheit des Nutzers, sondern dies führt auch zur auffälligen Bindung eines großen Teils der Personalkapazität in der Softwarepflege/-änderung, die dann zwangsläufig für dringend erforderliche Neuentwicklungen nicht zur Verfügung steht.

Es muß daher ein Weg aus diesem Dilemma gefunden werden. Dabei gilt es vor allem, die Softwarequalität drastisch zu verbessern. Nur dann sind die hohen Kosten für die Entwicklung und Wartung von Software bei steigendem Investitionsvolumen der Unternehmen noch zu rechtfertigen.

Voraussetzung für die Erzeugung der Qualität im Sinne der gestellten Anforderungen ist, daß

- die Personen unmittelbar beteiligt werden, die die Anforderungen an die zu entwickelnde Software stellen (Betroffene als Beteiligte),
- Aufgaben, Kompetenzen und Verantwortungsbereiche in der Entwicklung definiert und Ablaufprozeduren der Arbeit im Team erarbeitet werden (Organisation),
- die beteiligten Personen ihre Vorgehensweise aufeinander abstimmen und methodenbasierte Verfahrensweisen einsetzen, um die Software zu erstellen und die Produktqualität zu überprüfen (Softwareengineering),

- den Beteiligten das notwendige Wissen zur qualitätsorientierten Softwareentwicklung vermittelt wird (Personalentwicklung),
- die für den Prozeß der Softwareentwicklung notwendige Hard- und Softwareplattform zur Verfügung steht (Technologie).

Die Herausforderungen in der Softwareentwicklung wachsen mit der Größe der Aufgabenstellung, mit der Zahl der beteiligten Personen und der beteiligten Interessengruppen. Aus diesem Grunde ist es vor allem in großen Organisationen mit komplexen Projekten unbedingt erforderlich, die Vorgehensweisen sowie den Methoden- und Werkzeugeinsatz zu standardisieren, da nur dadurch übergreifend eine gemeinsame Kommunikationsbasis durch einheitlichen Sprachgebrauch geschaffen, Transparenz in der Entwicklungsarbeit mit Wirkung auf die spätere Wartung erreicht und zielführende, qualitätsverbessernde Methoden und Techniken flächendeckend eingesetzt werden. Darüber hinaus verringert sich der Investitionsbedarf in Technologie und Personalentwicklung, wenn die zu erfüllenden technischen Parameter und die notwendige Personalqualifikation bekannt sind.

Das vorliegende Buch schildert am Beispiel der Bundeswehr (Bw) die Vorgehensweise bei der Standardisierung des Softwareentwicklungsprozesses und seiner Technologie bei der Entwicklung von Informationssystemen. Es basiert auf den Ergebnissen von zwei Forschungs- und Technologieprojekten und auf den Erfahrungen bei der Umsetzung der Forschungsergebnisse in die Praxis. Obwohl beide Projekte zum Zeitpunkt des Erscheinens dieses Buches noch nicht vollständig abgeschlossen sind, können hier schon die wesentlichen Ergebnisse präsentiert werden.

Teil I widmet sich der Betrachtung der Anforderungen an eine moderne Softwareentwicklungsumgebung auf der Grundlage heute zu beobachtender Aspekte des Informationsmanagements im Unternehmen und erläutert die Notwendigkeit einer Softwareentwicklungsumgebung (SEU), wie sie in den weiteren Teilen des Buches beschrieben wird.

Teil II beschreibt die erarbeiteten Standards zur Softwareentwicklung (Vorgehensweise, Methoden und Werkzeuganforderungen) sowie ihren Aufbau und Inhalt. Aufgrund der internationalen Einbindung der Bundeswehr werden hier auch die Schnittstellen zu internationalen Standardisierungsbemühungen erläutert.

Teil III schildert die Erfahrungen bei der Auswahl und der ersten Erprobung einzelner Komponenten einer Softwareentwicklungsumgebung.

Abschließend beschäftigt sich Teil IV mit aktuellen Entwicklungen und Trends auf dem Sektor der Softwaretechnologie.

Teil I

Bedeutung der Informationstechnik für das Unternehmen

Management und Softwareengineering

Im Bewußtsein der Informationsmanager nimmt die Frage nach der unternehmensbezogenen und langfristigen Plan- und Steuerbarkeit der Informationstechnik (IT) zunehmenden Raum ein. Die Erfahrungen mit kurzlebigen Detailkonzepten, unabgestimmten Strategien und mangelnder Koordination im operativen Management der Anwendungsentwicklung führten in der Vergangenheit zu Zeitverzug, Ineffizienz und Ineffektivität.

Eine Untersuchung der aktuellen Hauptprobleme von Informationsmanagern in USA zeigt, daß die Informationstechnik als Mittel zur Neugestaltung der Geschäftsprozesse erkannt wird. Ihre Bedeutung für das Unternehmen läßt sich durch das Befragungsergebnis im Hinblick auf die aktuellen Trends in der Anwendungsentwicklung mit ihrer Rangfolge ableiten (Abb.1).

Die Nutzung der Ressource "Information" als kritischer Erfolgsfaktor im Wettbewerb wird betont. Die Verfolgung einer offensiven Unternehmensstrategie setzt daher immer mehr eine intensive Abstimmung von Unternehmensplanung und Informatikstrategie voraus, was zur Konsequenz hat, daß sich die Definition und Priorisierung großer Investitionsvorhaben zunehmend an den Unternehmenszielen orientieren muß.

Angesichts der wachsenden Integration von Wertschöpfungsprozessen und zunehmenden Koppelung des Stammgeschäftes mit Zusatzdienstleistungen, wie sie z.B. im Konsumgüterbereich durch die Kombination von Handels- und Finanzdienstleistungen beobachtet werden können, ist die Unternehmensplanung gefordert, bereichsübergreifende Controllinginformationen zu verwenden, wobei zwangsläufig die intensive Dependenz von Technik und Organisation zu einem stärkeren Kommunikationszwang zwischen den Disziplinen führt.

Neugestaltung der Geschäftsprozesse mittels Informationstechnik	1
Informationstechnische Fortbildung der oberen Führungskräfte	2
Einrichtung horizontaler Informations-systeme	3
Anpassung von Unternehmenszielen und Informationssystemen	4
Strategische Planung der Informations-systeme	5
Produktivitätssteigerung der Softwareentwicklung	6
Nutzung der Daten	7
Nutzung der Information zur Erzielung von Wettbewerbvorteilen	8
Entwicklung der Informationsarchitektur	9
Senkung der Kosten der Informations-systeme	10

Rang 1990/Quelle: online 5/90

Abb.1   Rangfolge der wichtigsten Aufgaben des Informationsmanagements

Zudem verändern sich aufgrund der Beschleunigung des technologischen Wandels mit immer kürzeren Innovationszyklen kontinuierlich die Kommunikations- und Arbeitsprozesse in allen Bereichen des Unternehmens. Parallel dazu wächst, wie man beispielsweise in der Industrie sehen kann, der Anteil der DV-unterstützten Dienstleistung an den Produkten in den letzten Jahren immer mehr. Computer Aided Manufacturing, Computer Aided Design, DV-gestützte Logistik etc. sind Merkmale moderner Industrieanlagen.

Mit dem Wandel der Technologie, der Arbeits- und Kommunikationsprozesse sowie des Marktes veralten auch die DV-basierten Dienste rasch, was zu relativ kurzen Produktlebenszyklen und zu einem rapiden Anstieg des Entwicklungsbedarfs führt.

Bei wachsenden Herausforderungen an das Informationsmanagement (IM) im internationalen Wettbewerbsumfeld verwundert es nicht, daß die Informatikvorhaben in der Anwendungsentwicklung immer größer und komplexer werden und häufig nur noch in bereichsübergreifend zusammengesetzten Projektteams entwickelt werden können, woraus sich die Tendenz eines immer komplexer werdenden Projektmanagements ergibt.

Die zunehmende Komplexität der Systeme und die komplizierten Abhängigkeiten zwischen parallel durchgeführten Entwicklungen lassen in dem durch wachsende Dynamik gekennzeichneten Unternehmensumfeld manche Großinvestition bereits in der Planungsphase als zweifelhaft erscheinen.

Das Informationsmanagement benötigt daher dringend eine sichere und aussagefähige Planungsbasis, von der aus mit größtmöglicher Flexibilität neue Vorhaben definiert und gesteuert werden können. Unternehmensmodelle, bestehend aus semantischen Datenmodellen und Funktionsmodellen, wie sie derzeit allenthalben diskutiert werden, können hier eine sinnvolle Basis liefern /Scheer, 88/. Sie stellen insbesondere die Beziehungen und Abhängigkeiten zwischen der Unternehmensorganisation und den Informationssystemen dar und bieten die Grundlage für die unternehmensweite Erarbeitung von Anwendungsarchitekturen.

Für die Entwicklung DV-basierter Informationssysteme in komplexen Projektorganisationen wird eine Plattform im Sinne des Softwareengineering benötigt, die den gesamten Software-Life-Cycle unterstützt. Diese Aufgabenstellung ist Gegenstand moderner Softwareentwicklungsumgebungen (SEU), die sich vor allem mit der Organisation, der Vorgehensweise, den methodischen Grundlagen und den technischen Unterstützungsmöglichkeiten durch Werkzeuge (Tools) auseinandersetzen. Eine SEU umfaßt neben der Vorgehensweise und den Methoden die Gesamtheit aller Betriebsmittel (Hardware, Basissoftware wie Betriebssysteme und Bürokommunikationssysteme, vor allem aber Softwareentwicklungswerkzeuge), die für die professionelle Entwicklung von Software eingesetzt werden.

Die tiefgreifende Auswirkung der Erarbeitung und Umsetzung einer SEU auf die Unternehmensorganisation und die in ihr arbeitenden Personen machen eine strategische Entscheidung und Steuerung durch das Informationsmanagement notwendig.

Kapitel 1 hat zum Ziel, eine grobe Beschreibung der Aufgabenstellung des Informationsmanagements zu liefern und die Bedeutung moderner Softwareentwicklungsumgebungen vor diesem Hintergrund einzuordnen.

In Kapitel 2 werden die Entwicklungstrends und die wesentlichen Einflußfaktoren sowie Aspekte der heutigen Anwendungsentwicklung skizziert, um die notwendige Leistungsfähigkeit einer SEU zu erkennen.

In Kapitel 3 wird dargelegt, aus welchen Gründen der Einsatz von Softwaretechnologie/Softwareengineering einen wesentlichen Beitrag zu einem Weg aus der vielzitierten Softwarekrise leisten kann.

Abschließend wird in Kapitel 4 auf die wirtschaftlichen Aspekte der Entwicklung, Einführung und des Betriebs einer SEU eingegangen.

1. Gegenstand und Kennzeichen des Informationsmanagements

Zweck des Informationsmanagements im Unternehmen ist neben der Unterstützung der operativen Prozesse die optimale Unterstützung des Unternehmens hinsichtlich seiner marktwirtschaftlichen oder institutionellen Ziele. Wissenswert und damit für das Informationsmanagement relevant sind somit alle Daten, die im Zuge des unternehmerischen Wertschöpfungsprozesses für Planungs-, Steuerungs- und Kontrollaktivitäten benötigt werden.

Zweifellos kann man den Wert der Informationsverarbeitung für den Erfolg der Unternehmung nicht hoch genug einschätzen: Informationsvorsprünge schaffen Wettbewerbsvorsprünge.

Informationen entstehen sowohl in der Fertigung als auch im Büro. Sie können sich ausprägen als Ergebnisse des internen Wertschöpfungsprozesses, z.B. Lagerbestandsinformationen für die Beschaffung, oder als Ergebnisse des externen Wertschöpfungsprozesses, z.B. Marktinformationen von Wirtschaftsauskunfteien.

Wie die Nervenstränge den menschlichen Organismus durchziehen, so ist das Unternehmen durchdrungen von Informationskanälen. Die in den Informationskanälen fließenden Informationen geben Auskunft über die jeweils aktuelle Situation in den verschiedenen organisatorischen Einheiten des Unternehmens (Ist-Information) bzw. über die Führungsziele und Managementvorgaben (Soll-Information).

Ebenso wie im menschlichen Organismus die fehlerhafte Versorgung eines Organs dazu führt, daß dieses Organ nur noch teilweise oder gar nicht mehr funktionsfähig ist, führt auch ein Informationsmanagement, welches die organisatorischen Einheiten des Unternehmens nicht angemessen mit Informationen versorgt, dazu, daß die betreffenden Organisationseinheiten, Abteilungen, Unternehmensbereiche nicht mehr voll funktionsfähig sind.

Der unternehmerische Wandel bedingt, daß Informationsmanagement und Unternehmensorganisation wie siamesische Zwillinge zusammengehören und daher Hand in Hand gehen müssen. Die technische Komponente des Informationsmanagements, die als die zentrale Aufgabe traditioneller DV-Abteilungen betrachtet werden kann, spielt heutzutage lediglich eine unterstützende Rolle. So ist es sinnlos, ausschließlich die technische Infrastruktur zu planen und zu organisieren, ohne gleichzeitig die Geschäftsprozesse im Unternehmen zu durchleuchten und zu gestalten.

Das Informationsmanagement hat einerseits Unterstützungscharakter: Mit seiner Hilfe können Erfolgspotentiale im Wettbewerb oder bei öffentlichen Institutionen in der Bürgerzufriedenheit aufgebaut beziehungsweise verstärkt werden, indem es zu einer verbesserten operativen Informationsversorgung und Effizienz beiträgt. Andererseits hat es Führungs- und Gestaltungscharakter, da sowohl die Organisation des Informationsmanagements selbst als auch die Informations- und Kommunikationsflüsse aktiv gestaltet werden müssen.

Das Informationsmanagement erhält damit eine immer größere Bedeutung für das gesamte Unternehmen im Sinne einer Informationsorientierung allen Handelns und Entscheidens.

Die klare Aufbauorganisation des Informationsmanagements ist eine wichtige Grundlage für die Ausgestaltung der Informations- und Kommunikationsbeziehungen der betrieblichen Funktionsbereiche untereinander. Dadurch sollen existierende Bereichsegoismen vermieden und ein einheitliches, unternehmensweites Informationswesen gefördert werden.

Unter ablauforganisatorischen Gesichtspunkten ist insbesondere die am Informationsbedarf orientierte Konzeption von Anwendungen von vitalem Interesse für das Unternehmen. Zur Erzielung einer möglichst hohen Akzeptanz und einer breiten Konsensbildung in der Organisation ist es zweckmäßig, die Fachabteilungen auf allen Ebenen der Planung, Steuerung und Kontrolle der Anwendungsentwicklung einzubeziehen.

Um eine hohe Akzeptanz für die Arbeit des Informationsmanagements zu erzielen, ist die Entwicklung eines für das gesamte Unternehmen gültigen IM-Orientierungsrahmens notwendig (Abb.1.1).

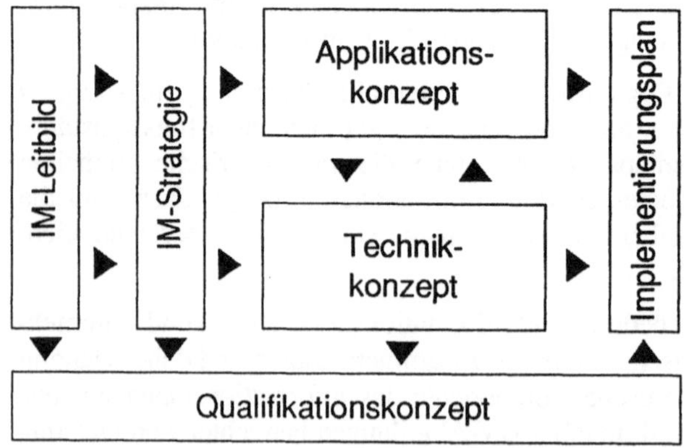

Quelle: office management 11/1991

Abb.1.1   Der IM-Orientierungsrahmen

Das *IM-Leitbild* ist die konzentrierte Beschreibung des zukünftigen Informationswesens einer Unternehmung. Es kann als "realistisches Idealbild" mit längerfristiger Gültigkeit bezeichnet werden und beschreibt neben den Rollen der Beteiligten die grundsätzlichen Reaktionsräume des Informationsmanagements in verschiedenen Szenarien. Es bietet gleichsam "Navigationsfixpunkte", an denen sämtliche Aktivitäten der informatorischen Gestaltung auszurichten sind.

Die *IM-Strategie* bietet die Grundlage zur Führung und Steuerung des Informationswesens des Unternehmens. Sie beinhaltet das top-down-Steuerungsinstrumentarium des unternehmensübergreifenden Informationsmanagements. Die enge Einbindung der IM-Strategie in das Gesamtplanungssystem des Unternehmens ist hierfür eine zwingende Voraussetzung. Die IM-Strategie gibt Auskunft über den Informationsbedarf des Unternehmens und seine Erfüllungsmöglichkeiten, die Auswirkungen geplanter und existenter Informationssysteme auf die Erfolgsposition des Unternehmens und setzt Maßstäbe für die Erfolgskontrolle des Informationsmanagements.

Gegenstand des *Applikationskonzepts* ist die Priorisierung der geplanten Anwendungssysteme. Als Bewertungsmaßstäbe können hier beispielsweise die strategische Bedeutung der betrachteten Applikation und deren operative Dringlichkeit herangezogen werden. Die strategische Bedeutung zeigt, welchen Beitrag eine Anwendung zur Erreichung der Organisationsziele bzw. zur Sicherung der zukunftsorientierten Funktionsfähigkeit leisten kann. Die operative Dringlichkeit einer Applikation hingegen läßt sich aus den Engpässen in der Ablauforganisation bestimmen. Führt man Bedeutung und Dringlichkeit zusammen, so ergibt sich der Handlungsbedarf für die Realisierung eines Anwendungssystems. Gemäß einer Portfolio-Analyse ist der Handlungsbedarf einer Anwendung umso größer, je weiter die Positionierung im rechten oberen Viertel liegt, wobei die Größe der Kreise die geplante Investitionssumme veranschaulicht (Abb.1.2).

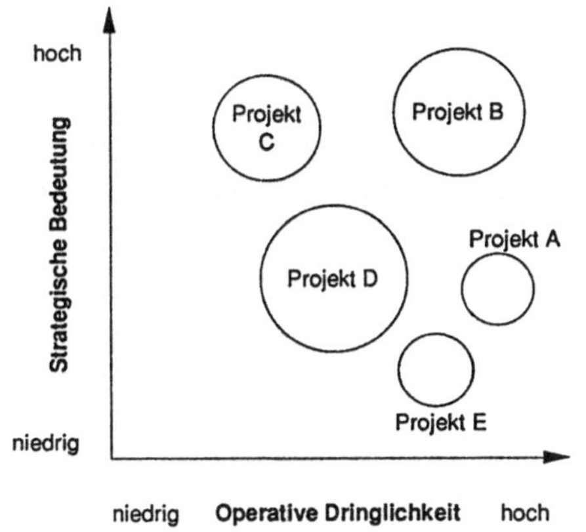

Abb.1.2 Portfolio-Darstellung des IM-Handlungsbedarfs

Ziel des *Technikkonzepts* ist die Sicherstellung einer flexiblen informations- und kommunikationstechnischen Infrastruktur. Im Zentrum dieses Konzepts stehen die im Unternehmen vorhandenen und sich in Entwicklung befindlichen Anwendungssysteme. Betriebssysteme, Datenverwaltung, Netzwerk-Infrastruktur, Hardware und Softwareentwicklungsumgebung stellen die einzelnen Technik-Komponenten dar, die aus der Anwendungsperspektive ausschließlich unterstützenden Charakter besitzen. Die Gewährleistung einer offenen und kompatiblen technischen Infrastruktur ist eine zentrale Aufgabenstellung, die sehr viel Sachkompetenz und Weitblick seitens des Informationsmanagements erfordert.

Gemäß *Implementierungsplan* werden die zuvor definierten Anwendungssysteme entwickelt, bevor sie im Wirkbetrieb eingesetzt werden, in dem die spätere Softwarepflege und -änderung lokalisiert ist.

Eine bedeutende Rolle nimmt das *Qualifikationskonzept* ein. Der Lebenszyklus der Planung und Realisierung von Anwendungssystemen stellt hohe Anforderungen an alle in der Organisation arbeitenden Personen. Ihre Fähigkeiten, sich an veränderte Randbedingungen anzupassen und mit neuen Technologien und neuen methodischen Vorgehensweisen umzugehen, bestimmt wesentlich den Erfolg der geplanten Informatikstrategie. Daher ist besonderes Augenmerk auf die Personalentwicklung und die Qualifikation zu legen.

In diesen Orientierungsrahmen läßt sich das in diesem Buch behandelte Thema einordnen. Die Entwicklung einer modernen Softwareentwicklungsumgebung ist eine der zentralen Aufgaben bei der Erarbeitung eines institutionsbezogenen Technikkonzepts.

Softwareentwicklungsumgebungen bilden den zentralen Bezugsrahmen moderner Anwendungsentwicklung. Ihre Planung und Realisierung im Unternehmen beeinflußt nicht nur die Personen der DV-Abteilungen, sondern alle an dem Softwareentwicklungsprozeß Beteiligten. Folgt man der heute üblichen Forderung nach der möglichst frühzeitigen Beteiligung der von einem Softwareprodukt Betroffenen, so bedeutet dies eine gravierende Veränderung. Sie geht von der klassischen Anwendungsentwicklung aus und wird das gesamte Unternehmen betreffen.

Mit der Entwicklung einer wie auch immer gearteten SEU gehen Veränderungen des Rollenverständnisses der Informatik einher, die sich auf die Stellung der Informatik im Unternehmen, die Organisation der Anwendungsentwicklung und die Personalentwicklung beziehen (siehe auch Teil III).

2. Einflußfaktoren und Aspekte der Anwendungsentwicklung

2.1. Technologischer Wandel

Technologische Entwicklungen, die als Basis für neue Anwendungs-, Verarbeitungs- und integrative Nutzungsformen dienen, sorgen für einen rasanten Wandel im Bereich der Informationstechnik. Durch die evolutionäre Entwicklung in der Mikroelektronik wurde es möglich, hohe Prozessorleistungen und Speicherkapazitäten zu günstigen Kosten zu produzieren. Damit konnte nicht nur die Leistungsfähigkeit von Großrechnern (Host) um ein Vielfaches gesteigert werden, sondern es wurde auch möglich, Rechnerleistung auf Abteilungsebene und am Arbeitsplatz kostengünstig zur Verfügung zu stellen. Inzwischen reifen Lösungen heran, die außer Daten auch andere Informationstypen, wie Bild und Sprache mediengerecht auf Rechnern lauffähig machen (Multi-Media-Anwendungen).

Daten-, Text-, Bild- und Sprachverarbeitung wachsen ebenso zusammen wie die klassische DV mit ihrer Stapel-, Transaktions- und Dialogverarbeitung mit der Fernmeldetechnik, der Bürokommunikation und der Individuellen Datenverarbeitung zusammenwächst.

Durch diese Entwicklung ergeben sich andere Dimensionen und erschließen sich neue Anwendungsmöglichkeiten, deren sinnvolle und verantwortungsvolle Nutzung veränderte Denk- und Handlungsweisen bedingen (Mensch-Maschine Schnittstelle, maschinelle Intelligenzverstärker, virtuelle Realität, ...).

Vor diesem Hintergrund stellt sich für jede neu zu realisierende Anwendung die Frage, ob die Anwendungslösungen auf nur eine Rechnerebene beschränkt bzw. wie sie auf mehrere Rechnerebenen verteilt werden sollen. In diesem Zusammenhang spricht man heute von "Rightsizing", d.h. von der richtig gewählten Verteilung der Anwendungslösungen auf Rechner in gleichen bzw. verschiedenen Hierarchieebenen mit dem Ziel, das Gesamtsystem (Anwender, Hardware, Software) effektiv und effizient zu gestalten.

Die Lösungen werden vermehrt sowohl offene als auch geschlossene System- und Netzwerkumgebungen (LAN = Local Area Network wie auch WAN = Wide Area Network) umspannen. Hierbei können Anwendungen sowie Daten transparent nicht nur auf unterschiedlichen Netzwerkknoten implementiert werden, sondern sie können auch zwischen verschiedenen, ggf. heterogenen Teilnetzen mittels intelligenter Routing-Software dynamisch verteilt und optimiert werden. Für den Entwickler und Nutzer jedoch muß sich eine heterogene Netzwerkumgebung als einziges, homogenes Netzwerk darstellen.

2.1.1. Verteilungskonzepte

Im Rahmen der verteilten Datenverarbeitung sind grundsätzlich folgende Verteilungskonzepte zu unterscheiden:

- Distributed Presentation   (Verteilung von *Präsentationen*)
- Distributed Processing   (Verteilung von *Funktionen*)
- Distributed Database   (Verteilung von *Daten*)

Im folgenden werden die Verteilungskonzepte kurz charakterisiert (Abb.2.1):

Distributed Presentation

Im Falle der verteilten Präsentation liegen ressourcenaufwendige Präsentationsfunktionen, wie z.B. objektorientierte, grafische Nutzeroberflächen auf Workstation/PC, während die übrigen Prozesse und Datenhaltungen auf übergeordneten Systemen (Host-Systeme, Abteilungsrechner, LAN-Server) durchgeführt werden. Die Synchronisation zwischen den beteiligten Systemkomponenten erfolgt durch den Austausch von Informationen der jeweils steuernden Programme.

Distributed Processing

Werden Funktionen eines zusammengehörigen Anwendungskomplexes auf mehrere Systeme verteilt, so spricht man von Distributed Processing. Eine erste Stufe der Verteilung von Prozessen ist in der Weitergabe von Transaktionen (Transaction-Routing) von einem System A auf ein System B zu sehen. Programm und Daten befinden sich gemeinsam in System B, der Benutzer führt den Dialog jedoch mit System A. Die Kommunikation wird auf Systemebene (System A <–> System B) durch Weitergabe von Ein-/Ausgabe-Nachrichten und nicht auf Anwendungsprogrammebene geführt.

Heutige Ansätze der Verteilung von Funktionen gehen davon aus, daß Anwendungsprogramme nicht immer mit allen Komponenten (Nutzeroberfläche, Datenzugriffe, Prozeßanteil) auf einem System ausgeführt werden, sondern vielmehr Teilfunktionen anforderungsgerecht auf dedizierte Systeme verteilt werden. Dies erfordert eine systemübergreifende Kommunikation auf System- bzw. Anwendungsprogrammebene (Programm-zu-Programm-Kommunikation).

Distributed Database

Im Falle der verteilten Datenhaltung sind logisch zusammengehörige Datenbestände auf mehrere Rechner verteilt. Durch Einrichtungen des Datenbanksystems in Verbindung mit Protokollen des Transaktions-Monitors wird der Zugriff von Programmen

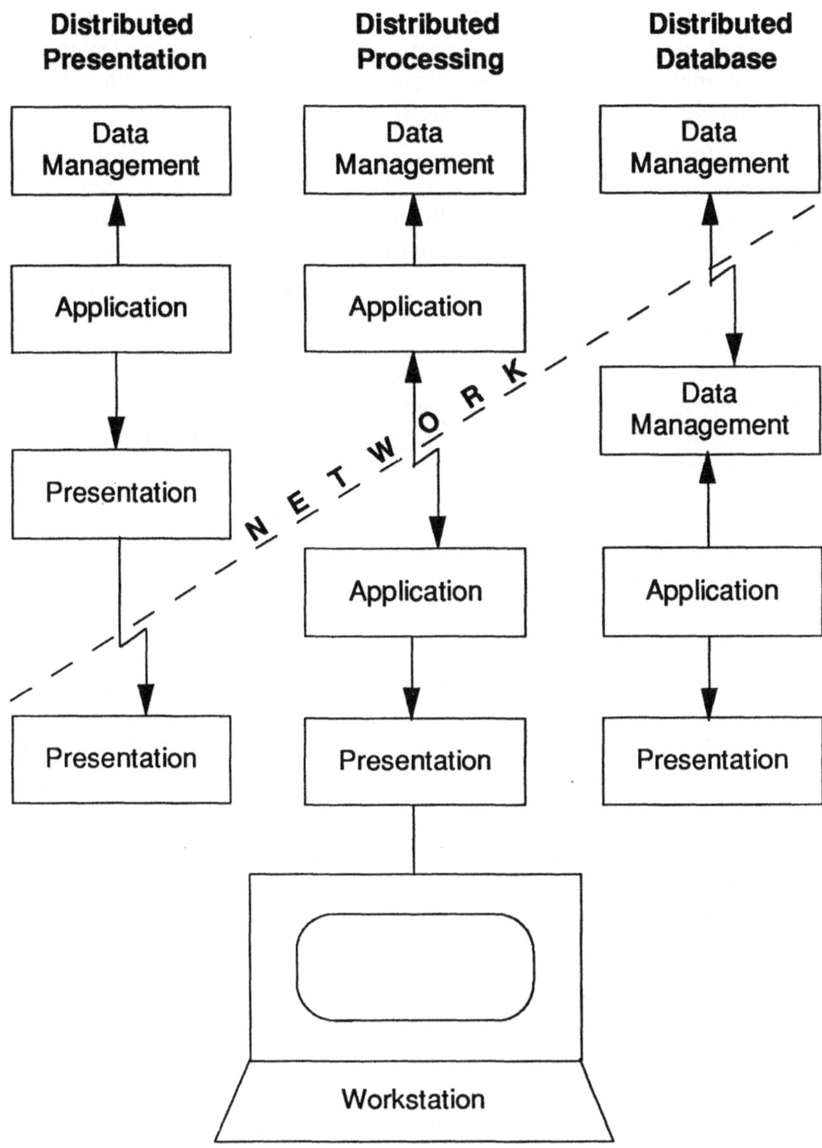

Abb.2.1   Verteilungskonzepte

auf verteilte Datenbestände ermöglicht. Die Verarbeitungsmöglichkeiten verteilter Daten reichen vom lesenden Zugriff auf eine entfernte Datenbasis (Remote Database Access) bis hin zu mehreren Verbundoperationen in verteilten Systemen innerhalb einer Transaktion (Multiple Distributed Request).

Konzepte für verteilte Daten werden heute überwiegend auf der Basis von relationalen Datenbanksystemen verschiedener Hersteller angeboten, wobei Normierungsbestrebungen zur Erweiterung des ANSI-SQL-Standards in Zukunft die Verteilung von Daten auf Datenbanksystemen unterschiedlicher Hersteller erleichtern werden.

Gegenstand von Forschung und Entwicklung sind derzeit folgende Problemgebiete der verteilten Datenhaltung:

–   Methoden und Kriterien zur optimalen Verteilung von Relationen
–   Zugriffsoptimierung bei Verbundoperationen (JOIN) im Netz
–   Verfahren zur Sicherstellung der Datenintegrität (Mehr-Phasen-Commit)
–   Recovery bei verteilten Protokoll-Dateien (Distributed Logging)

Verteilte Funktionen/Präsentationen und/oder Daten werden durch Cooperative Processing bzw. durch Client/Server-Konzepte zu einer sinnvollen Einheit am Arbeitsplatz des Benutzers zusammengeführt:

Cooperative Processing

Cooperative Processing ist ein Informationsverarbeitungsmodell, in dem die Funktionen und/oder Daten einer Anwendung auf zwei oder mehr Rechner aufgeteilt sind. Die Synchronisation erfolgt auf System- bzw. Anwendungsprogrammebene durch eine Programm-zu-Programm Kommunikation.

Cooperative Processing bedeutet nicht zwangsläufig auch verteilte Datenhaltung, solange beispielsweise lediglich die aus einer Host-Transaktion gewonnenen Daten auf einem PC weiter bearbeitet werden. Verteilte Datenhaltung führt jedoch zwangsläufig zu Cooperative Processing, wenn verteilte Daten gemeinsam verarbeitet werden sollen.

Cooperative Processing geht prinzipiell von gleichberechtigten Partnern aus. Die beteiligten Systeme sind meist gleichartige Systeme, z.B. Host - Host.

Client/Server

Als spezielle Ausprägung des Cooperative Processing legt das Client-/Server-Konzept Rollen bzw. Hierarchien fest; dabei bietet das System A (Server) Leistungen an, die vom System B (Client) nachgefragt werden.

Hauptmerkmal von Client/Server-Konzepten ist die Benutzung gemeinsamer Kapazitäten und Ressourcen im Netz. Dabei liegen Benutzeroberfläche, Präsentations- und dedizierte Programmfunktionen auf dem Client - im Regelfall PC -, während Daten und allgemeine Programmfunktionen auf Servern, in der Regel auf LAN-Servern bzw. Mini- oder Host-Systemen gehalten werden. Das Zusammenwirken der Komponenten wird durch übergeordnete Netz-, Prozeß- und Datenmanagement-Software sichergestellt.

Zielsetzung von verteilten Anwendungslösungen im Sinne des "Rightsizing" ist es, ein Maximum an Leistung, Flexibilität, Nutzerfreundlichkeit und Wirtschaftlichkeit zu erreichen, indem die speziellen Leistungen und Fähigkeiten von zentralen bzw. dezentralen Systemkomponenten berücksichtigt werden (Abb.2.2).

Die Mensch-/Maschine-Schnittstelle mit grafischer Nutzeroberfläche sowie künftige Bild- und Sprachverarbeitungsdienste benötigen gewaltige Rechnerressourcen. Da der Netzwerkdurchsatz beschränkt ist und leistungsfähige lokale CPU zur Verfügung stehen, werden in Zukunft immer mehr Funktionen/Präsentationen auf PC/Workstations mit integrierten netzweiten Datenzugriffen ablaufen.

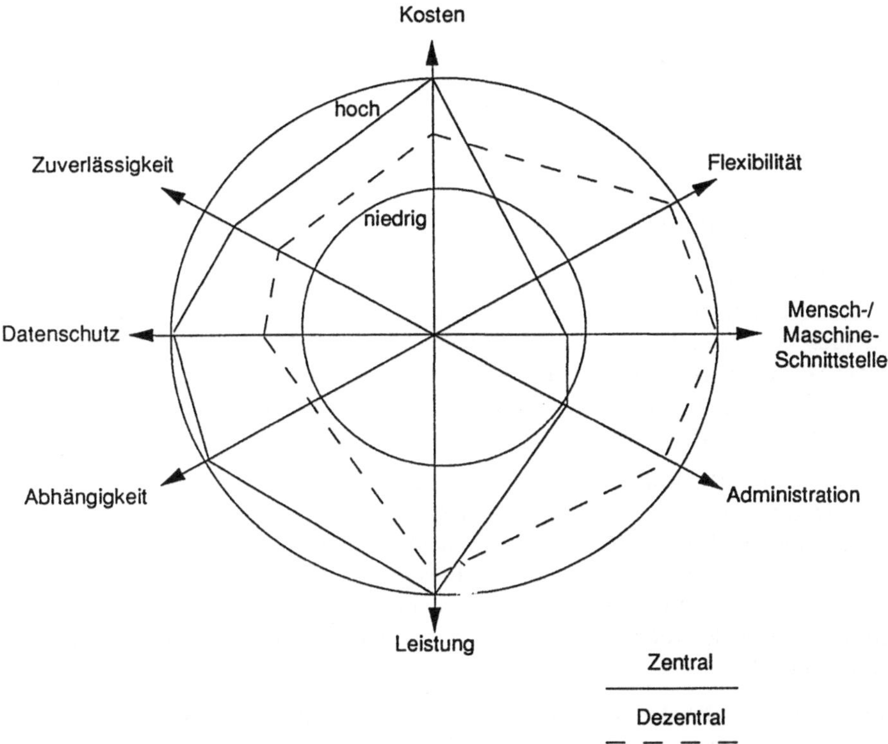

Abb.2.2   Stärken und Schwächen zentraler/dezentraler Systeme

Die Stärken von Host-Systemen und ihrer Peripherie liegen dagegen heute sicher in ihrem Input-/Output-Verhalten mit hohen Speicherkapazitäten und schnellen Zugriffsmöglichkeiten auf Massendaten, weshalb sie u.a. als leistungsfähige Datenserver geeignet sind.

Die traditionellen Aufgaben von universellen Host-Systemen, komplette Ablaufumgebungen für Online- und Batchanwendungen mit Steuerung und Verwaltung der externen Systemkomponenten, wie Bildschirme, Drucker bereitzustellen, werden durch Cooperative Processing- bzw. Client/Server-Anwendungen und durch Einsatz verteilter Datenbanken zurückgehen, während umfangreiche Batchverarbeitungen und das Drucken größerer Datenmengen bleiben werden. Hinzutreten werden sowohl in qualitativer als auch in quantitativer Hinsicht weitere Aufgaben des Netzwerkmanagements und der Netzadministration sowie Konsolidierungs- und Steuerungsaufgaben im Rahmen des Datenmanagements.

Angesichts der technologischen Entwicklung muß für die Realisierung der Anwendungen eine Softwareentwicklungsumgebung zur Verfügung stehen, die in der Lage ist, Software für alle marktgängigen Zielsysteme auf den verschiedenen Rechnerebenen zu erzeugen.

2.1.2.   Betrieb der Rechenzentren

Der technologische Wandel hat natürlich auch Auswirkungen auf den Betrieb der Rechenzentren (Rz). Die Rz-Organisation befindet sich bereits seit geraumer Zeit im Umbruch. Während die Standortfrage zu "Batch-Zeiten" wegen der erforderlichen Nutzernähe eine bedeutende Rolle spielte und deshalb oft eine größere Zahl von Rz erforderlich war, ist dies heute bei Verfügbarkeit miteinander verknüpfter Rechnernetze unerheblich geworden.

Deshalb verstärkt sich allgemein der Trend zu einem oder wenigen, leistungsfähigen Groß-Rz, die wegen der hohen Allgemeinkosten (Infrastruktur, Personal) wesentlich wirtschaftlicher als eine größere Anzahl kleiner Rz zu betreiben sind. Diese Großrechenzentren müssen aber darauf bedacht sein, daß ihre Größe und die räumliche Entfernung von der Vielzahl ihrer Nutzer nicht zum Problem wird und daß sie sich noch mehr als in der Vergangenheit als Servicezentren mit ausgeprägter Nutzerorientierung verstehen.

Hinsichtlich der globalen Verbundanforderungen muß die Frage nach Zuständigkeiten und Verantwortung im Netzbereich geklärt werden.

Während bei herkömmlichen Host-/Terminalanwendungen Zuständigkeiten und Verantwortungsbereiche in bezug auf Rechenzentren, Anwendungsentwicklung und Nutzerkoordinatoren klar abgrenzbar waren, ist dies bei verteilten Anwendungslösungen in komplexen Netzwerken weitaus schwieriger zu lösen. Isolierte Steuerungen und Dienstleistungen für Teilbereiche reichen selbst bei guter Abstimmung untereinander nicht aus, die hohen Verbundanforderungen zu erfüllen. Daher müssen globale organisatorische und technische Regelungen mit eindeutigen Zuständigkeits- und Verantwortungsabgrenzungen für die Steuerung und Administration des Gesamt-

Netzwerkes getroffen werden. Dies betrifft vor allem die Sicherstellung netzweiter Datenintegrität, Datenkonsistenz und Vertraulichkeit. Auch müssen diverse Dienste im Gesamtnetz über verschiedene Rechnerhierarchien und Rechner-/ Netzarchitekturen hinweg erbracht und Betreuungsaufgaben unter dem Aspekt sichergestellt werden, daß die Abhängigkeit der Nutzer von der DV-Leistung immer größer wird und damit deren Anforderungen an Verfügbarkeit, Qualität, Durchsatz, Antwortzeitverhalten und kompetente Betreuung ständig wachsen.

Die Wahrnehmung dieser Aufgaben ist bei komplexen Systemen und Netzwerken mit oft mehreren Zehntausend Hard-/Softwarekomponenten und einer ebenso großen Anzahl angeschlossener Nutzer, mehreren Tausend Gigabyte zu verwaltender Daten auf Direktzugriffsspeichern und vielen Millionen pro Tag abzuwickelnder Transaktionen und Dialoge nicht mehr mit herkömmlichen Mitteln zu bewältigen.

Es muß daher ein leistungsfähiges und möglichst homogenes Instrumentarium zur Verfügung stehen, das alle Steuerungs-, Administrations- und Dienstleistungsfunktionen eines modernen Rz- und Netzbetriebes unterstützt. Es wäre wünschenswert, wenn künftig alle relevanten Betriebsinformationen analog zu den relevanten Daten der Anwendungsentwicklung in einem Repository geführt würden, auf das die zur Unterstützung der einzelnen Disziplinen eingesetzten Werkzeuge unter einer einheitlichen Nutzeroberfläche zugreifen könnten.

Es gibt zwar Bestrebungen, dieses Problem grundsätzlich auf der Basis entsprechender Architekturen zu lösen, jedoch stehen derzeit operativ nur Teillösungen verschiedener Hersteller bzw. Softwarehäuser zur Verfügung.

Für die Gewährleistung einer homogenen DV-Infrastruktur, in der die Prozesse sicher ablaufen und die Daten zuverlässig geführt werden, ist die nahtlose Synchronisation zwischen der Anwendungsentwicklung und dem Rz-Betrieb erforderlich.

Die Rz-relevante Dokumentation aus der Anwendungsentwicklung muß - auch wenn sie im Rahmen methodenbasierter und werkzeuggestützter Vorgehensweisen in automatisierter Form erzeugt wird - den Belangen eines modernen Rz- und Netzbetriebes gerecht werden und nicht nur ablauftechnische Regelungen, sondern auch Angaben zur Speicherung/Rekonstruktion der Daten, zu Serviceanforderungen (Verfügbarkeit, Antwortzeiten, Durchsatz gemäß Service Level Agreements) sowie zur Betriebsablaufsicherung und zur IT-Sicherheit (Zugriffsautorisierung) beinhalten.

Die Produktübergabe sollte in automatisierter Form, möglichst auf gleicher Toolbasis erfolgen. Dies gilt vor allem für die Verwaltung der aktuellen Produktzustände und für das Änderungsmanagement. Nur durch ein fein aufeinander abgestimmtes Zusammenspiel aller Anwendungs- und Betriebskomponenten ist ein vollständiges Dienstleistungsangebot des DV-Bereichs zu erreichen, das den heutigen Anforderungen der Nutzer Rechnung tragen kann.

2.2. Komplexität in der Anwendungsentwicklung

Betrachtet man die Situation in den DV-Projekten, dann stellt man oft fest, daß es sich um eine komplexe Materie handelt. Der Begriff der Komplexität wird hier verwendet, um zu sagen, daß die Dinge nicht so einfach sind, daß man Zeit braucht, um sie zu verstehen; die Dinge sind kompliziert. Die Vermischung der Begriffe "Komplexität" und "Kompliziertheit" führt dazu, daß die Ursachen der fehlerhaften Systementwicklung vermischt werden und deshalb nicht zielgerichtet bereinigt werden können (Abb.2.3).

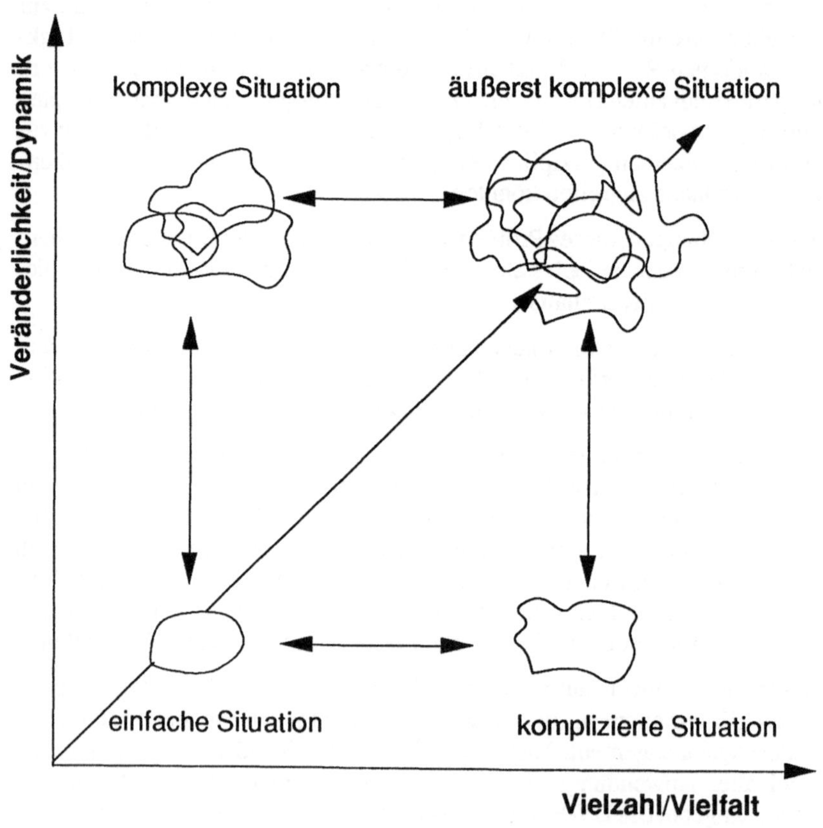

Abb.2.3   Kompliziertheit und Komplexität

Die Begriffe "Komplexität" und "Kompliziertheit" entstammen der Systemtheorie. Ein auf einem Computer laufendes Programm ist kompliziert, weil Programm und Rechner verschiedene Zustände annehmen können. Der Zustand des Computers läßt sich über

- den Verarbeitungszustand der zentralen Prozessoren,
- die Belegung des gesamten (virtuellen) Speichers, d.h. die aktuell geladenen Programme und der Inhalt ihrer lokalen und globalen Variablen,
- den Inhalt des externen Speichers (Datenbanken, Arbeitsbereiche usw.),
- den Zustand des gesamten Netzes und seiner Subsysteme bis hin zu den aktuellen Bildschirminhalten sowie dem Zustand verbundener Rechner

beschreiben. Das digitale Arbeitsprinzip bedingt, daß fast übergangslos von einem Zustand auf den anderen gesprungen wird.

Unbestritten ist ein solches System kompliziert. Mit endlichem Aufwand und mit Hilfe einschlägiger Systemliteratur kann man es aber schließlich vollständig verstehen. Und wenn man etwas vergessen hat, dann kann man -vorausgesetzt es existiert eine gute Dokumentation- es sich wieder vornehmen und denselben Inhalt nochmal analysieren. Denn die gegebene Programm-Rechner-Konfiguration ändert sich nicht, sie ist statisch.

Von Komplexität hingegen spricht man, wenn etwas nicht nur in seiner Zusammensetzung kompliziert ist, sondern auch seinen Zustand ständig verändert.

Natürlich weisen auch Computer über ihre Fähigkeit zur beliebig häufigen Ausführung von Programmen dynamische Komponenten auf. Die Zustandsübergänge der Programme sind dynamisch und werden über die Kontrollstrukturen der Programme veranlaßt. Die Transformationsbeziehungen zwischen Dateninput und dem Datenoutput sind vorhersehbar, kurz deterministisch. Sie stellen Automaten dar.

Die Fähigkeit des Computers, viele logische Operationen auszuführen, hat vielfach zu dem Mißverständnis geführt, daß ein Rechner komplizierte logische Zusammenhänge auflösen könne. Dies ist aber allein Aufgabe des Entwicklers von Anwendungssystemen. Die Grenzen der menschlichen Kompliziertheitsbewältigung sind jedoch bei der Bearbeitung verschiedener Dinge schnell erreicht. In aller Regel ist der Systementwickler nicht in der Lage, das Problem in allen seinen Facetten zu überschauen, wenn er nicht die zu jedem Zeitpunkt zu bewältigende lokale Aufgabe gegenüber der gesamten Fragestellung reduziert.

Untersuchungen aus dem Bereich der kognitiven Psychologie haben gezeigt, daß Menschen in ihrem Kurzzeitgedächtnis nur fünf bis neun Sachverhalte, Vorgänge, Konzepte, kurz Informationen gleichzeitig be- und verarbeiten können /Kirsch, 70/. Werden es mehr, steigt die Fehlerrate exponentiell.

Da es sich in der Anwendungsentwicklung um die Entwicklung - wenn auch raffinierter - trivialer Automaten handelt, können Methoden eingesetzt werden, die eine Vereinfachung, eine Reduktion auf das gedanklich und faktisch Beherrschbare erlauben. Die zuvor angesprochenen Programme haben jedoch in kommerziellen Systemen den Zweck, *reale* Geschäftsprozesse zu unterstützen. Mit dem organisato-

rischen Wandel des Unternehmens ändern sich auch zwangsläufig die in der Organisation verankerten Prozeßstrukturen und -inhalte. Angesichts der Vielfältigkeit un-
ternehmerischer Aufbau- und Ablaufstrukturen in Verbindung mit dem oben genannten, sich mehr oder weniger rasch vollziehenden Wandel hat man es nicht nur mit
einem komplizierten System, sondern mit einem äußerst komplexen System zu tun
/Ulrich, 88/.

Die Anwendungsentwicklung versucht demnach permanent mit komplizierten, aber
trivialen Automaten eine äußerst komplexe Wirklichkeit abzubilden. Sie wählt dabei
den Ausweg des *"So tun als ob"*. Es wird angenommen, als ob die Organisation in
Wirklichkeit eine triviale Maschine sei. Diese Annahme ist falsch und führte in der
Vergangenheit häufig genug zu Systemlösungen, die an den zum Einführungszeit-
punkt tatsächlich vorliegenden Bedürfnissen und Anforderungen in den Unternehmen vorbeigingen.

Diese Situation wurde schon relativ früh erkannt /Gewald, 82/. Abb.2.4 zeigt auf, wie
die Entwicklung eines Systems durch die dynamische Veränderung der organisatorischen Systemumgebung letztlich zu einem unangemessenen Ergebnis führt.

Dieses Problem der Komplexität kann aber nicht allein durch den Einsatz von
Methoden und Verfahren gelöst werden. Erst durch die Einbeziehung der Nutzer-

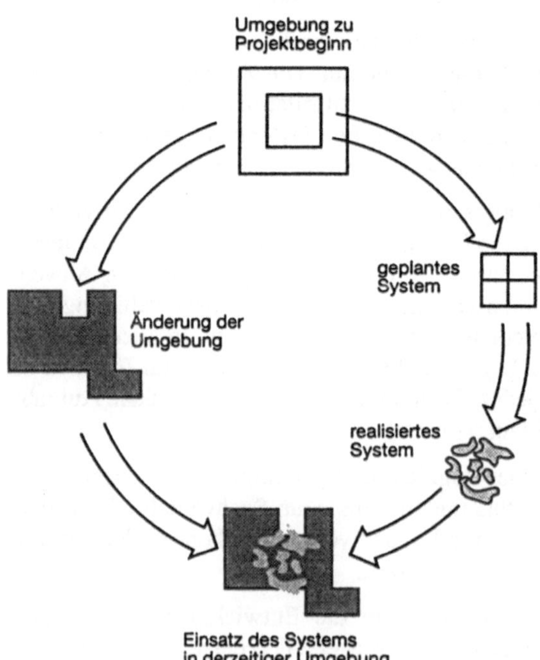

Abb.2.4   Dynamische Veränderung der Systemumgebung

gruppe in den Entwicklungsprozeß, durch die schrittweise Modellbildung von der Ebene der Komplexität in der Organisation auf die Ebene der Kompliziertheit im Anwendungsprogramm wird die Möglichkeit geschaffen, die Abweichung zwischen Automaten und Realität zu minimieren.

Methoden und Verfahren leisten hier einen wichtigen Beitrag zur Softwareentwicklung. Allgemein wird versucht, verschiedene Ebenen des Entwurfs und der Entwicklung von Programmen zu definieren, die sich zueinander wie Plan zum Modell oder Zeichnung zum Haus verhalten.

2.3. Kommunikations- und Transformationsprobleme

Gegenstand der kommerziellen Anwendungsentwicklung sind Geschäftsprozesse eines Unternehmens, einer Behörde oder anderer Institutionen. Bilanzbuchhaltung, Marktforschung oder Angebotsabwicklung sind typische Beispiele für Geschäftsprozesse, die häufig im Rahmen der Organisation von Unternehmen in Geschäftsbereichen oder Abteilungen zusammengefaßt werden. Diese organisatorischen Einheiten bilden die Gruppe der Fachabteilungen der Anwendungsentwicklung.

Die Anwendungsentwicklung steht in diesem Falle vor der Aufgabe, die Bedürfnisse und Anforderungen der Nutzer zu erfassen und so zu verarbeiten, daß lauffähige Programme und Datenbestände entstehen, die diese Anforderungen der Fachabteilungen erfüllen.

Diese Aufgabe erhält ihre Würze durch die Tatsache, daß die abzubildende Realität in aller Regel komplex und mehrdeutig ist. Die Anwendungsgebiete weisen in der Regel eine geringe Strukturierung und Formalisierung auf. Die tatsächlichen Arbeitsabläufe, Kommunikationswege usw. sind i.a. nicht formell festgelegt, sondern nur den jeweils betroffenen Mitarbeitern bekannt. Da Organisationen dieser Art auf individuellen, informellen und heterogenen Prozessen aufbauen, entziehen sie sich prinzipiell einer vollständigen, widerspruchsfreien Beschreibung. Dies gilt in gleichem Maße für die Beschreibung des Ist-Zustandes ebenso wie für die Modellierung des gewünschten Soll-Zustandes.

Häufig weiß die Fachabteilung in den frühen Phasen der Anwendungsentwicklung auch noch nicht genau, was sie eigentlich als Ergebnis des Projektes erwartet. Diese Unschärfe der Ausgangssituation und der Projektzielsetzung ist einer der wesentlichen Gründe für spätere Aufwands- und Terminprobleme. Aufgrund der Tatsache, daß sich Organisationen als soziale Gebilde in einem permanenten Veränderungsprozeß befinden, ändern sich auch die Anforderungen an die Anwendungsentwicklung permanent.

Da sich die Arbeit eines Projektes ausschließlich auf die im Projektauftrag beschriebenen Aufgaben beschränkt und in den meisten Unternehmen eine zentrale, projektübergreifende Administration der Ergebnisse fehlt, können Mehrdeutigkeiten in der Unternehmensarbeit auftreten. Dies ist umso wahrscheinlicher, je weniger abteilungsübergreifende Anwendungssysteme entwickelt werden.

Die technische Welt der Programme und Datenspeicher ist jedoch im Gegenzug von linearen Strukturen der Automatenwelt geprägt. Um von der Realität der Organisation in die Ebene der DV-Technik zu gelangen, müssen Sprach-, Darstellungs- und Transformationsprobleme überwunden werden. Hierzu eignen sich Modelle, die eine abstrakte Repräsentation der Wirklichkeit darstellen. Sie werden zur strukturierten, formalisierten Abbildung von Geschäftsprozessen eingesetzt.

Beim Einsatz der Informationstechnologie besteht die Möglichkeit, die organisatorischen Inhalte und Abläufe neu zu überdenken und neu zu gestalten. Anwendungsentwicklung ist daher in der Regel mit organisatorischen Veränderungen verbunden. Sind die Fachabteilungen an der Entwicklung von DV-Systemen nicht beteiligt, so führt dies dazu, daß die von den späteren Anwendern verfolgten Ziele nicht oder nur zufällig erreicht werden.

Der Vergleich der an der Systementwicklung beteiligten Gruppen offenbart die möglichen Konfliktpotentiale. Die beteiligten Stellen haben oft jeweils unterschiedliche bzw. gegensätzliche Wertmaßstäbe, Methoden, Ziele und Prinzipien, die sie zur optimalen Erfüllung ihrer Aufgaben benötigen. Konflikte in der Projektarbeit sind die Folge.

Dieser widersprüchlichen Situation kann administrativ, durch den Einsatz analytischer Methoden und durch die Berücksichtigung psychosozialer Wechselwirkungen begegnet werden. Der Einsatz methodenbasierter Vorgehensweisen allein ist in der realen Projektsituation zum Scheitern verurteilt, wenn die Wirkungen der mit der Modellbildung verbundenen Entscheidungen auf die betroffene Anwender- bzw. Nutzergruppe und die damit verbundenen Widerstände unzureichend berücksichtigt werden.

Umgekehrt kann eine ausschließliche Betonung partizipativer, gruppenorientierter Prozesse keine hinreichende Qualität der Projektergebnisse erbringen. Erst die Verbindung von Methoden mit einer Vorgehensweise im Sinne eines permanenten Teamprozesses führt zu zielgerichtetem Arbeiten.

Die Methoden der Softwareentwicklung sind hier insbesondere in den frühen Phasen der fachlichen Modellierung gefordert, verständliche und kommunizierbare, aber dennoch hinreichend konsistente Darstellungs- und Modellbildungsinstrumente zu liefern.

2.4. Projektorganisation/-management

Neben den Kommunikations- und Transformationsproblemen entstehen viele Probleme durch die fehlende Einführung von Projektorganisation/-management im Unternehmen. Projekte werden häufig mit vagen Zielvorgaben und ohne den notwendigen Rückhalt begonnen. Die Entstehung eines Projektes, seine Ressourcenausstattung, die strategische Steuerung des Projektes, die Koordination der Projektaktivitäten innerhalb des Unternehmens, die unzureichende Ausstattung des

Projektleiters mit Kompetenzen, die Abnahme der Ergebnisse und die Behandlung von Änderungen sind beliebte Fehlerquellen.

Beachtet man die Erkenntnisse empirischer Untersuchungen zur Abweichung zwischen geplantem und realisiertem Projektaufwand (Abb.2.5), so zeigt sich, daß bereits kleine Projekte mehr oder weniger große Planabweichungen aufwiesen.

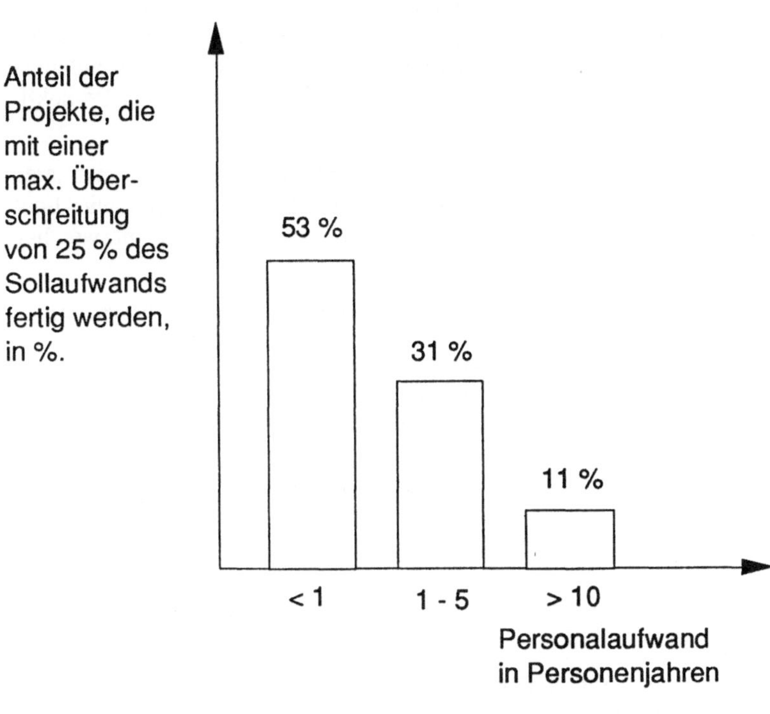

Abb.2.5   Abweichungen zwischen geplantem und realisiertem Aufwand

Eine der wesentlichen Ursachen für diese Abweichungen liegt nicht in der Unfähigkeit der Projektleitung zur soliden Planung und Schätzung, sondern vielmehr in der unzulänglichen Informationsgrundlage zum Planungs- und Schätzzeitpunkt, d.h. bei der Projektdefinition. Ursachen hierfür können in der mangelnden Zieldefinition und Abgrenzung von Projekten, in der unzureichenden Analyse des Systems und nicht zuletzt in der oft unflexiblen, wenig entscheidungsorientierten Organisation des Projektumfeldes liegen. Das Informationsmanagement ist hier gefordert, aufbau- und ablauforganisatorische Strukturen zu definieren und methodische Vorgehensweisen zum Projektmanagement vorzugeben.

2.5. Produktivität

Das Informationsmanagement steht vor der konfliktträchtigen Aufgabe, möglichst viele DV-gestützte fachliche Funktionen mit gegebener Ressourcenkapazität und unter Berücksichtigung von Qualitäts- und Budgetrestriktionen bereitzustellen.

Trotz aller Fortschritte der Informationstechnologie kann festgestellt werden, daß der Bedarf an Neuentwicklungen keinesfalls kleiner geworden ist. Vielmehr werden durch neue Technologien Wettbewerbssituationen der Unternehmen und die damit verbundenen Unternehmensentwicklungsprozesse so gravierend beeinflußt, daß die veränderte Organisation einer permanenten Unterstützung durch die Anwendungsentwicklung bedarf. Damit steigt tendenziell der Aufwand bei gegebener Produktivität.

Nun ist gerade dieser Produktivitätsbegriff sehr umstritten, da es keine anerkannten Metriken zur Produktivitätsmessung gibt. Den existierenden Vorschlägen, wie "lines of code" pro Manntag oder "Function Points" pro Manntag, fehlt der notwendige Bezug zur dabei realisierten Softwarequalität.

Faktoren, die die Produktivität (kurz- oder mittelfristig) positiv beeinflussen, sind:

- eindeutige und präzise Anforderungen
- Verminderung der Unbeständigkeit von Anforderungen
- geregelte Kommunikation (Sprache und Dokumente) zwischen Anwendern und Entwicklern
- normierte Schnittstellen (z.B. Dialogsteuerung) und wiederverwendbare Software
- einheitliche Entwicklungsmethodik und ein einheitliches Entwicklungsinstrumentarium
- maschinell gestützte Ablage und Änderung von Entwicklungsergebnissen
- automatische Dokumentation

Das Informationsmanagement ist hier gefordert, strategische Leitlinien für die Vorgehensweise in der Anwendungsentwicklung zu definieren. Diese können in konkrete Softwareentwicklungsumgebungen umgesetzt werden.

3. Softwaretechnologie als Lösungsweg

Die fundamentale Bedeutung der Informationsverarbeitung als Produktions- und Wirtschaftsfaktor wurde längst erkannt. Ihr integrierter Einsatz in allen Betriebsbereichen ist leider noch nicht Realität. Es fehlt in zunehmendem Maße die Software, die es erlaubt, im internationalen Wettbewerb bestehen zu können. Die Unternehmen müssen in der Lage sein, auf Änderungen am Markt sofort reagieren zu können. Informationen müssen in immer kürzerer Zeit und mit immer höherer Qualität bereitgestellt werden. Dies kann aber nur geschehen, wenn sich die Softwareproduktion grundlegend ändert. Als ein Lösungsbaustein kann hier der Einsatz von Softwareentwicklungsumgebungen gesehen werden. Die in diesem Zusammenhang heute existierenden Werkzeuge werden unter dem Begriff CASE (Computer Aided Softwareengineering) zusammengefaßt.

Oft genug ist die Software ein Stolperstein in der Unternehmensentwicklung. Es werden Programme geschrieben, die nicht korrekt ablaufen, Programme, die sich beim Auftreten eines Fehlers nur schwer oder nur mit hohem Aufwand ändern lassen, Programme, die um Monate oder sogar um Jahre zu spät freigegeben werden, Programme, die die Welt von morgen in den DV-Strukturen von heute zementieren. Die normale Kunst des Programmierens, wie sie vor Jahren noch üblich war, genügt den Anforderungen an eine moderne Softwareentwicklung nicht mehr.

Im Rahmen des Softwareengineering wird durch formalisierte Vorgehensweisen festgelegt, in welcher Reihenfolge die Methoden und Werkzeuge angewandt werden, welche Unterlagen/ Dokumentationen erforderlich sind, welche Kontrollen notwendig sind, wie ein Projekt verwaltet und gesteuert wird, wie Änderungen koordiniert und welche Meilensteine festgelegt werden. Diese Vorgehensweisen werden phasenübergreifend angewandt.

Die Methoden liefern das technische Know-How zum Erstellen von Software. Sie decken den gesamten Life Cycle der Softwareerstellung von der Planung bis zur Wartung ab. Die einzelnen Methoden des Softwareengineering führen oft eine spezielle Sprache oder grafische Notation ein.

Wie bereits oben erwähnt, entwickelt der Mensch Modelle, um komplexe Systeme verstehen, planen und abstimmen zu können (Abb.3.1). Mit Hilfe von Modellen kann die Realität auf verschiedenen Abstraktionsebenen abgebildet werden. Die Methoden des Softwareengineering werden heute in den meisten Unternehmen genutzt, um Datenmodelle, Funktionsmodelle und Ablaufmodelle der betrieblichen Realität auf verschiedenen hierarchischen Ebenen abzubilden.

Durch die Modellbildung wird eine gemeinsame Kommunikationsbasis zwischen Fachabteilungen und DV-Abteilungen geschaffen (Abb.3.2).

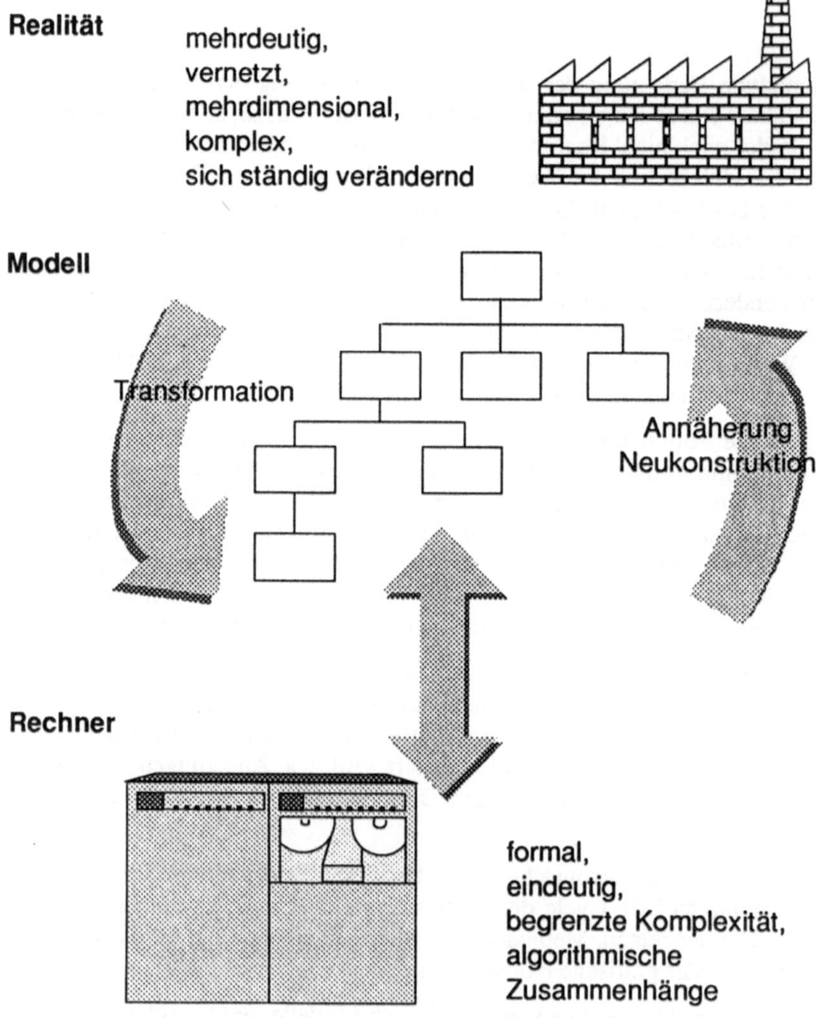

Abb.3.1   Modellbildung in der Anwendungsentwicklung

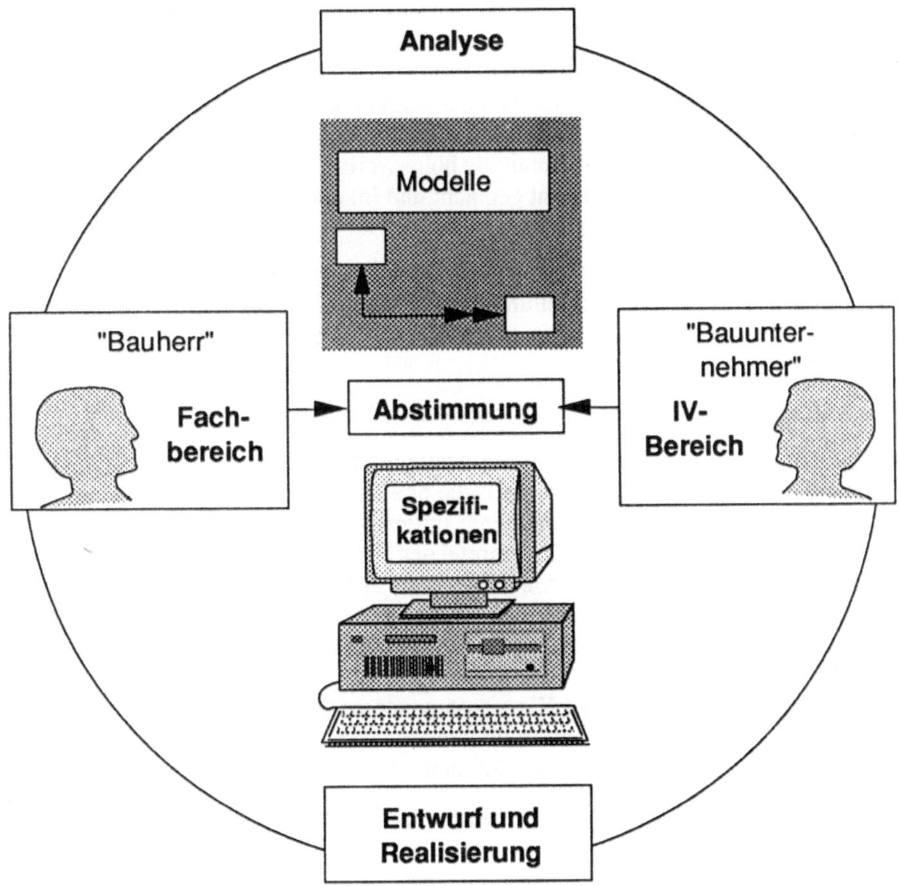

Abb.3.2   Kommunikationsbasis der Anwendungsentwicklung

Damit wird ein Grundstein für Qualität und Produktivität gelegt. Durch die Modellierung wird die frühzeitige Abstimmung zwischen Fachbereich und DV-Bereich unterstützt. So lassen sich Kommunikationsprobleme zwischen den einzelnen Organisationseinheiten verringern. Bei der damit verbundenen kooperativen Vorgehensweise kann die Fachabteilung in der Rolle des "Bauherrn" und die DV-Abteilung in der Rolle des "Bauunternehmens" angesehen werden. Durch die Verwendung der gleichen Vorgehensweise zur Modellbildung sprechen beide Seiten die gleiche Sprache.

Um in der heutigen Zeit hochwertige Software effizient zu entwickeln, ist ein methodisches Vorgehen allein nicht mehr ausreichend. Die Unterstützung durch den Rechner bei der Produktion ist ebenfalls ein entscheidender Faktor. Die Werkzeuge des Softwareengineering dienen der automatisierten oder halbautomatisierten Unterstützung der Methoden und Verfahren. Der Einsatz von anforderungsgerechten Werkzeugen liefert im Regelfall qualitativ höherwertige Ergebnisse, da unter anderen komplexe Sachverhalte transparent gemacht und Inkonsistenzen aufgedeckt werden können.

Unter einem Werkzeug für die Softwareentwicklung wird ein Softwareprodukt verstanden, das primär die Erstellung oder Pflege/Änderung von Software unterstützt. Ein Werkzeug kann aber auch den Einsatz anderer Werkzeuge unterstützen, z.B. das Repository.

Eine zukunftssichere Softwareentwicklungsumgebung sollte

- sich dem Benutzer über alle ihre Einzelkomponenten hinweg durchgängig mit einer einheitlichen Benutzeroberfläche präsentieren,
- auf einer Datenhaltungskomponente basieren, mit der alle Informationen gespeichert werden können, die während der Softwareentwicklung entstehen; die Datenhaltungskomponente sollte außerdem für einen geregelten Informationsaustausch zwischen den einzelnen Komponenten sorgen,
- den gesamten Leistungsumfang des in der Organisation geltenden Vorgehensmodells abdecken,
- eine vertikale Integrität der Einzelkomponenten gewährleisten, d.h. die Ergebnisse einer Einzelkomponente sollten direkt als Eingaben der logisch folgenden Komponente verwendet werden können.

Moderne Softwareentwicklungsumgebungen können einen wesentlichen Beitrag zur qualitätsorientierten Gestaltung der Anwendungsentwicklung leisten.

Häufig ist die Vorstellung anzutreffen, daß mit der Spezifikation, der Auswahl und der technischen Bereitstellung einer SEU bereits alle Bedingungen zur Behebung der zuvor genannten Probleme der Anwendungsentwicklung erfüllt sind. In der Regel ist jedoch die Einführung einer SEU mit erheblichen Veränderungen der organisatorischen Abläufe, der Aufgabenverteilung und der individuellen Arbeitsweisen verbunden. Diese z.T. gravierenden Eingriffe in die Organisationsstrukturen lassen eine effektive Nutzung komplexer Softwareentwicklungsumgebungen erst nach mehreren Jahren erwarten.

4. Wirtschaftlichkeitsbetrachtungen

Die Einführung einer SEU in einer Organisation ist mit hohen Investitionen verbunden. Dabei sind nicht nur die direkten Kosten für die Hardware und Software zu berücksichtigen, sondern auch die Investitionen in Ausbildung, Einführungsunterstützung und Implementierung der Werkzeuge.

Das zentrale Problem ist die zuvor diskutierte Produktivitätsmessung der Softwareentwicklung. Vergleicht man die "Softwareentwicklung unter Einsatz von CASE-Tools" mit "konventioneller Entwicklung ohne Anwendung eines Vorgehensmodells und von Methoden", kommt man sicherlich zu ganz anderen Ergebnissen, als wenn man methodenbasierte Softwareentwicklung nach Vorgehensmodell mit und ohne Einsatz von Tools vergleicht.

Carma McClure geht in einer Untersuchung /McClure, 88/ davon aus, daß methodenbasierte Softwareentwicklung außer Frage steht, da die heutigen Problemstellungen nicht mehr mit herkömmlichen Mitteln bewältigt werden können. McClure setzt Produktivität mit dem Aufwand für die Durchführung von Aktivitäten gleich und kommt aufgrund von Befragungen amerikanischer CASE-Anwender, die Werkzeuge, wie Excelerator oder die Information Engineering Workbench (IEW) einsetzen, zu folgenden Ergebnissen:

Beim Einsatz der Werkzeuge in der Spezifikationsphase zur Unterstützung der Methoden "Structured Analysis" und "Entity-Relationship-Modellierung" wurden Produktivitätssteigerungen um den Faktor 2 bis 10 beobachtet. Diese Ergebnisse basieren auf der Untersuchung von zwölf Organisationen, die als Entwicklungsplattform IBM Host-Systeme unter den Betriebssystemen VM und MVS, Datenbanksysteme wie IMS oder DB2 und Prototyping einsetzen. Eine der untersuchten Organisationen war eine US-Regierungsstelle. Sie beschreibt einen Fall, bei dem die Spezifikationsphase von zwei Jahren bei manueller Tätigkeit auf vier Monate unter Einsatz von Excelerator zurückging.

Eine andere Organisation berichtet von einer Produktionssteigerung um den Faktor 10 beim Einsatz des gleichen Werkzeuges bei der Erstellung logischer Datenmodelle. Ein IEW-Anwender berichtet, daß bei der Durchführung von fünf Entwicklungsprojekten mittlerer Größe die Produktivität in der Analysephase um den Faktor 2 stieg.

In einem dieser Projekte wurden 90 Datenflußdiagramme und 50 E/R-Diagramme erstellt.

Wichtig bei dieser Untersuchung ist die Tatsache, daß die Zahlen mit Benutzern erzielt wurden, die die Entwicklungsmethoden beherrschten, wobei mehr Aufwand in die Schulung von Methoden als in die Werkzeugschulung investiert wurde. Dies zeigt, daß die Beherrschung der Methoden Voraussetzung für den produktiven Einsatz von CASE-Tools ist.

In der Untersuchung wird ferner verdeutlicht, daß eine Produktivitätssteigerung nicht sofort mit dem Einsatz von CASE-Tools eintritt, sondern daß eine Lernkurve zu durchlaufen ist, die zunächst zu einem Produktivitätsabfall führt (Abb.4.1).

Die Skepsis vieler Anwender, ob mit dem Einsatz von CASE wirklich eine Produktivitätssteigerung erreicht wird, kommt oftmals daher, daß nur mit dem Einsatz strukturierter Entwicklungsmethoden die versprochenen Produktivitätsgewinne nicht eintraten. Ursache dafür ist der fehlende Bezugsrahmen für den Vergleich. Der Einsatz strukturierter Entwurfsmethoden erfordert neue, qualitätsverbessernde Tätigkeiten in der Analyse-/Designphase, die nach herkömmlicher Entwicklungsart nicht vorgesehen sind.

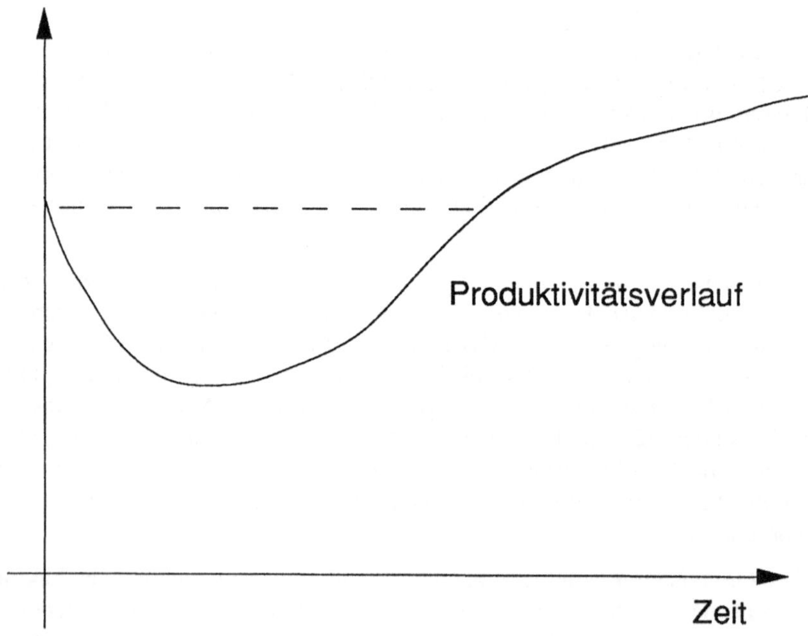

Abb.4.1   Lernkurve zur Beherrschung von CASE-Tools

An der Universität Stuttgart wurden Anwender des Tools "EPOS" in einer Untersuchung befragt, wie der Einsatz von EPOS die Produktivität aus ihrer subjektiven Sicht gesteigert hat /Lauber, 91/.

Um die Auswirkung des CASE-Tool-Einsatzes zu ermitteln, gibt es nach *Lauber* folgende grundsätzliche Möglichkeiten:

- Durchführung eines oder mehrerer Projekte mit Hilfe einer CASE-Umgebung und Abschätzung, was es gebracht hat. Hierbei ergibt sich als Vorteil, daß die Erfahrungsberichte sehr konkret sind, jedoch als Nachteile, daß die Aussagen von der Art des Projektes abhängig sind und die Ergebnisse von den Beteiligten in Abhängigkeit von deren Motivation subjektiv bewertet werden.
- Befragung von möglichst vielen Anwendern einer bestimmten CASE-Umgebung und Auswertung der Erfahrungen. Der Vorteil bei dieser Vorgehensweise ist, daß durch die Einbeziehung unterschiedlicher Projekte und vieler Beteiligter die Mittelwerte sehr aussagekräftig sind. Als Nachteile ergeben sich, daß die Mittelwerte keine objektiven Meßwerte, sondern Mehrheitsmeinungen darstellen und sich die Ergebnisse auf die betreffende CASE-Umgebung beziehen.
- Befragung von möglichst vielen Anwendern unterschiedlicher CASE-Umgebungen und Auswertung der Erfahrungen. Wie bei den zuvor genannten Vorgehensweisen gelten die Mittelwerte als aussagekräftig, die Zahlen sind jedoch keine objektven Meßwerte. Da sich die CASE-Umgebungen meistens stark unterscheiden, werden "Äpfel" mit "Birnen" verglichen.
- Definition von Metriken zur quantitativen Erfassung der Produktivität und Auswertung von möglichst vielen Projekten, die mit Hilfe von CASE-Umgebungen durchgeführt wurden. Hierbei handelt es sich sicherlich um die objektivsten Ergebnisse, jedoch ist kein Vergleich mit einer Vorgehensweise ohne Tools möglich. Zu bedenken ist ferner, daß derzeit kein anerkanntes Produktivitätsmaß für die Softwareentwicklung existiert.

Als Vorgehensweise wurde von *Lauber* die zweite Möglichkeit mit der Beschränkung auf die CASE-Umgebung EPOS ausgewählt, die im wesentlichen an der Universität Stuttgart entwickelt wurde.

Im Jahr 1990 wurden 24 Firmen befragt. Es wurde zunächst ein Fragebogen versendet und anschließend wurden Interviews mit Projektleitern geführt. Die Art der Fragestellung bezog sich auf die Projektdurchführung mit EPOS im Vergleich zur fiktiven Projektdurchführung ohne EPOS.

Im Bezug auf den Aufwand ergeben sich die nachfolgend dargestellten Ergebnissse, bezogen auf die Komponenten Requirements Engineering (RE), System-Entwurf (SE), Implementierung (Impl), Projektmanagement (PM), Wartung und Pflege (WP), Dokumentation (Doku) und Qualitätssicherung (QS) (Abb.4.2).

Da ein entscheidendes Argument für den Einsatz von CASE die Verbesserung der Qualität der erstellten Software ist, definiert *Lauber* "Qualitative Produktivität" wie folgt:

Qualitative Produktivität (QP) = (Entwicklungsergebnisse * Wert der Entwicklungsergebnisse) / Entwickler-Mannmonate.

Dabei sind die Entwicklungsergebnisse:

- ein nach formalen Kriterien geprüftes Lasten- und Pflichtenheft sowie eine nach formalen Kriterien geprüfte Systemstruktur und ein nach formalen Kriterien geprüfter Software-Entwurf
- eine konsistente und übersichtlich aufbereitete Dokumentation
- der Quellcode

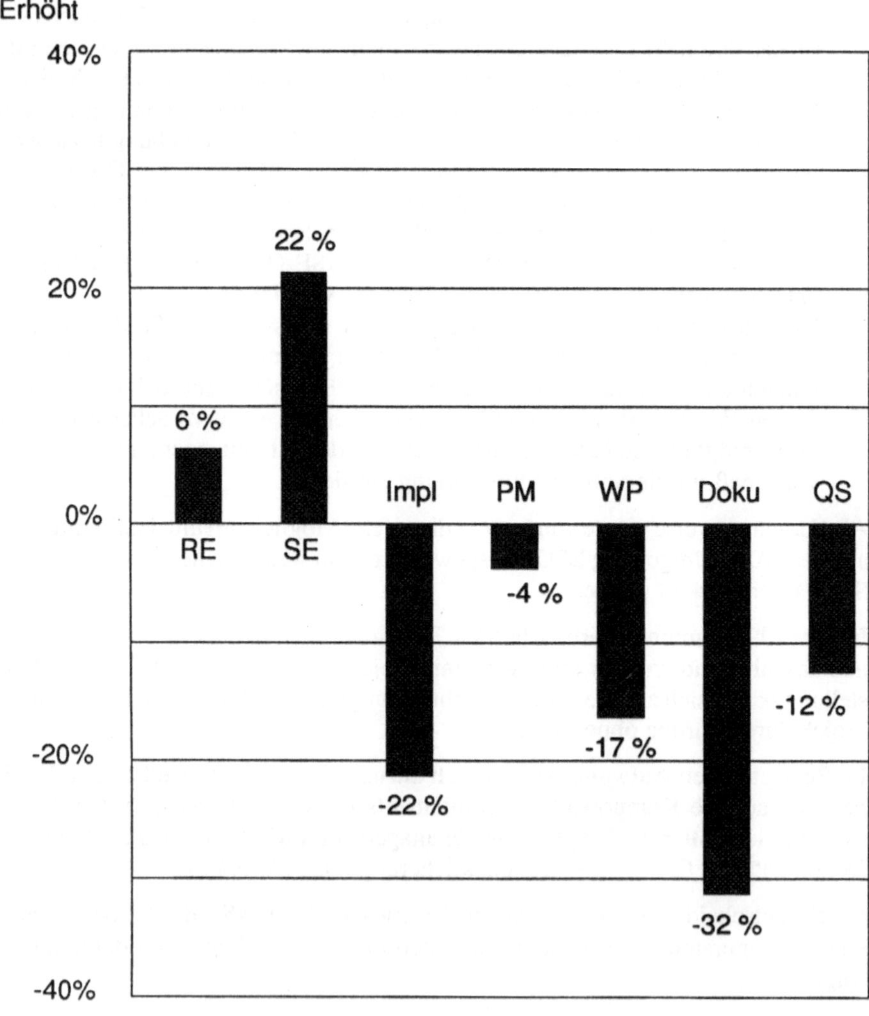

Abb.4.2   Mittlere Veränderung des Aufwandes (in %)

Als Ergebnis ist festzustellen, daß der Einsatz der CASE-Tools generell zu höherer Produktivität führt und daß sich der größte Produktivitätsgewinn voraussichtlich in der Implementierung und Wartung/Pflege der mit CASE entwickelten Verfahren erzielen läßt (Abb.4.3). Durch gute Analyse und Dokumentation, die maschinell verwaltet wird, sowie durch weitgehend automatisierte Ableitung der physischen Elemente einer Anwendung werden der Aufwand für Pflege und Änderung drastisch verringert.

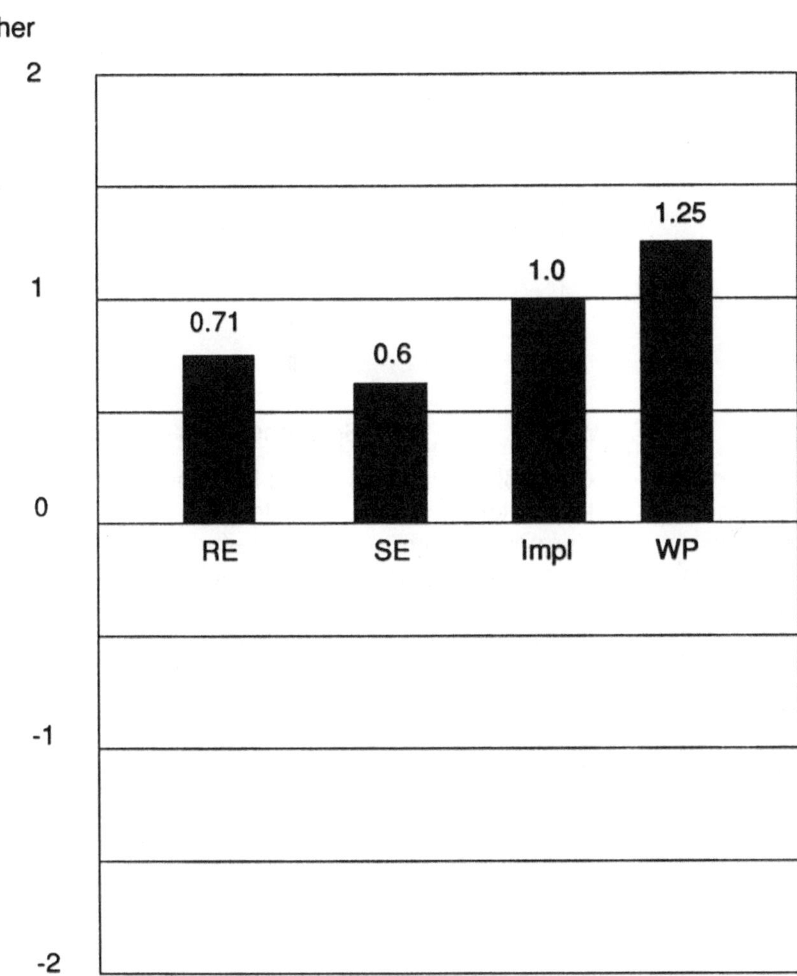

Abb.4.3   Mittlere Veränderung der qualitativen Produktivität

Entscheidend für den Erfolg des Einsatzes einer SEU ist es, den richtigen Einstiegs-
zeitpunkt für die Anwendung moderner Methoden und Tools zu finden. So beschreibt
James Martin in /Martin, 86/ drei "Wellen" zum Einstieg in die neue Technologie
(Abb.4.4).

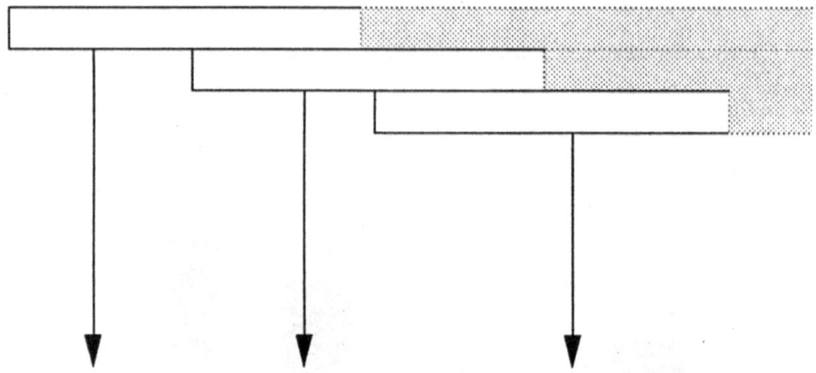

Abb.4.4   Einstiegswellen

Die Pioniere müssen hohe Investitionen zu Beginn tätigen und haben sich oftmals mit unausgereiften Produkten herumzuschlagen. Die erfolgreichen Pioniere jedoch haben mit dem hohen Risiko, das sie eingehen, die Chance, sich immense Wettbewerbsvorteile zu sichern.

Wenn die Pioniere bewiesen haben, daß es funktioniert, gibt es eine zweite Welle von Einsteigern, die die gemachten Erfahrungen verwenden können und daraus lernen. Es gibt dann ein Angebot von Seminaren und Veröffentlichungen, die Produkte sind getestet und haben einen ersten gesicherten Stand, und die Anfangskosten sind damit geringer. Da die erste und zweite Welle vielleicht nur 20% der Institutionen ausmachen, ist ebenfalls ein Wettbewerbsvorteil zu erwarten.

Als Späteinsteiger bezeichnet *Martin* die Institutionen, die zunächst in ihren eingefahrenen Bahnen bleiben. Sie managen ihre jetzige Technologie und finden viele Gründe, bei ihr zu bleiben. Die fortschrittlichen Mitarbeiter sind bereits anderweitig beschäftigt. Für diese Institutionen entstehen hohe Kosten, falls sie als Späteinsteiger auf den Zug der neuen Technologie aufspringen, weil sie einen zu großen Sprung in Bezug auf diese Technologie machen müssen und die organisatorischen und personellen Voraussetzungen fehlen. Obwohl die Produkte nun ausgereift sind, verursacht die Adaption der fortschrittlichen Technologie ein hohes Risiko. Durch den Zeitverzug entstehen große Wettbewerbsverluste.

Betrachtet man den heutigen Zeitpunkt, so kann man davon ausgehen, daß in isolierten Teil-Bereichen das Pionierstadium abgeschlossen ist, jedoch trotz aller Anstrengungen der Einsatz einer integrierten CASE-Umgebung momentan nur wenigen Pionieren vorbehalten ist.

Teil II

Softwareentwicklungsstrategie der Bundeswehr

Dieser Teil des Buches befaßt sich mit der Standardisierung der Softwareentwicklung als dem zentralen Bestandteil der Softwareentwicklungsstrategie in der Bundeswehr.

Nach einem kurzen Blick auf internationale Standardisierungsvorhaben wird in Kapitel 1 zunächst beschrieben, wie das Thema der Standardisierung im Bereich der Bundeswehr angegangen wurde und welchen Bezug der Standard zu übergreifenden Richtlinien der Bundesverwaltung hat.

In den Kapiteln 2, 3 und 4 werden Konzeption, Struktur und wesentliche Inhalte der drei Ebenen des Bundeswehrstandards dargestellt.

In Kapitel 5 wird abschließend erläutert, wie der Standard bei speziellen Projekttypen und beispielhaft bei einer marktgängigen Softwareengineering-Methode und einer integrierten CASE-Umgebung anwendbar ist.

1. Standardisierung als zentrale Aufgabe

Die Bundeswehr benötigt aufgrund ihrer Aufgabe umfangreiche DV-Unterstützung auf den verschiedensten Gebieten. Dabei sind die Entwicklung, Pflege und Änderung von Software sowohl im Bereich der Informationssysteme als auch bei den sogenannten "Embedded Computer Systems" zu wesentlichen strategischen Faktoren geworden.

Die Softwareentwicklung wird zum Teil im eigenen Haus durchgeführt, aber auch in großem Umfang an die Industrie vergeben. Die Bundeswehr stellt daher einen großen Auftraggeber für die softwareentwickelnde Industrie dar. Die Auftragnehmer der großen DV-Vorhaben stellten schon frühzeitig die Forderung auf, daß bei der Ausschreibung und Realisierung der Projekte einheitliche Softwareentwicklungs-Standards vorgegeben werden sollten, damit die Vergleichbarkeit der Angebote gewährleistet und eine Planung der eigenen Ressourcen, z.B. in bezug auf die Ausbildung, effektiv und wirtschaftlich möglich ist.

Auch bei der mit eigenen Mitarbeitern durchgeführten Softwareentwicklung wurde offensichtlich, daß die dringend benötigten neuen Methoden des Softwareengineering und CASE-Werkzeuge ohne Standards nicht effektiv und flächendeckend mit Erfolg eingesetzt werden können.

Die Standardisierung des Softwareenwicklung wurde daher als zentrale Aufgabe für die DV in der Bundeswehr definiert. Als Konsequenz dieser Entscheidung wurden Standardisierungsvorhaben durchgeführt, die im Rahmen des Forschungs- und Technologieprogramms der Bundeswehr entsprechend gefördert wurden.

Nationale und internationale Standardisierungsbemühungen im Bereich der Softwareentwicklung zeigen, daß sich die Erkenntnis der Notwendigkeit von Standards auch allgemein durchgesetzt hat. Da sich die Bundeswehr sehr frühzeitig diesem Thema gewidmet hat, ist zumindest für den öffentlichen Bereich eine gewisse Vorreiterrolle insoweit gegeben, als daß die Standardisierungsergebnisse in entsprechende nationale und internationale Standardisierungsvorhaben einfließen.

1.1. Internationale Standardisierungsvorhaben

Die weltumspannende Bedeutung der Informationstechnik rechtfertigt einen ersten kurzen Blick auf das Netz nationaler und internationaler Standardisierungsgremien.

Die Standardisierung im IT-Bereich wird durch eine Vielzahl von Interessengruppen beeinflußt. Dazu gehören neben den Normungsinstitutionen und Postverwaltungen auch industrielle Hersteller und Anwender sowie staatliche und zwischenstaatliche Gremien. Diese Gruppen haben sich sowohl auf nationaler als auch auf internationaler Ebene etabliert.

Das wichtigste Normierungsgremium auf internationaler Ebene ist die ISO (International Organisation for Standardization) mit Sitz in Genf. Als Dachorganisation von über 50 nationalen Normenausschüssen ist es ihre Aufgabe, national vorgeschlagene Standardisierungen abzustimmen und zu realisieren. Derart von der ISO festgelegte Richtlinien werden an die nationalen Gremien als Empfehlungen weitergegeben. Sie werden dort direkt oder in veränderter Form übernommen.

Die größte Bedeutung im Rahmen der Informationstechnologie kommt dabei dem ANSI (American National Standards Institute) zu. Dieses koordiniert in USA nationale Standards der akkredidierten Organisationen, wie z.B. die des IEEE (Institute of Electrical and Electronics Engineers).

Eine Besonderheit stellt in den USA das NIST (National Institute for Standards and Technology) dar. Seine Regelungen sind keine offiziellen nationalen Standards, aber für Regierung und öffentliche Stellen verbindlich.

Auf europäischer Ebene ist CEN (European Committee for Normalization) das Pendant zur ANSI. Das DIN (Deutsches Institut für Normung) unterstützt die Arbeit von CEN und ISO auf nationaler Ebene.

Für den Bereich der Telekommunikation nimmt das CCITT (International Telegraph and Telephone Consulting Committee) eine vergleichbare Rolle zur ISO ein.

Die Vielzahl der verschiedenen Einrichtungen - von der hier nur ein kleiner Ausschnitt erwähnt wird - macht offensichtlich, daß es den allgemeingültigen Standard nicht gibt und daß es zahlreicher und komplexer Aktivitäten bedarf, um Standards für alle denkbaren Einsatzfelder zu definieren. Darüber hinaus gibt es eine Vielzahl von Interessengruppen, in denen meist die großen DV-Hersteller vertreten sind, die ihrerseits sogenannte Industriestandards setzen, die im Hinblick auf die Durchsetzung auf dem Markt oftmals die größte Bedeutung haben.

Dies alles zeigt, daß Standards immer einen Kompromiß mit hohen Freiheitsgraden darstellen müssen. Sie erfordern daher Interpretationsregeln und Durchführungsbestimmungen zu ihrer Umsetzung.

Im folgenden werden mit "Euromethod", "PCTE" und "IRDS" die internationalen Standardisierungsprogramme beschrieben, die derzeit wohl die größte Bedeutung für die Standardisierung der Softwareentwicklung haben.

1.1.1. Das Projekt "Euromethod"

Das Projekt Euromethod soll für einen EG-weiten Standard der Softwareentwicklung sorgen. Hintergrund ist der Termin 1993, ab dem die öffentliche Hand in allen EG-Ländern den größten Teil der IT-Projekte europaweit ausschreiben und abwickeln muß. Euromethod soll eine durchgängige Planung, Ausschreibung, Beschaffung, Entwicklung, Wartung und Management von IT-Projekten im öffentlichen Bereich sicherstellen.

Die Basis für Euromethod bildet die Kombination eines generischen Prozeßmodells und einer einheitlichen Terminologie als "Mantelmethodologie", die die verschiedenen Methoden, die in den EG-Ländern benutzt werden, harmonisieren soll.

Die Mantelmethodologie besteht aus zwei Teilen :

-   einem Glossar, das detaillierte Klassifikationsschemata enthält, die die existierenden Methoden, Konzepte, Aktivitäten und Produkte beschreiben.
-   einem Brückenmodell, das Informationen über methodenspezifische Transformationsabbildungen beinhaltet, die den Übergang von einer Methode in die andere ermöglicht.

Über die Mitgliedschaft des Bundesministers des Inneren (BMI) in den entsprechenden Gremien werden die deutschen Standards auf internationalem Sektor eingebracht und mit den internationalen Ansätzen harmonisiert.

Das Projekt Euromethod ist in vier Phasen aufgeteilt /Weiler, 91/:

Phase 1 (1988/89): Die EG legt die Anforderungen und das Gesamtziel fest.

Phase 2 (1989-1991): Ein Industriekonsortium erarbeitet eine Durchführbarkeitsstudie im Auftrag der EG und der Public Procurement Group (PPG). Das Industriekonsortium setzte sich aus elf Softwarehäusern aus acht EG-Ländern zusammen. Deutscher Vertreter im EG-Konsortium war die Firma Softlab aus München.

Phase 3 (1992-1995): Realisierung der ersten Version und Weiterentwicklung zur vollen Version. Die Phase 3 ist nochmals aufgeteilt in die Phase 3a, die bis 1994 abgeschlossen sein soll, und in die Phase 3b, die 1994 bis 1995 durchgeführt werden soll. Die Phase 3a enthält folgende Arbeitspakete:

Arbeitspaket 1: Erstellung einer ersten grundlegenden Klassifikation

-   Klassifikationsschema als Basis für eine erste Architektur und
    eine erste ISE (Information System Engineering)-Klassifikation
-   Problembeschreibung

Arbeitspaket 2: Erstellung eines Entwurfs der Euromethod-Architektur

-   die oberste Ebene der Euromethod-Regelungen und die Architektur
-   eine erste Anleitung für die Anwendung von Euromethod
-   die Taxonomie der geforderten Standards für ISE

Arbeitspaket 3: Erste Version der Euromethod-Mantelmethodologie

- gemeinsame technische Spezifikation für die Lifecycle-Planung
- gemeinsame technische Spezifikation für das äußere Design
- Anleitung für den Benutzer (Customer's guide)
- Anleitung für den Unterstützer (Supplier's guide)

In der Ausschreibung für die Phase 3a wird explizit darauf verwiesen, daß die Standardisierungsansätze IRDS (Information Resource Dictionary Standards) von ISO sowie PCTE (Portable Common Tool Environment) der ECMA (European Computer Manufacturers Association) mit zu berücksichtigen sind.

Phase 4 (ab 1994): Nutzung der weiteren Möglichkeiten, Aufbau der Infrastruktur, Planung neuer Einsatzmöglichkeiten und Ausbildungsmaßnahmen.

1.1.2.   Das Projekt "Portable Common Tool Environment (PCTE)"

Das Projekt PCTE ist ursprünglich ein Teil des EG-Programmes "European Strategic Programs for Research and Development in Information Technology (ESPRIT)".

In den Standardisierungsüberlegungen im Rahmen dieses Projekts geht man von der Idee aus, durch die Festschreibung einer Schicht zwischen Tools und dem Betriebssystem einerseits und der Datenhaltung andererseits eine Portierbarkeit der Tools zu erreichen.

PCTE+ ist die Erweiterung von PCTE in funktionaler Hinsicht mit dem Schwerpunkt der IT-Sicherheit. Es handelt sich dabei um ein Projekt der Independent European Program Group (IEPG), in dem alle europäischen NATO-Staaten vertreten sind. Die deutschen Industrievertreter in diesem Projekt sind die Firmen GPP und IABG. Implementierungen sind auf die Plattformen VAX/VMS/Ada und SUN/UNIX/C ausgerichtet.

Darüber hinaus wurde PCTE auf Veranlassung des "PCTE Interface Management Board" in das Technische Komitee der ECMA (ECMA TC 33) eingebracht. Wesentliche Standardisierungsobjekte sind der ECMA-PCTE-Standard als formalisierte Spezifikation, ein C- und Ada-Binding sowie ein Framework for Standardization and Support Environment Technology, das "ECMA Reference Model". Für die Definition dieses Referenzmodells für CASE-Environments ist die "Task Group on Reference Model" des Technischen Komitees ECMA TC 33 verantwortlich. Es wird oft als Toastermodell bezeichnet (Abb.1.1).

Im Rahmen von ESPRIT existieren auf Basis von PCTE folgende weitere Projekte:

- PACT (PCTE-Added Common Tools)
- SFNIX (Software Factory Integration and Experimentation)
- SAPPHIRE (PCTE Portability)
- PAVE (PCTE and VMS-Environment)
- VIP (VDM Interface für PCTE)
- ALF (Advanced Software Engineering Logistics Framework / Accueil de Logiciel Future)

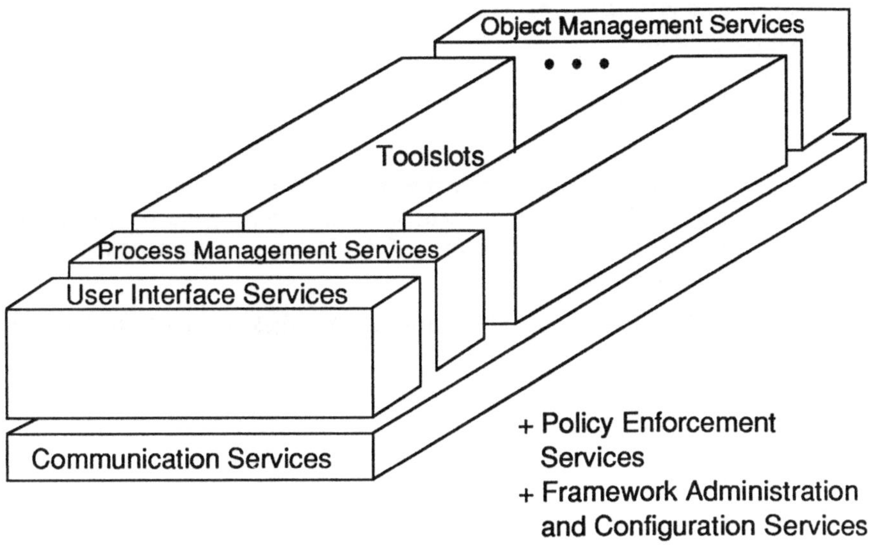

Abb.1.1   Das ECMA-Referenzmodell

–   APHRODITE (A PCTE Host Target Distributed Testing Environment)
–   ATMOSPHERE (Advanced Tools and Methods for System Production in Heterogeneous, Extensible, Real Environments)

Die Ergebnisse des ECMA-PCTE-Programms haben wiederum Eingang in das Programm ECMA PCTE EUREKA gefunden, das sich mit der Implementierung des PCTE-Standards auf drei Plattformen befaßt, nämlich auf VAX/VMS/Ada und zweimal auf Derivaten von UNIX und der Programmiersprache C. Ebenfalls wird hier die Validierung der ECMA-PCTE-Implementierungen und eine Studie "Von relationalen Datenbanken zu objektorientierten Datenbanken" durchgeführt.

Auf der Grundlage des ECMA-PCTE-Referenzmodells hat das NIST in USA zusammen mit dem ECMA TC 33 einen gemeinsamen Standard, das ISEE (Integrated Software Engineering Environment Reference Model) herausgegeben. Dieser Standard soll zunächst Regierungseinrichtungen als Richtlinie beim Ankauf kommerziell erhältlicher CASE-Tools dienen.

Ferner sind die europäischen PCTE-Ergebnisse auch in das Programm "USA-STARS (Software Technology for Adaptable Reliable Systems)" eingeflossen, das sich zum Ziel gesetzt hat, eine offene SEU-Architekur zu definieren. Dieses Programm wird vom DoD (Department of Defense) und dem SEI (Software Engineering Institute) managementmäßig geführt. Als Hersteller sind DEC, IBM und UNISYS als kommerzielle Partner beteiligt.

Hinsichtlich der Sprache Ada werden die amerikanischen Ergebnisse CAIS (Common APSE (Ada Programming Support Environment) Interface Set) und die ECMA-PCTE-Ergebnisse im Programm PCIS (Portable Common Interface Set) auf NATO-Ebene zusammengeführt.

1.1.3. Der Standard "Information Resource Dictionary System (IRDS)"

IRDS ist ein Standard von ISO und ANSI /ANSI IRDS, 88/, mit dem die Basisdatenhaltung eines Data Dictionaries festgelegt werden soll. Bestehende Data-Dictionaries sollen auf IRDS implementiert werden, ohne daß deren eigene Funktionalität geändert wird. Dadurch können Werkzeuge auf die Daten in verschiedenen Data-Dictionaries standardisiert zugreifen.

Der Standard orientiert sich an einer "Vier-Ebenen-Architektur" der Datenhaltung (Abb.1.2).

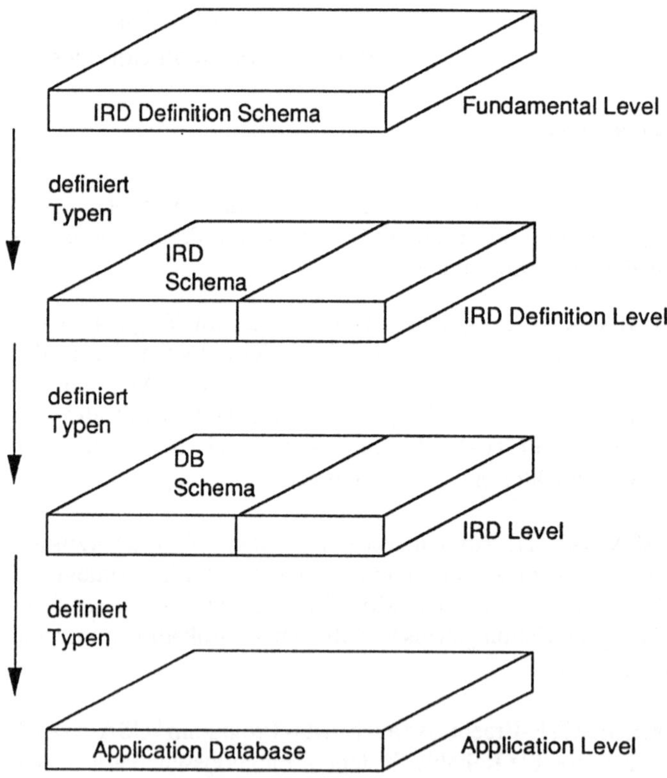

Abb.1.2   Die 4-Ebenen-Architektur von IRDS

Die unterste Ebene wird "Application Level" genannt und repräsentiert die Objekte der eigentlichen Anwendung. Die zweite Ebene, der "IRD Level" beinhaltet das Metamodell im Sinne eines Informationsmodells mit der standardisierten Beschreibung der Zugriffsmöglichkeiten. Auf dem "IRD Definition Level" als dritter Ebene wird das Schema für die zweite Ebene definiert. Auf der obersten Ebene, dem "Fundamental Level", wird beschrieben, wie das Data-Dictionary physisch implementiert wird. Dabei werden auf der nächst höheren Ebene jeweils die Typen der Objekte der darunterliegenden Ebene definiert.

Gegenstand des Standards ist die Spezifikation der Ebenen zwei und drei. Somit dient IRDS in erster Linie der Standardisierung der Datenverwaltung für die bei der Softwareentwicklung erforderlichen Metadaten, d.h. der beschreibenden Daten. In diesem Sinne soll IRDS als Entwicklungsdatenbank fungieren.

Allerdings fehlen in IRDS einige wesentliche Basisdienste einer Entwicklungsdatenbank, wie z.B. die Verwaltung komplexer Objekte und Versionen, die Unterstützung langer Attribute sowie langer Transaktionen. Diese Tatsache wird offensichtlich erkannt, denn alle bekannten auf IRDS basierenden Implementierungen enthalten entsprechende, nicht standardisierte Erweiterungen (z.B. das Repository von IBM und IDDS von Siemens). IRDS deckt also nur einen Teilbereich einer Entwicklungsdatenbank ab.

Eine Entwicklungsdatenbank kann demnach durch eine reine IRDS-Implementierung nicht ersetzt werden. Andererseits sieht es so aus, als ob eine adäquate Entwicklungsdatenbank die Aufgaben von IRDS übernehmen kann.

IRDS ist in erster Linie für Toolhersteller auf dem Data-Dictionary-/Repository-Sektor interessant. Falls sich der Standard auf dem Markt durchsetzt, ist er indirekt auch für die Standardisierung der Softwareentwicklung relevant und sollte bei der Auswahl einer Entwicklungsdatenbank mit berücksichtigt werden.

1.1.4. Zusammenfassung

Die in Europa und USA anzutreffende Welt des CASE, die durch viele inkompatible Tools gekennzeichnet ist, hat zu vielen Normungsbemühungen geführt. Allein in den USA existieren momentan 25 verschiedene Normierungsgremien mit der Aufgabe, Normen zu entwickeln, die umgebungsübergreifende Kompatibilität gewährleisten sollen.

Als Dachverband der beteiligten Normungsgremien setzte ein Standards Coordination Workshop fünf Normungsprioritäten /Informatik-Spektrum, 91/:

—   Festlegung von Richtlinien für die Entwicklung integrierter Softwareentwicklungsumgebungen
—   Beschreibung von Gewährleistungsarchitekturen für die Inter-Tool-Kompatibilität
—   Beschreibung von Gewährleistungsarchitekturen für die nutzerspezifische Erweiterbarkeit von CASE-Tools

- Festlegung von Richtlinien für die Gewährleistung der betriebsübergreifenden
  Portabilität von Softwareentwicklungsumgebungen
- Festlegung einer einheitlichen, grafischen Benutzeroberfläche

Aufgrund dieser Prioritäten ist das o.a. ISEE derzeit das wohl wichtigste Modell auf diesem Sektor, welches unterschiedliche Normungsaspekte abdeckt, wobei die Hauptzielsetzung auf die Inter-Tool-Kompatibilität ausgerichtet ist.

1.2. Standardisierung bei der Bundeswehr

Im Jahre 1986 wurden die beiden Forschungs- und Technologieprojekte SEU-IS (Softwareentwicklungsumgebung für Informationssysteme) und SEU-WS (Softwareentwicklungsumgebung für Waffensysteme) initiiert, die die Standardisierung der Softwareentwicklung zum Ziel haben.

Das Projekt SEU-IS ist an der Entwicklung und Pflege/Änderung der datenbankorientierten Systeme in der Bundeswehr ausgerichtet, die durch den Einsatz von handelsüblicher Hardware/Software und durch Netzverbund gekennzeichnet sind, während sich das Projekt SEU-WS mit der Problemstellung der Entwicklung und Pflege/Änderung realzeitorientierter "Embedded Computer Systems" befaßt.

Obwohl beide Projekte eine unterschiedliche Vorgehensweise gewählt haben, wird ein gemeinsamer SEU-Standard erarbeitet. Er gilt sowohl für die Eigenentwicklung von Software wie auch als Grundlage für die Auftragsvergabe an die Industrie. Regelungsumfang und Abstraktionsgrad des Standards sind wegen des Anspruchs der Allgemeingültigkeit für die Softwareentwicklung in der Bundeswehr entsprechend hoch. Der Standard kann daher im Rahmen der sogenannten Operationalisierung bedarfsgerecht für die verschiedenen Bereiche und Projekte zugeschnitten werden.

Die Ergebnisse der Standardisierung können als Anforderungen an die in der Anwendungsentwicklung zum Einsatz kommende Hardware und Software sowie die dabei vorgegebene methodenbasierte Vorgehensweise verstanden werden. Ihre konkrete Umsetzung bildet die "reale SEU", die bei der Anwendungsentwicklung in einem gegebenen Umfeld tatsächlich verwendet wird.

1.2.1. Zielsetzung und Strukturen

Mit der Standardisierung der Softwareentwicklung sollen folgende Ziele erreicht werden:

- Eindämmung der Softwarekosten über den Life Cycle
- Verbesserung der Softwarequalität
- Verminderung der Abhängigkeit des Auftraggebers von Auftragnehmern sowie
  größere Transparenz bei der Eigenentwicklung

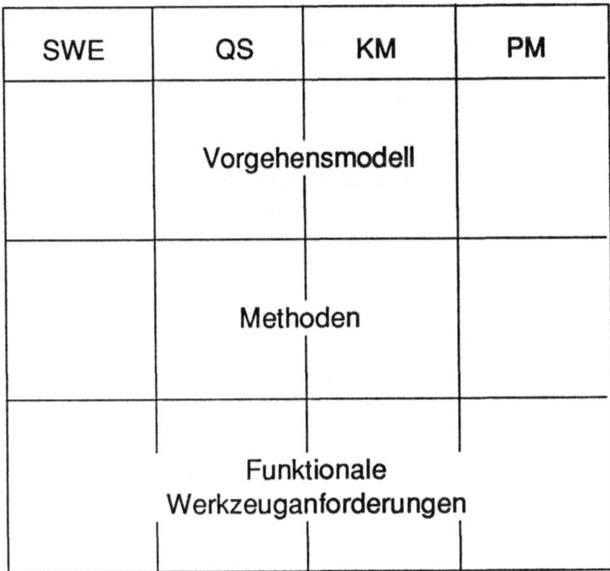

SWE	QS	KM	PM
	Vorgehensmodell		
	Methoden		
	Funktionale Werkzeuganforderungen		

Abb.1.3   Die drei-Ebenen-Architektur

Der SEU-Standard orientiert sich an einer "Drei-Ebenen-Architektur" (Abb.1.3).

Die erste Ebene wird durch das Vorgehensmodell (V-Modell) repräsentiert, welches das "Was" der Softwareentwicklung beschreibt. Es ist unterteilt in vier Submodelle, in denen die Aktivitäten und Ergebnisse der Softwareerstellung (SWE), des Projektmanagements (PM), des Konfigurationsmanagements (KM) und der Qualitätssicherung (QS) definiert werden. Diese Standardisierungsebene ist in Kapitel 2 beschrieben.

Auf der zweiten Ebene wird der Einsatz von Methoden als die Beschreibung des "Wie" im Rahmen der Softwareentwicklung geregelt. Die in diesem Zusammenhang entwickelte Standardisierung ist in Kapitel 3 beschrieben.

Die dritte Ebene enthält die Anforderungen an Werkzeuge, die den Softwareentwicklungsprozeß unterstützen, also das "Womit" der Softwareentwicklung. Kapitel 4 zeigt die hier vorgenommene Standardisierung.

Die drei Ebenen der Standardisierung sind nicht isoliert zu sehen, sondern müssen aufeinander abgestimmt werden: Im Methodenstandard werden die elementaren Bausteine von Methoden (Elementarmethoden) den Ergebnissen (Produkten bzw. Teilprodukten) der (Teil-) Aktivitäten des V-Modells zugeordnet. Im Werkzeugstandard erfolgt in analoger Weise die Synchronisation zum V-Modell und zum Methodenstandard. Dabei orientiert sich der Werkzeugstandard an einer Architektur von SEU-Leistungseinheiten. Eine SEU-Leistungseinheit ist eine aus (SEU-) Benutzersicht erwartete und identifizierbare Leistung, die eine SEU rechnergestützt anzubieten hat.

Zwischen den SEU-Leistungseinheiten, den elementaren Bausteinen einer Methode der zweiten Standardisierungsebene und den Teilaktivitäten und Teilprodukten des V-Modells können folgende Relationen bestehen:

–   Eine SEU-Leistungseinheit wird genau einer Elementarmethode zugeordnet.
–   Einer SEU-Leistungseinheit wird keine Methode zugeordnet, aber es gibt eine Zuordung dieser Leistungseinheit zu einer Teilaktivität des V-Modells. Dies trifft z.B. für die Leistungseinheit "Programmübersetzung" zu.
–   Für eine Elementarmethode gibt es keine SEU-Leistungseinheit, aber eine Zuordnung zu einem Teilprodukt des V-Modells. Dies trifft z.B. für die Methode "Walkthrough" zu.

Das nachfolgend dargestellte E/R-Diagramm zeigt die Zusammenhänge zwischen den Objekten der drei Standardisierungsebenen (Abb.1.4).

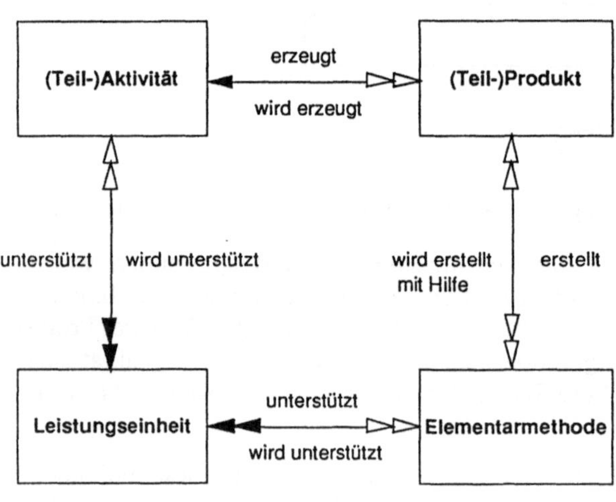

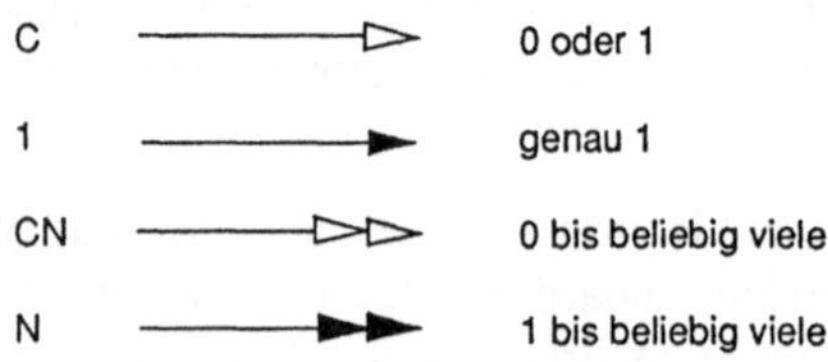

Abb.1.4   Entity-Relationship-Modell der Zusammenhänge zwischen den Objekten der Standardisierungsebenen

Da das V-Modell nur die logische Abhängigkeit von Aktivitäten und Produkten beschreibt, muß die oberste Standardisierungsebene noch mit einem Phasenmodell synchronisiert werden (Abb.1.5).

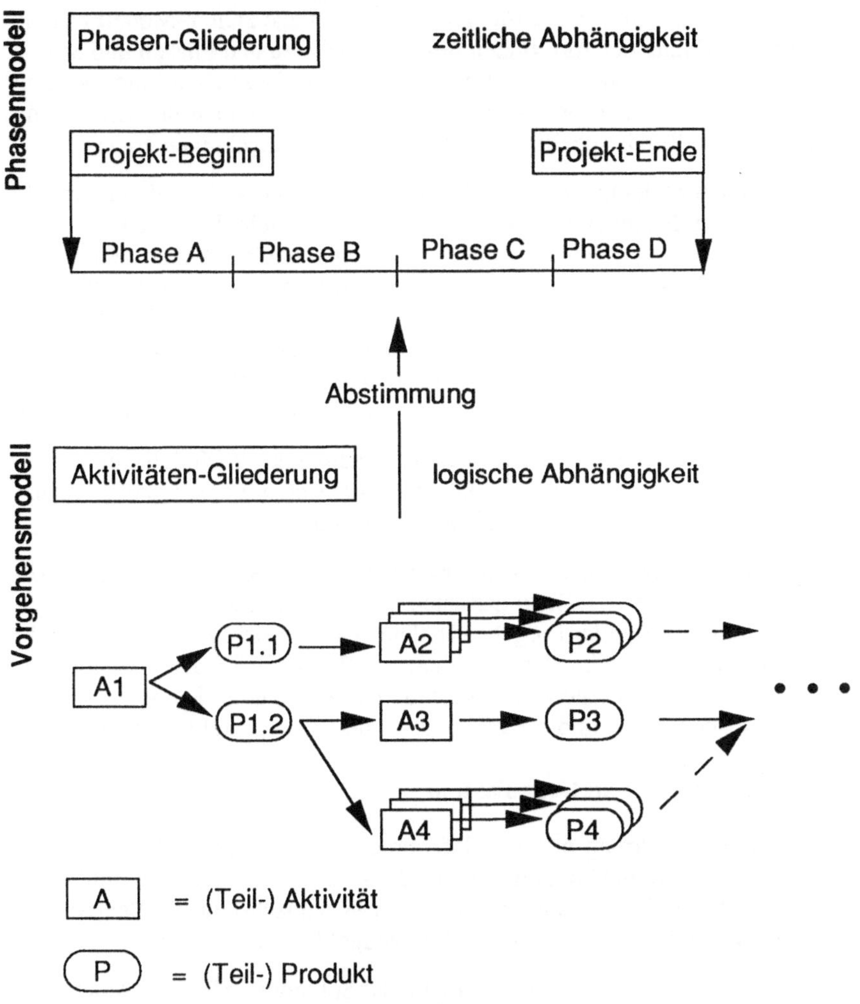

Abb.1.5   Synchronisation von Vorgehensmodell und Phasenmodell

Das Phasenmodell entspricht der Betrachtung des Softwareentwicklungsprozesses aus Managementsicht und stellt die zeitlichen Abläufe im Sinne eines Meilenstein-planes dar. Die Synchronisation bedeutet daher, daß die logischen Abläufe des V-Modells der vorgegebenen zeitlichen Phaseneinteilung zugeordnet werden müssen.

Im Bereich der Bundeswehr existieren Managementregelungen für die Entwicklung von Software im Sinne eines Phasenmodells. In der Anlage zum V-Modell ist eine schematische Zuordnung der Aktivitäten des V-Modells zu den Phasen und Stufen des Bundeswehr-Phasenmodells vorgenommen worden. Diese Zuordnung wird in Durchführungsbestimmungen der einzelnen Bereiche im Rahmen der Umsetzung des V-Modells in die Praxis spezifiziert und um konkrete Regelungen ergänzt.

Die "Drei-Ebenen-Architektur" des Standards sowie das V-Modell sind mittlerweile vom Bundesminister des Inneren (BMI) als Basis eines Standards für den gesamten öffentlichen Bereich vorgeschlagen worden. Sie stellen darüber hinaus den akzep-tierten deutschen Beitrag zum EG-Standardisierungsprojekt "Euromethod" (vgl. Kapitel 1.1.1) dar. Der Phase 3a der Projekt-Ausschreibung liegt das V-Modell als generisches Prozeßmodell mit zugrunde. Unter anderem sollen die Ergebnisse der in Phase 2 untersuchten Methoden wie DAFNE, IE, MERISE, SPM, SSADM mit den Produkten des V-Modells verglichen und gegebenenfalls gemeinsam genutzt werden.

Ferner kann festgestellt werden, daß mit der Anwendung des V-Modells die techni-schen Anforderungen der Norm ISO 9000, Teil 3, die sich mit dem Qualitätsmana-gement für die Softwareentwicklung befaßt, erfüllt sind.

Die dritte Standardisierungsebene der Bundeswehr orientiert sich an dem PCTE-Re-ferenzmodell (vgl. Kapitel 1.1.2), so daß auch auf dieser Ebene eine Vereinbarkeit mit dem internationalen Standard gegeben ist. Die Standardisierung der Bundeswehr geht jedoch an einigen Stellen darüber hinaus, z.B. innerhalb der Toolslots des Toastermodells, für die weitergehende Forderungen nicht nur an Kompabilität und Portierbarkeit, sondern auch an die Funktionalität der Tools gestellt werden.

1.2.2. Vorgehensweise und Organisation

Ausgehend von der Erfahrung früherer Softwareengineering-Aktivitäten, die zeig-ten, daß die Softwareentwicklung entscheidend von den Methoden bestimmt wird, wurde im Projekt SEU-IS in den Jahren 1986 und 1987 zunächst mit der Bearbeitung der Ebenen zwei und drei (Methoden und Werkzeuge) begonnen.

Nach Festlegung einer bestimmten Methodik für das Submodell SWE mit Anlehnung an wesentliche Teile der komplexen Methode Isotec (Integrierte Software Technolo-gie) der Firma Ploenzke wurde zunächst ein Prototyping der Methodik und von unterstützenden Werkzeugen für Analyse und Design durchgeführt. Die Werkzeuge wurden nach einem umfangreichen Verfahren ausgewählt und als Experimentalsy-stem erprobt /Bröhl, 90/.

Die Ansätze und Erkenntnisse wurden in mehreren Expertenhearings mit Fachleuten aus dem Industrie- und Hochschul-Bereich diskutiert und verifiziert.

Parallel zum Prototyping wurden auf der Basis der Erfahrungen mit diesen Methoden und Tools sogenannte fachliche Entwürfe erstellt, welche zunächst die Methodenebene für das Submodell SWE mit Grundelementen von Isotec beschrieben. Analog dazu erfolgte anschließend der fachliche Entwurf für die Submodelle PM und KM. Hierbei wurden die methodischen Bausteine im Sinne einer Funktionsdekomposition bis zur Ebene der Elementarmethoden entwickelt, die Datenflüsse der Funktionen untereinander spezifiziert und für jede Funktion die Sicht auf die Entwicklungsdatenbank als Metadatenmodell dargestellt. Dies wurde wiederum mit den ausgewählten CASE-Analyse-Tools dokumentiert.

Für das Submodell QS wurde auf die Erstellung eines fachlichen Entwurfes aufgrund der schon im Parallelprojekt geleisteten Grundlagenarbeiten verzichtet.

Parallel zu den Arbeiten im Rahmen des Projektes SEU-IS, das im wesentlichen auf die Eigenentwicklung von Software ausgerichtet ist, wurde im Parallelprojekt SEU-WS zunächst "top down" mit der Erarbeitung der Ebene des Vorgehensmodells begonnen, weil die Regelung der Vorgehensweise auf diesem Gebiet als einheitliche Grundlage für die Auftragsvergabe an die Industrie und für die Auftragsverfolgung besonders wichtig ist.

Nach der Erstellung einer ersten "WS-Version" des V-Modells, die von den Spezifika der Embedded Computer Systems geprägt war, diente der fachliche Entwurf der SEU-IS als Basis, um diese Version um die informationssystemspezifischen Aspekte zu ergänzen bzw. sie in Teilen zu verändern. Es entstand so die gemeinsame erste Standardisierungsebene.

Bei der Entwicklung der Standards für die zweite und dritte Ebene dienen die fachlichen Entwürfe und das Toolprototyping des Projektes SEU-IS als Grundlage. Auch hier wird ein gemeinsamer Standard von beiden Projekten erarbeitet.

Durch die Einrichtung von sogenannten "Fachgruppen" für die Projekte SEU-IS und SEU-WS auf Ämterebene und aus dem Industriebereich (besetzt mit Vertretern der Verbände der deutschen Industrie) wurden die Ergebnisse beider Projekte von der Amts- und Industrieseite mitbestimmt. Daneben wurden vor allem von Seiten des Projektes SEU-WS zusätzliche Reviews mit Vertretern der deutschen Industrie durchgeführt. Auf Seiten des Projektes SEU-IS dienten diverse Informationsbesuche bei deutschen und internationalen Organisationen zur Absicherung der SEU-Ergebnisse.

Das fertiggestellte und der Öffentlichkeit zugängliche V-Modell unterliegt einem geregelten Änderungsmanagement. Es können Änderungsanträge gestellt werden, die gesichtet und auf einer jährlich stattfindenden Änderungskonferenz verhandelt werden, die mit Vertretern der beiden SEU-Projekte sowie der Ämter und der Industrie besetzt ist. Falls die Änderungskonferenz einem Antrag zustimmt, wird die Änderung in die nächste Version des V-Modells aufgenommen.

Die Ergebnisse zur zweiten und dritten Standardisierungsebene befinden sich derzeit in der Abstimmung mit den Fachgruppen. Darüber hinaus ist ein weiteres Review mit der Industrie geplant.

In beiden Projekten wird der Projektleiter von der Amtsseite gestellt. Im Projekt SEU-IS sind neben eigenen Mitarbeitern die Firmen ExperTeam, FWU, IABG und Ploenzke Informatik maßgeblich an dem Projekt beteiligt. Es existiert zusätzlich ein Projektlenkungausschuß, der mit Managementvertretern des Amtes und der beteiligten Softwarehäuser besetzt ist. Die Ergebnisse der Projekte werden turnusmäßig dem Bundesminister der Verteidigung (BMVg) vorgelegt und wie im Fall des V-Modells von dort erlassen.

1.3. Übergreifende Richtlinien der Bundesverwaltung

Der hohe Grad der Abhängigkeit der Wirtschaft und des öffentlichen Bereiches von der Informationstechnik und die Sicherstellung der Zusammenarbeit erfordert grundsätzlich die Definition von Standards und Regeln auf allen Ebenen, d.h. national und international, organisations- und aufgabenspezifisch, haus- und projektspezifisch. Im Bereich der Bundesverwaltung existieren eigene Richtlinien für den Einsatz der IT, die im folgenden kurz beschrieben werden.

1.3.1. IT-Richtlinien

Die IT-Richtlinien wurden am 18.8.1988 durch das Bundeskabinett verabschiedet. Diese tragen der aktuellen Entwicklung des IT-Bereichs Rechnung im Sinne einer Neuordnung und Zukunftsorientierung der grundlegenden Vorgaben für den IT-Einsatz in der öffentlichen Verwaltung. Die IT-Richtlinien gelten als Rahmenregelungen für den IT-Einsatz bei den Bundesbehörden (Bundesministerien und ihre nachgeordneten Dienststellen). Sie gelten nicht für die Bundesländer und auch nicht für die Koordination zwischen Bund und Ländern. Folgende Kernaussagen sind in den IT-Richtlinien enthalten:

Planung und Durchführung von IT-Vorhaben

Der IT-Einsatz muß auf den spezifischen Bedarf einer Behörde ausgerichtet sein. Daher ist jede Behörde für ihre IT-Vorhaben selbst verantwortlich. Alle betroffenen Behörden – zur Zeit etwa 130 – müssen IT-Rahmenkonzepte für ihre IT-Vorhaben aufstellen. Diese Konzepte sind jährlich fortzuschreiben und mit der KBSt (Koordinierungs- und Beratungsstelle beim BMI) abzustimmen.

Die IT-Rahmenkonzepte sind jedoch nicht nur ein behördeninternes Planungsinstrument. Sie dienen darüber hinaus der übergreifenden Harmonisierung des IT-Einsatzes im Ressortbereich unter Berücksichtigung ressortübergreifender Regelungen. Ihre Bedeutung für die Realisierung des IT-Einsatzes liegt auch darin, daß die Haushaltsreife der IT-Vorhaben von Bundesbehörden erst gegeben ist, wenn seitens der KBSt und des Bundesrechnungshofes (BRH) keine negativen Stellungnahmen zu den Vorhaben vorliegen.

Die IT-Richtlinien geben die Gliederung dieser Rahmenkonzepte vor. Ein wichtiger Gliederungspunkt sind die Rahmenbedingungen. Sie enthalten u.a. einen Abschnitt über Konzepte und Maßnahmen für die Sicherheit beim Einsatz der Informationstechnik. Ein IT-Sicherheitshandbuch liefert dafür wesentliche Hilfestellungen.

Weiterhin werden in den IT-Rahmenkonzepten Aussagen zu den IT-Verfahren und den IT-Vorhaben einer Behörde verlangt. Im Kapitel über die IT-Vorhaben sind geplante oder in Entwicklung befindliche IT-Anwendungen darzustellen. Die verlangten Aussagen zu einzelnen Vorhaben sind so geartet, daß sie im Regelfall aus den entsprechenden Entwicklungsdokumentationen und Projektplanungen entnommen werden können, wie dies z.B. bei Anwendung des V-Modells und der entsprechenden standardkonformen Methoden und Werkzeuge sowie der danach erstellten Dokumente der Fall ist.

Besondere Erfordernisse für den IT-Einsatz

Hier wird auf eine Reihe von Punkten eingegangen, die beim IT-Einsatz besonders zu beachten sind. Hervorzuheben sind vor allem die Ausführungen über die Aus- und Fortbildung der Mitarbeiter und weitergehende Regelungen zur IT-Sicherheit. Diese werden in den IT-Aus- und Fortbildungsrichtlinien und im IT-Sicherheitsrahmenkonzept konkretisiert.

Die Aufgaben der KBSt und des IMKA
(Interministerieller Koordinierungsausschuß)

Die KBSt ist als Organisationseinheit des BMI eingerichtet. Ihre Aufgabe ist die Koordinierung und Optimierung des IT-Einsatzes in der Bundesverwaltung. Die Grundsätze hierzu hat die KBSt im Rahmen ihrer Schriftenreihe veröffentlicht.

Der IMKA berät IT-Angelegenheiten von allgemeiner oder ressortübergreifender Bedeutung. Jedes Ministerium sowie der BRH entsendet Mitglieder in diesen Ausschuß, in dem die KBSt den Vorsitz hat. Die Mitglieder der Ministerien und des BRH sind Fachleute, die für die ressortinterne Koordination zuständig sind, z.B. für die interne Abstimmung der IT-Rahmenpläne.

1.3.2. IT-Mindestanforderungen

Im Jahre 1976 haben die Rechnungshöfe des Bundes und der Länder Grundsätze und Empfehlungen im Sinne von Mindestanforderungen für DV-Projekte und DV-Verfahren dokumentiert, die im Mai 1991 durch die IT-Mindestanforderungen ersetzt worden sind.

Die besondere Bedeutung der IT-Mindestanforderungen liegt darin, daß sie zukünftig bei der Prüfung durch die Rechnungshöfe neben den geltenden Rechts- und Verwaltungsvorschriften als Prüfungsmaßstab für die Beurteilung von Maßnahmen und Verfahren auf dem Gebiet der Informationstechnik einheitlich zugrunde gelegt werden. Die IT-Mindestanforderungen sind in diesem Sinne kleinster gemeinsamer Nenner zum Erreichen vergleichbarer Qualitätsstandards. Sie enthalten im wesentlichen Beiträge zu:

- IT-Planung
- IT-Vorhaben
- IT-Verfahren
- IT-Sicherheit

Die Erfüllung der IT-Mindestanforderungen auf der einen Seite und existierender Standards und Richtlinien auf der anderen Seite ist natürlich nur dann möglich, wenn diese miteinander harmonieren, d.h. aufeinander abgestimmt sind und einander ergänzen. In der Tat werden die IT-Mindestanforderungen bei Anwendung der vorhandenen Richtlinien weitgehend erfüllt:

Die Forderungen der Abschnitte "IT-Planung" und "IT-Sicherheit" werden größtenteils durch die IT-Rahmen- und IT-Sicherheitskonzepte abgedeckt, die nach Maßgabe der IT-Richtlinien für jede Behörde zu erstellen sind.

Die Forderungen insbesondere des Abschnitts "IT-Vorhaben" stellen eine grundsätzliche Forderung nach einem Vorgehensmodell dar. Bei Anwendung des V-Modells auf die Durchführung von IT-Vorhaben und auf die Pflege/Änderung von IT-Verfahren werden auch diese Anforderungen weitgehend abgedeckt.

Die Forderungen des Abschnitts "IT-Verfahren" betreffen den Betrieb der Anwendungen im Rechenzentrum. Diese Forderungen werden z. B. im Bereich der Fachinformationssysteme der Bundeswehr durch das Projekt "RzBw 90" mit abgedeckt, das den Rechenzentrumsbetrieb grundlegend unter der Zielsetzung einer weitgehenden Automatisierung/Optimierung des Betriebes neu regelt.

1.3.3.   Zusammenfassung

Es kann festgestellt werden, daß die Bundeswehr-Standardisierung auf dem Gebiet der IT einen wesentlichen Beitrag zur Erfüllung sowohl der IT-Richtlinien als auch der IT-Mindestanforderung des Bundesrechnungshofes darstellen.

Vergegenwärtigt man sich, daß die öffentliche Hand umfangreiche Software beschafft, realisiert und betreibt - im Jahre 1988 wurde für etwa 2 Mrd. DM Software beschafft und mit etwa 58 000 eigenen Entwicklern Anwendungen im Wert von 3,5 Mrd. DM erstellt -, so wird deutlich, daß die Standards und Richtlinien im öffentlichen Bereich sicherlich auch Einfluß auf den privatwirtschaftlichen Bereich haben werden.

2. Der Vorgehensstandard (V-Modell)

Das V-Modell regelt als technischer Standard die Gesamtheit aller Aktivitäten und Produkte sowie deren Produktzustände und die logischen Abhängigkeiten zwischen Aktivitäten und Produkten während des Softwareentwicklungsprozesses und der Softwarepflege/-änderung.

Der Gesamtprozeß der Softwareentwicklung wird in eine Vielzahl von Einzelprozessen zerlegt, die untereinander teilweise abhängig, teilweise unabhängig sind, wobei die immanenten Zusammenhänge explizit dargestellt werden.

Das V-Modell beschreibt Aktivitäten und Produkte je nach Bedarf auf unterschiedlichen Detaillierungsebenen und berücksichtigt neben den für die Softwareerstellung (SWE) orginär erforderlichen auch die diese begleitenden Tätigkeiten, nämlich die Qualitätsicherung (QS), das Konfigurationsmanagement (KM) und das Projektmanagement (PM). Der Produktfluß im Sinne eines Aktivitäten-/Produkte-Netzes wird durch Vorwärts- und Rückwärtsverkettung dargestellt.

2.1. Konzeption des V- Modells

Der Vorgehensstandard (V-Modell) trägt zur Erreichung folgender Ziele der Softwareentwicklung in der Bundeswehr bei:

Eindämmung der Softwarekosten über den Life Cycle

- Die Erstellung projektspezifischer Entwicklungsstandards und deren Prüfung durch den Amtsbereich wird durch den vorgegebenen Rahmen erleichtert und damit kostengünstiger.
- Das standardisierte Vorgehen macht die Kalkulation des Aufwandes transparenter. Kostenrisiken werden besser erkennbar und können besser eingegrenzt werden.
- Einheitliche Standards reduzieren Reibungsverluste und Mißverständnisse zwischen Auftraggeber und Auftragnehmer wie auch zwischen Hauptauftragnehmer und Unterauftragnehmer und tragen dazu bei, unproduktive Aufwände zu vermeiden.

- Universelle Lösungsansätze werden bei standardisiertem Vorgehen erkennbar und damit mehrfach verwendbar.
- Kostspielige Fehlentwicklungen können frühzeitig erkannt werden.
- Die an dem Standard ausgerichteten Schulungsprogramme sind kostengünstiger durchzuführen.

Verbesserung der Softwarequalität

- Durch systematisches Vorgehen ist die Vollständigkeit und Korrektheit der zu liefernden Ergebnisse am besten zu gewährleisten.
- Definierte Zwischenergebnisse ermöglichen frühzeitige Prüf- und Korrekturmaßnahmen.
- Einheitliche Produktschemata erleichtern die Lesbarkeit und Interpretation der Produkte und die Durchführung von Prüfmaßnahmen.

Verminderung der Abhängigkeit des Auftraggebers von Auftragnehmern sowie größere Transparenz bei der Eigenentwicklung

- Die Verwendung definierter Begriffe reduziert Mißverständnisse zwischen den beteiligten Stellen.
- Nutzer, Aufgabensteller und Entwickler werden bei der Formulierung ihrer Forderungen bzw. bei der Beschreibung ihrer Anteile/Ergebnisse unterstützt.
- Die Zwischenergebnisse/Ergebnisse sind soweit standardisiert, daß andere Beteiligte bzw. andere Firmen sich - falls erforderlich - mit vertretbarem Aufwand einarbeiten können.

Die Konstruktion des V-Modells unterscheidet sich in wesentlichen Merkmalen von den bisher allgemein zugrundeliegenden Modellansätzen, von denen das Wasserfall- und das Spiralmodell am häufigsten Anwendung gefunden haben.

Das Wasserfallmodell definiert den Entwicklungsprozeß im Sinne eines prinzipiell linearen Verlaufs /Boehm, 86/ (Abb.2.1).

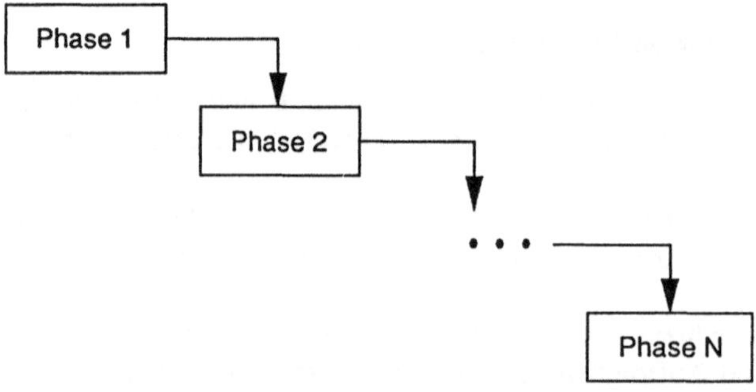

Abb.2.1   Das Wasserfallmodell

Das Spiralmodell erhebt die Iteration zum Arbeitsprinzip und setzt deren Konvergenz voraus /Boehm, 86/ (Abb.2.2).

Diese Modelle beschreiben mit dem linearen Verlauf bzw. mit der Iteration Prinzipien des Enwicklungsprozesses, ohne zu berücksichtigen, daß diese nicht als Alternativen, sondern als sich idealerweise ergänzende Ansätze zu betrachten sind.

Im Gegensatz dazu repräsentiert das V-Modell ein allgemeingültiges Modell, in dem beide Prinzipien berücksichtigt sind und je nach Situation mehr oder weniger in den

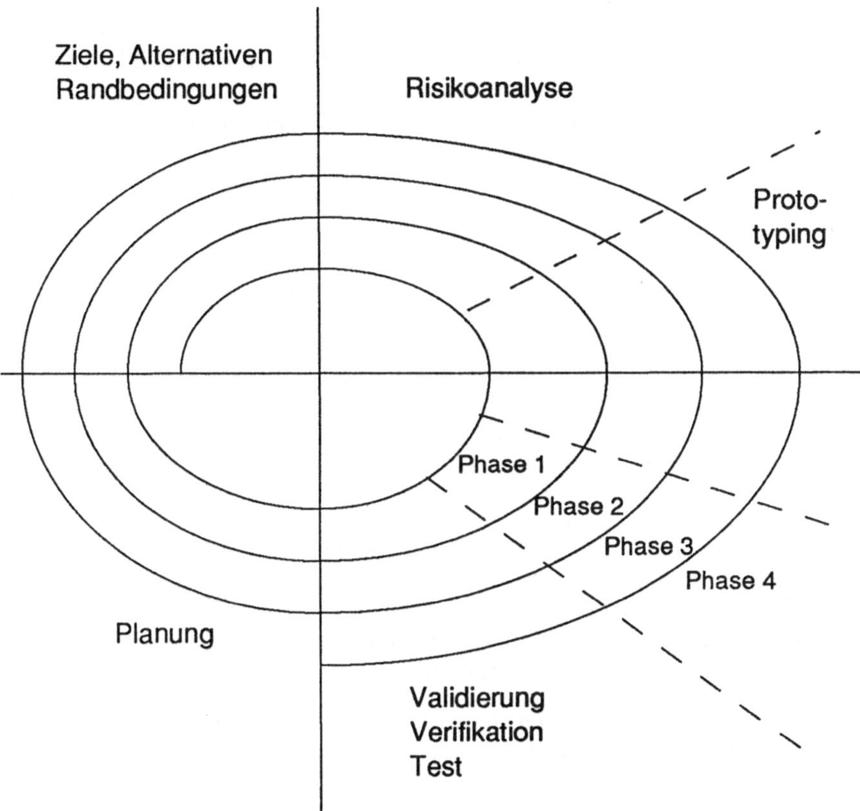

Abb.2.2   Das Spiralmodell

Vordergrund gestellt werden können. Die Abhängigkeiten der Einzelprozesse im
V-Modell können wie folgt beschrieben werden:

-   Auf der generischen Ebene sind die Abhängigkeiten statisch festgelegt, sie
    bestehen also "prinzipiell".
-   In der konkreten Abwicklung bilden die statischen Abhängigkeiten die Rahmen-
    bedingungen für die Ausführbarkeit bestimmter Aktivitäten und definieren den
    Kontext jeglicher Modifikationen in einem (gedachten) Netz aufeinander bezo-
    gener, konkreter Arbeitsergebnisse (Produkte).

Um in diesem Netz sinnvoll operieren zu können, müssen für jeden Knoten des
Netzes (=Produkte) die Zustände definiert werden, die den Kontext zu den Nach-
barknoten definieren. Da im V-Modell jedes Produkt mit solchen Zustandsattributen
versehen ist, kann ein realer zeitlicher Ablauf auf einem instantiierten Netz in jeder
beliebigen Richtung verlaufen. Iteration in diesem Zusammenhang heißt dann, daß
ein bereits abgewickelter Knoten zurückgesetzt wird, alle davon abhängigen Ergebnisse in ihrem Zustand dieser Situation angepaßt und damit gleichzeitig wiederum
erlaubte Folgeknoten identifiziert werden.

Eine ausführliche Beschreibung des V-Modells und die Abgrenzung zu den oben
genannten Modellen findet sich in /Bröhl, 93/. Dort wird ebenfalls beschrieben, wie
"partizipative Softwareentwicklung" und Prototyping im Sinne "evolutionärer Softwareentwicklung" durch den Einsatz des V-Modells unterstützt werden können.

Das V- Modell besitzt eine hohe Flexibilität und Allgemeingültigkeit. Es ist vor der
konkreten Anwendung einem Tailoring zu unterziehen. Dabei wird das V-Modell auf
die bereichs- bzw. projektspezifischen Belange in der Weise zugeschnitten, daß die
nicht relevanten Aktivitäten und Produkte gestrichen werden. Bei der Vergabe von
Aufträgen an die Industrie kann durch diese Auswahl eine gezielte Auftragsvergabe
vorgenommen werden.

Das V-Modell beschreibt den Softwareentwicklungsprozeß nur aus funktionaler
Sicht. Dabei sind für die im Verlauf des Softwareentwicklungsprozesses durchzuführenden Tätigkeiten verschiedene Rollen definiert, die durch Funktionsträger mit den
dafür notwendigen Kenntnissen, Erfahrungen und Fähigkeiten wahrzunehmen sind.
Folgende Rollen sind im V-Modell definiert:

-   System-Analytiker und -Designer
-   DV-Analytiker und -Designer
-   SW-Analytiker
-   SW-Designer
-   Programmierer
-   Support-Berater
-   Applikationsberater
-   HW-Berater
-   Technischer Autor
-   Datenschutz- und -sicherheitsbeauftragter
-   QS-Manager
-   QS-Verantwortlicher

- Qualitätsprüfer
- QS-Assistent
- Projektmanager
- Projektleiter
- Projektassistent
- KM-Leiter
- Konfigurationsadministrator

Die Ausübung der Rollen erfolgt bei größeren Projekten im Regelfall durch unterschiedliche Funktionsträger, während bei kleinen und mittelgroßen Projekten verschiedene Rollen durch gleiche Funktionsträger übernommen werden müssen.

Die Zuordnung von Rollen zu Aktivitäten wird durch eine Matrix beschrieben, wobei einer Aktivität mehrere Rollen zugeordnet sein können. Bei der Durchführung eines Projektes müssen daher für die im V-Modell dargestellten Aufgaben (Aktivitäten) Organisationseinheiten bzw. Bearbeiter festgelegt werden. Das V-Modell ist somit organisationsneutral und damit in beliebigen Organisationen anwendbar.

2.2. Grundelemente und Struktur

Der Vorgehensstandard besteht aus einem Regelungsteil und drei Anlagen. Die Grundelemente des Regelungsteils sind die Aktivitäten und Produkte (im Sinne von Typen), die während des Softwareentwicklungsprozesses durchgeführt bzw. bearbeitet werden.

Als Aktivität wird eine Tätigkeit im Rahmen des Softwareentwicklungsprozesses bezeichnet, die hinsichtlich ihrer Durchführung und ihres Ergebnisses genau beschrieben werden kann. Aktivitäten können aus einer Reihe festgelegter Teilaktivitäten bestehen, wenn jede dieser Teilaktivitäten ihrerseits definierte Zwischenergebnisse aufweist. Die Aktivitäten sind auf der obersten Detaillierungsebene zu Hauptaktivitäten zusammengefaßt.

Als Produkt wird der Bearbeitungsgegenstand bzw. das Ergebnis einer Aktivität bezeichnet. Analog der Zerlegung von Aktivitäten in Teilaktivitäten kann sich eine Zerlegung von Produkten in Teilprodukte (z.B. einzelne Teile eines Dokuments) ergeben (Abb.2.3).

Eine Aktivität kann die Erstellung eines Produkts oder die inhaltliche Änderung eines Produkts zum Gegenstand haben.

Zu jeder Aktivität existiert als Arbeitsanleitung eine Aktivitätenbeschreibung, der bei der Ausführung der Aktivität zu folgen ist. Die Aktivitätenbeschreibung erfolgt nach einem festen Muster.

Zu jedem Produkt existiert eine Produktbeschreibung, welche den Aufbau des Produktes definiert. Die Produktbeschreibung erfolgt ebenfalls nach einem festen Muster.

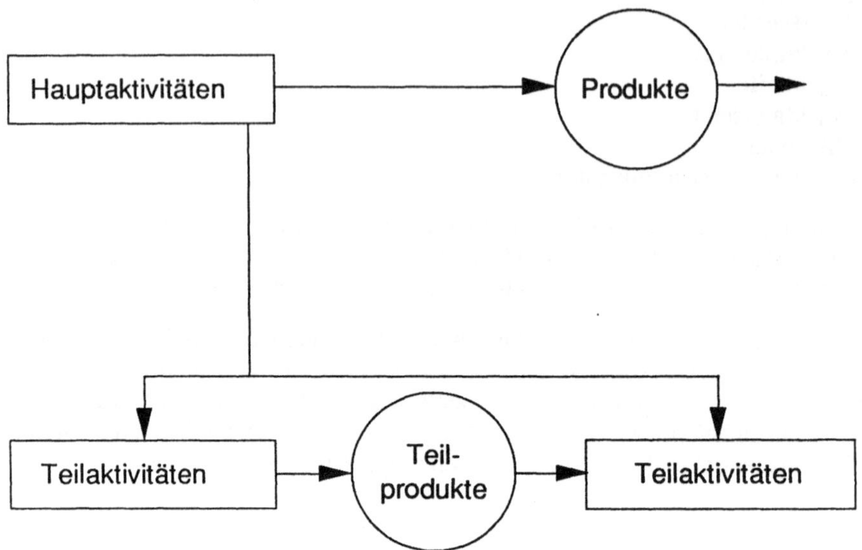

Abb.2.3   Schema der Aktivitäten und Produkte des V-Modells

Die logische Abhängigkeit zwischen den Aktivitäten bzw. der Produktfluß werden
bei jeder Aktivität über eine Matrix beschrieben, in der die Produkte mit ihrem
geforderten Zustand angegeben sind, die als Voraussetzung für die Durchführung der
jeweiligen Aktivität benötigt werden (Rückwärtsverkettung). Ebenfalls werden in
dieser Matrix die Aktivitäten angegeben, in denen das zu erstellende Produkt weiterverwendet wird (Vorwärtsverkettung). Gleiches gilt im Fall von Teilaktivitäten und
Teilprodukten.

Im V-Modell wird berücksichtigt, daß bestimmte Produkte im Entwicklungsprozeß
verschiedene Zustände durchlaufen. Der Wechsel von einem Zustand in einen
anderen wird grundsätzlich durch eine Aktivität ausgelöst. Alle Zustandsübergänge
werden bei den entsprechenden Aktivitäten explizit angegeben. Produkte können
folgende Zustände annehmen (Abb.2.4):

–   Geplant: Das Produkt ist in der Planung vorgesehen. Dies ist der Eingangszu-
    stand für alle Produkte.
–   In Bearbeitung: Das Produkt wird bearbeitet. Es befindet sich entweder im
    "privaten" Entwicklungsbereich des Bearbeiters oder unter dessen Kontrolle
    innerhalb der Produktbibliothek.
–   Vorgelegt: Das Produkt ist aus der Sicht des Entwicklers fertig und wird unter
    Konfigurationsverwaltung genommen. Es wird einer QS-Prüfung unterzogen.
–   Akzeptiert: Das Produkt wurde in QS überprüft und freigegeben und darf nur
    innerhalb einer neuen Version geändert werden.

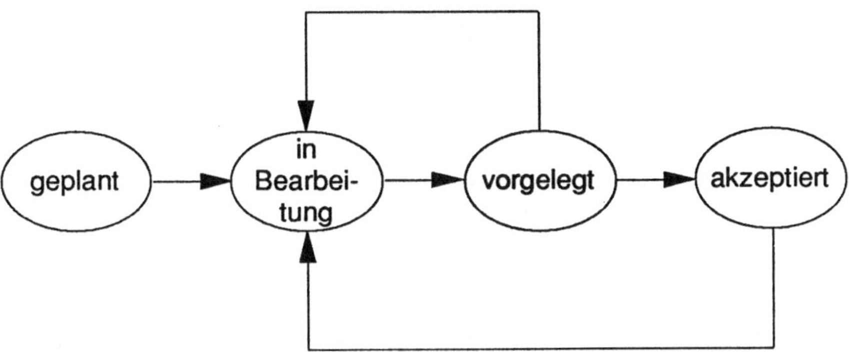

Abb.2.4   Zustandsübergänge der Produkte

Wird das Produkt in QS abgelehnt, rückt es nicht in den Zustand "akzeptiert" vor, sondern geht wieder in den Zustand "in Bearbeitung" zurück. Vom Zustand "vorgelegt" an kann der Ersteller nur unter Fortschreibung der Versionsangabe Modifikationen durchführen. Die zulässigen Zustandsübergänge sind in Beschreibungsmustern dargestellt.

Innerhalb des Vorgehensmodells werden Aktivitäten und Produkte zu Submodellen zusammengefaßt, die aus jeweils einer bestimmten Sicht in sich geschlossene Modelle repräsentieren. Folgende vier Submodelle bilden das V-Modell:

— das Submodell Softwareerstellung (SWE): Entwicklung und Test nach den Vorgaben aus QS und PM.
— das Submodell Qualitätssicherung (QS): Vorgabe von Qualitätsanforderungen für SWE, KM, PM und Prüfung der Einhaltung.
— das Submodell Konfigurationsmanagement (KM): Verwaltung der in den anderen Submodellen erzeugten Produkte.
— das Submodell Projektmanagement (PM): Planung, Steuerung und Kontrolle der Aktivitäten der Submodelle SWE, QS und KM.

Das V-Modell regelt nicht nur das "Was" innerhalb der vier Submodelle, sondern stellt auch das Zusammenspiel dieser Submodelle im Sinne einer Schnittstellenbeschreibung dar. Dabei wird vor allem die Schnittstelle zwischen SWE und QS ausführlich beschrieben, da Softwarequalität nur durch den konsequenten Einsatz der QS gewährleistet werden kann (Abb.2.5).

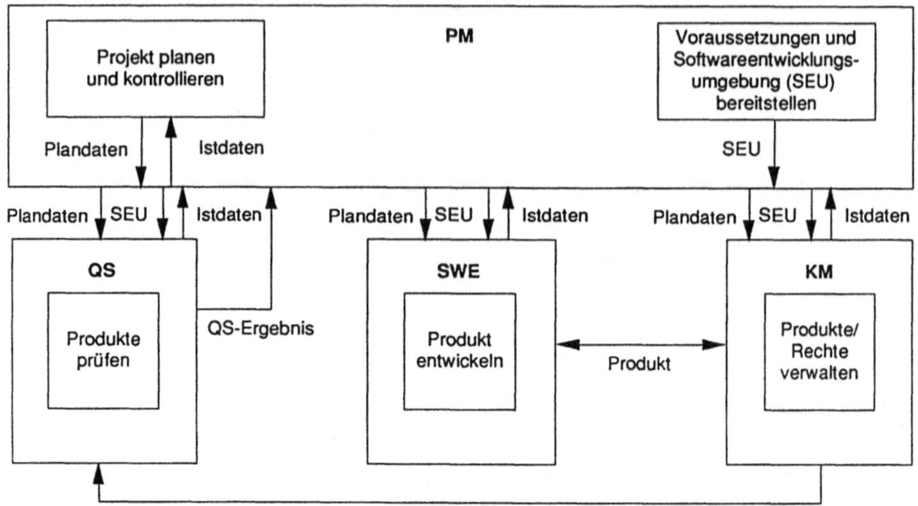

Abb.2.5   Das Zusammenspiel der Submodelle

Diese Darstellung spiegelt auch eine wesentliche Philosophie wider, die sich hinter
der Struktur des V-Modells verbirgt. Das Projektmanagement ist nicht nur für die
Erstellung der Software (also für SWE), sondern auch für die Durchführung der
ordnungsgemäßen Qualitätssicherung und des Konfigurationsmanagements im Projekt verantwortlich. Dabei muß bei der Festlegung der Rollen im Projekt unbedingt
auf das Funktionstrennungsprinzip zwischen Entwicklung und Qualitätssicherung
geachtet werden.

Zusätzlich zu dem Regelungsteil des V-Modells existieren drei Anlagen: In der
Anlage 1 werden Erläuterungen zur Anwendung des V-Modells gegeben. Die Anlage
2 enthält für jedes im V-Modell definierte Produkt detaillierte Erläuterungen zum
geforderten Inhalt. In der Anlage 3 befindet sich eine Zuordnung der Aktivitäten und
Produkte des V-Modells zu den Phasen der Managementregelungen des BMVg.

2.3. Die Submodelle im Überblick

Im folgenden werden die vier Submodelle im Funktionsüberblick auf der Ebene der Hauptaktivitäten mit ihren wichtigsten Produkten dargestellt:

2.3.1. Softwareerstellung (SWE)

Das Submodell SWE regelt, welche Aktivitäten bei der Softwareerstellung bzw. Softwarepflege/-änderung durchzuführen und welche Produkte (Dokumente und Ergebnisse) zu erstellen sind. Diese orientieren sich an der Erzeugnisstruktur eines Systems (Abb.2.6). Das "System" ist in diesem Sinne eine Funktionseinheit der obersten Ebene. Dieses System kann ein "Embedded Computer System" oder ein "Informationssystem" sein.

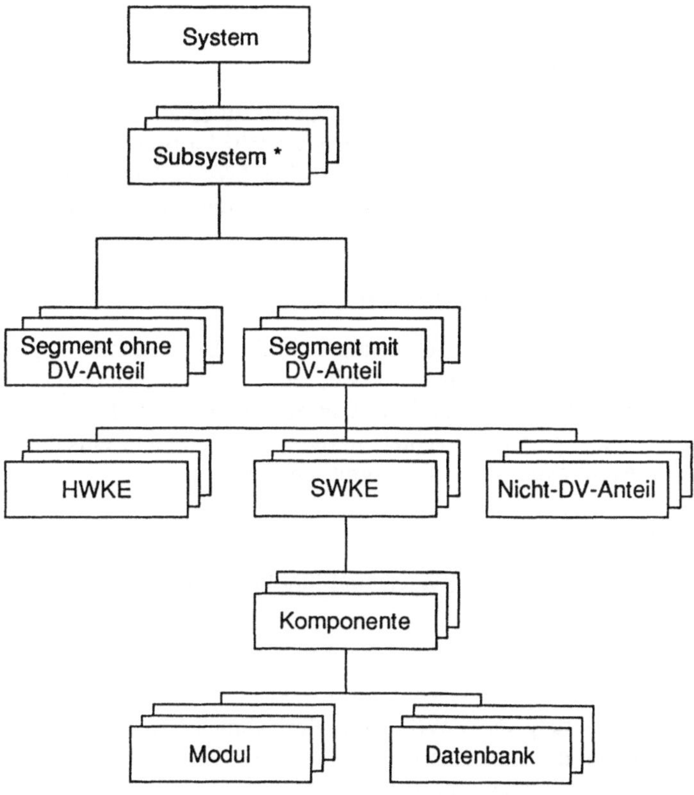

Abb.2.6   Erzeugnisstruktur

Ein System hoher Komplexität wird in der Regel in Subsysteme untergliedert. Im V-Modell wird jedoch nicht zwischen der Bearbeitung von Systemen oder von Subsystemen unterschieden. Ein System/Subsystem gliedert sich in Segmente mit DV-Anteilen (DV-Segmente) und ohne DV-Anteile (Nicht-DV-Segmente). DV-Segmente werden weiter in Software-Konfigurationseinheiten (SWKE), Hardware-Konfigurationseinheiten (HWKE) und Nicht-DV-Anteile, wie z.B. Infrastruktur, gegliedert. Die Nicht-DV-Anteile werden vom V-Modell nicht erfaßt und werden deshalb im folgenden nicht weiter betrachtet.

Falls es sich um die Entwicklung von Software für "Embedded Computer Systems" handelt, kann der Entwicklungsprozeß nicht losgelöst von der Hardware betrachtet werden. Er ist vielmehr in die Entwicklung des Gesamtsystems, in dem automatisierbare Funktionen durch Software realisiert werden sollen, zu integrieren. Dabei muß die Softwareentwicklung in enger Verzahnung mit der Hardwareentwicklung vorgenommen werden, oder die Software muß unter besonderer Berücksichtigung der ausgewählten Hardware und ihrer Eigenschaften realisiert werden. Das Submodell SWE umfaßt 9 Hauptaktivitäten (Abb.2.7):

(SWE 1) System-Anforderungsanalyse und -Entwurf

SWE 1 umfaßt die Beschreibung der Anforderungen an das zu erstellende System und seine Umgebung, die Erarbeitung eines fachlichen Modells für Funktionen/Daten/Objekte und die Strukturierung des Systems in seine DV- und nicht weiter behandelten Nicht-DV-Segmente. Als Produkte entstehen Systemanforderungen, Systemarchitektur und System-Integrationsplan.

(SWE 2) DV-Anforderungsanalyse und -Entwurf

SWE 2 enthält die Beschreibung der Anforderungen je DV-Segment und seine Umgebung, die Verfeinerung des fachlichen Modells und die Strukturierung des Segments in seine Soft- und Hardware-Konfigurationseinheiten, wobei letztere in diesem Zusammenhang nicht weiter betrachtet werden. Als Produkte entstehen DV-Anforderungen, DV-Architektur und DV-Integrationsplan.

(SWE 3) Software-Anforderungsanalyse

SWE 3 beschreibt die Anforderungen an SWKE und ihre Umgebung. Als Produkt entsteht die Softwareanforderung.

(SWE 4) Grobentwurf

SWE 4 umfaßt die Strukturierung der SWKE, die Zerlegung in Komponenten, Module und Datenbanken und die Spezifikation der Schnittstellen und des Zusammenspiels von Komponenten, Modulen und Datenbanken. Als Produkte entstehen Softwarearchitektur, Schnittstellenentwurf und SWKE-Integrationsplan. ·

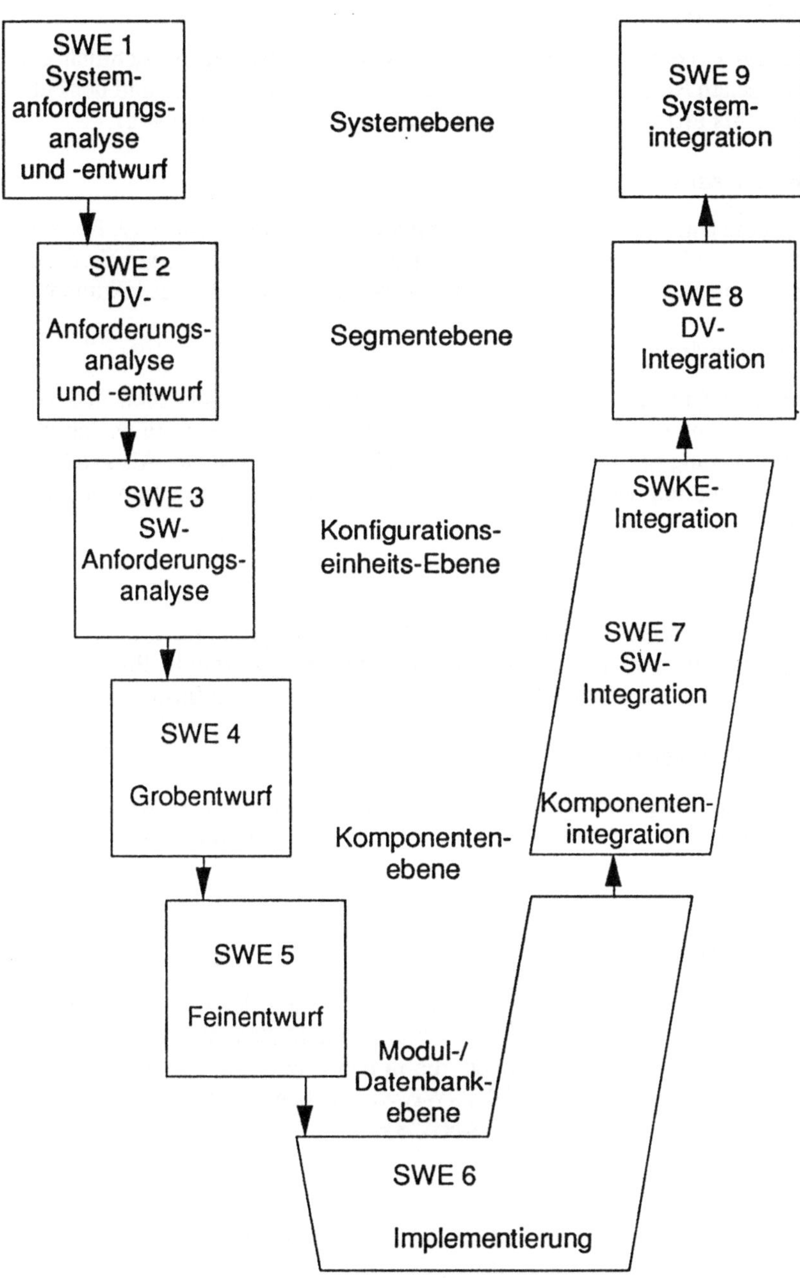

Abb.2.7   SWE-Aktivitäten

(SWE 5) Feinentwurf

SWE 5 beschreibt die Komponenten, Module und Datenbanken hinsichtlich der softwaretechnischen Realisierung ihrer Funktionen, der Datenhaltung und der Fehlerbehandlung. Als Produkte entstehen Datenkatalog und Softwareentwurf.

(SWE 6) Implementierung

SWE 6 umfaßt die Umsetzung des Softwareentwurfs in das vorgegebene Zielsystem, die Realisierung von Datenbanken sowie die informelle Prüfung der Ergebnisse. Als Produkte entstehen Module und Datenbanken sowie Implementierungsdokumente.

(SWE 7) Software-Integration

SWE 7 umfaßt die Integration von Modulen zu Softwarekomponenten und von Software-Komponenten zu SWKE entsprechend dem SWKE-Integrationsplan und die informelle Prüfung der jeweils integrierten (Zwischen-)Produkte. Als Produkte entstehen Softwarekomponenten und SWKE sowie entsprechende Implementierungsdokumente.

(SWE 8) DV-Integration

SWE 8 umfaßt die Integration der zu einem DV-Segment gehörenden SWKE und HWKE entsprechend dem DV-Integrationsplan und die informelle Prüfung des Segments. Als Produkte entstehen DV-Segmente und Handbuchinformationen.

(SWE 9) System-Integration

SWE 9 umfaßt die Integration der Segmente zu einem System entsprechend dem Systemintegrationsplan und die abschließende informelle Prüfung. Als Produkt entsteht das System.

2.3.2. Qualitätssicherung (QS)

Das Submodell QS regelt die Aufgaben und Funktionen der QS innerhalb des Softwareentwicklungsprozesses. Die hier verankerten Maßnahmen gewährleisten die Erfüllung der Qualitätsanforderungen, die in den Produkten System-, DV- und Software-Anforderungen des Submodells SWE vorgegeben werden. Das Submodell QS ist in 7 Hauptaktivitäten gegliedert (Abb.2.8):

(QS 1) QS-Initialisierung

In QS 1 wird der organisatorische und abwicklungstechnische Rahmen festgelegt, der in den Produkten QS-Plan und Prüfplan spezifiziert ist.

(QS 2) Prozeßprüfung von Aktivitäten

Unter Anwendung von QS 2 wird festgestellt, ob die vorgegebene Vorgehensweise bei der Durchführung bestimmter Aktivitäten eingehalten wird.

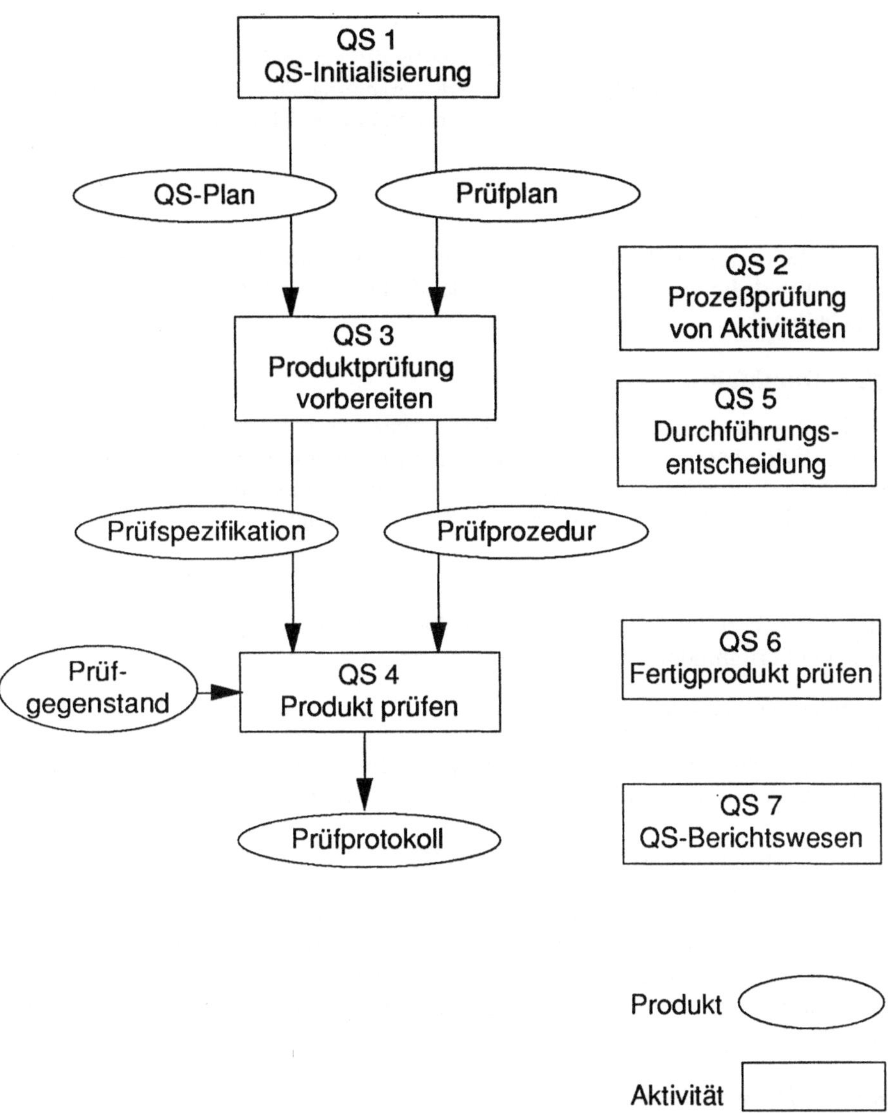

Abb.2.8   Aktivitäten und Produkte des Submodells QS

(QS 3) Produktprüfung vorbereiten

QS 3 umfaßt die Erstellung von Prüfspezifikationen und -prozeduren sowie die Vervollständigung des Prüfplans um die Prüfumgebung. Die Prüfkriterien müssen so festgelegt werden, daß eine Prüfung hinsichtlich ihrer erfolgreichen und ausreichenden Durchführung bewertbar ist.

(QS 4) Produkt prüfen

Gemäß QS 4 erfolgen Prüfungen in zwei Stufen, und zwar die Prüfung der formalen Kriterien und die inhaltliche Prüfung. Das Ergebnis wird in einem Prüfprotokoll festgehalten.

(QS 5) Durchführungsentscheidung

QS 5 hat zum Ziel, eine Entscheidung darüber herbeizuführen, ob die nächste Hauptaktivität begonnen werden kann. Dabei ist u. a. festzustellen, ob alle Produkte in der geforderten Form vorliegen, ob Kosten und Termine eingehalten wurden und ob die nächsten Aktivitäten ordnungsgemäß geplant sind.

(QS 6) Fertigprodukt prüfen

Gemäß QS 6 erfolgt der Nachweis über die Erfüllung der Qualitätsanforderungen durch ein Fertigprodukt, z.B. Standardsoftware.

(QS 7) QS-Berichtswesen

Gemäß QS 7 sind die Prüfprotokolle in regelmäßigen Abständen nach vorgegebenen Kriterien auszuwerten und die Ergebnisse an das Projektmanagement vorzulegen.

2.3.3. Konfigurationsmanagement (KM)

Durch die Regelungen des Submodells KM wird sichergestellt, daß Produkte eindeutig identifizierbar sind, Zusammenhänge und Unterschiede von verschiedenen Versionen einer Konfiguration erkennbar bleiben und Produktänderungen nur kontrolliert durchgeführt werden können. Es umfaßt die folgenden 5 Hauptaktivitäten (Abb.2.9):

(KM 1) KM-Initialisierung

KM 1 regelt den organisatorischen und abwicklungstechnischen Rahmen im Produkt KM-Plan. Des weiteren werden Regelungen über die Bereitstellung von Einsatzmitteln getroffen.

(KM 2) Konfigurationsverwaltung

KM 2 umfaßt das Verwalten von Produkten, Konfigurationen und Rechten. Außerdem wird hier die Schnittstelle zu einer zentralen Datenadministration geregelt. Die Verwaltung einer Konfiguration geschieht über das Konfigurationsidentifikationsdokument, das einen Überblick über Struktur und aktuellen Bearbeitungszustand gibt.

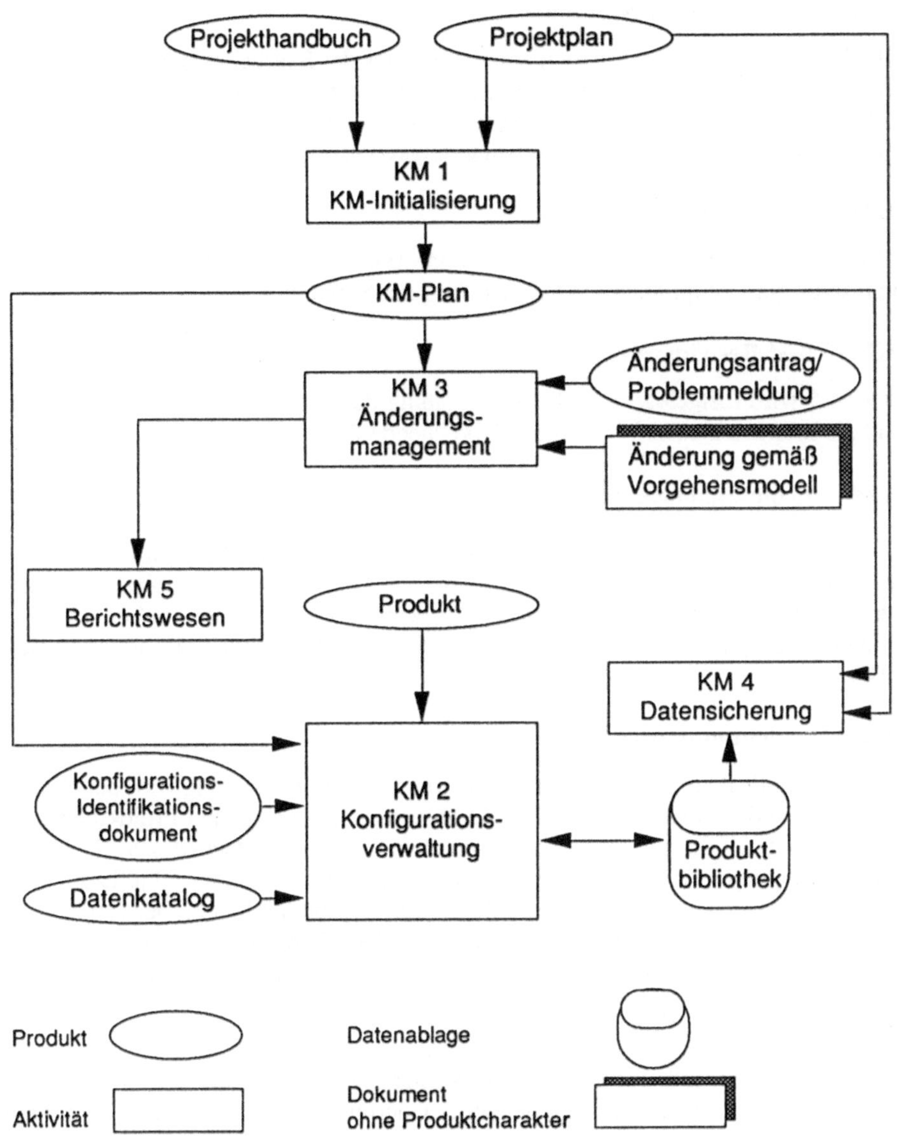

Abb.2.9 KM-Aktivitäten

(KM 3) Änderungsmanagement

KM 3 regelt das Änderungsmanagement, über das der Bearbeitungsablauf gesteuert wird. Die Durchführung der Änderungen selbst wird gemäß den Regelungen des V-Modells durchgeführt. Über das Änderungsmanagement werden eingehende Fehlermeldungen, Problemmeldungen, Änderungsvorschläge u. ä. erfaßt und verwaltet.

(KM 4) Datensicherung

KM 4 regelt die im Projekt durchzuführende Datensicherung. Diese orientiert sich an festgelegten Zeitpunkten und am Umfang der Sicherung.

(KM 5) KM-Berichtswesen

In KM 5 wird festgelegt, wie die Vorbereitung der Durchführungsentscheidungen und die Information des PM durch entsprechende Berichte zu erfolgen hat.

2.3.4.   Projektmanagement (PM)

Das Submodell PM regelt die Aufgaben und Funktionen des Projektmanagements im Rahmen des Softwareentwicklungsprozesses. Die festgelegten Aufgaben umfassen Planung, Steuerung und Kontrolle projektinterner Tätigkeiten und die Schnittstellen zu projektexternen Einheiten. Das Submodell umfaßt 3 Hauptaktivitäten (Abb.2.10):

(PM 1) Projekt initialisieren

PM 1 regelt die Aktivitäten bei Projektbeginn. In der Initialisierung wird der organisatorische und abwicklungstechnische Rahmen in den Produkten Projektplan und Projekthandbuch festgelegt. Im Projekthandbuch sind projektspezifische Ziele und Randbedingungen zu ermitteln und das projektspezifische Tailoring durchzuführen. Hauptbestandteil ist das auf das Projekt zugeschnittene V-Modell. Der Projektplan beinhaltet eine Planung für Aufwand, Meilensteine, Termine, Kosten und Personal. In PM 1 hat außerdem die Auswahl und Bereitstellung der SEU zu erfolgen.

Projekt begleiten (PM 2)

In PM 2 wird geregelt, wie das Projektmanagement auf Aktivitäten- und Teilaktivitätenebene Maßnahmen zur Feinplanung, Steuerung und Kontrolle durchzuführen hat.

Projekt abschließen (PM 3)

PM 3 regelt die Aktivitäten bei Projektende. Es ist ein Projektabschlußbericht zu verfassen, der eine Gesamtschau über den Projektverlauf enthält, die erzielten Ergebnisse erläutert und einen Abgleich von Ist-Stand und Projektplan vornimmt.

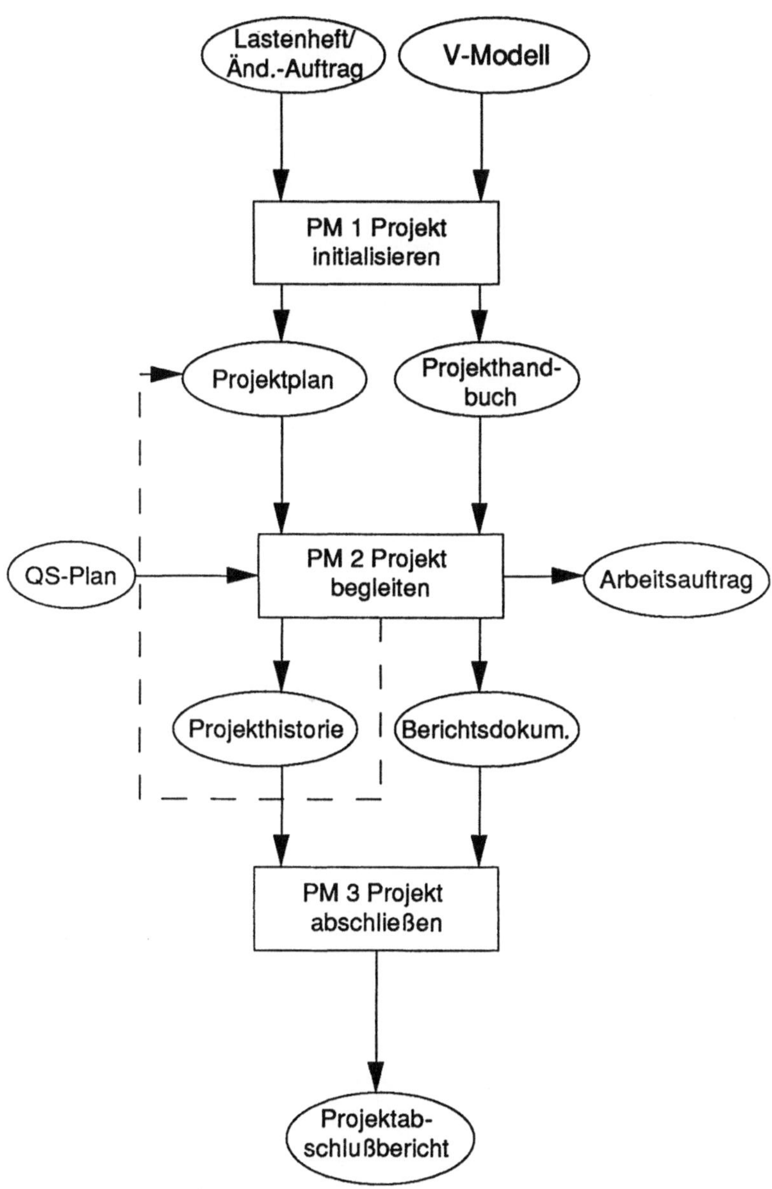

Abb.2.10 PM-Aktivitäten

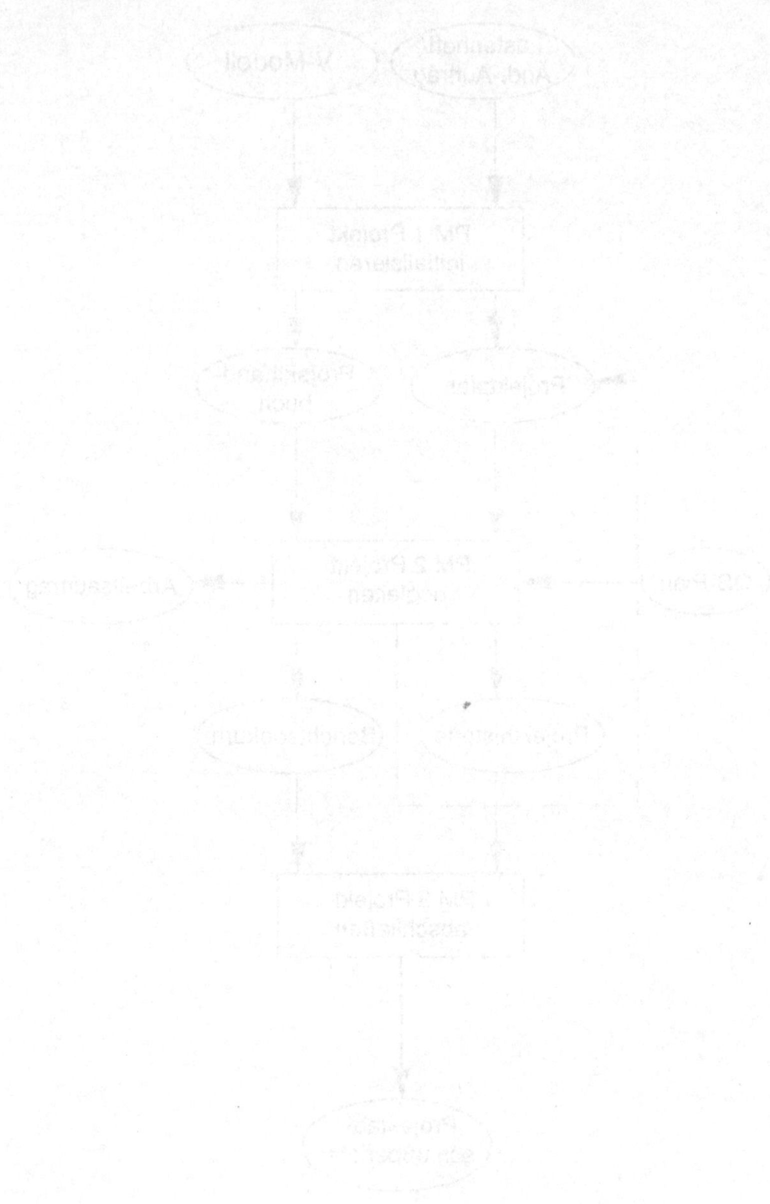

3. Der Methodenstandard

Der Methodenstandard regelt im Zusammenwirken mit dem V-Modell den Einsatz von Methoden bei der Softwareerstellung (SWE) und den begleitenden Tätigkeiten für Qualitätssicherung (QS), Konfigurationsmanagement (KM) und Projektmanagement (PM).

Während das Vorgehensmodell das "Was" der Softwareentwicklung regelt und die Aktivitäten und Produkte des Softwareentwicklungsprozesses festlegt, beantwortet der Methodenstandard die Frage nach dem "Wie" der Durchführung und gibt damit an, welche Methoden bei der Durchführung der Aktivitäten einzusetzen sind.

Methoden im Bereich der Softwaretechnologie sind wie folgt gekennzeichnet:

- Sie genügen dem allgemeinen Methodenbegriff nach Duden ("planmäßig angewandte, begründete Vorgehensweise zur Erreichung von festgesetzten Zielen").
- Die Methodenergebnisse haben in der Regel eine charakteristische Darstellungsform, die vorgeschrieben sein kann.

Dabei kann bei den einzelnen Methoden mehr die Vorgehensweise, bei anderen Methoden mehr die Darstellungsform im Vordergrund stehen.

3.1. Konzeption des Methodenstandards

Der Methodenstandard unterstützt direkt die Ziele des Vorgehensmodells. Darüber hinaus trägt er zur Erreichung folgender Ziele in der Softwareentwicklung bei:

Eindämmung der Softwarekosten über den Life Cycle

- Die methodisch erstellten Produkte sind wartungsfreundlicher, weil die Vorgehensweise und/oder die Darstellungsform einheitlich ist.
- Die methodischen Vorgehensweisen unterstützen Prinzipien wie die Wiederverwendbarkeit von Produkten.
- Die Festlegung auf eine definierte Menge von verträglichen/sich ergänzenden Methoden erleichtert dem Projektmanagement die Auswahl von Methoden in einem Projekt. Damit entfällt eine aufwendige, immer wiederkehrende Bewertung und Selektion von Methoden. Die zukünftige Fortschreibung des Metho-

denstandards garantiert, daß die dort verzeichneten Methoden auf einem aktuellen Stand sind.

- Durch die Festlegung der anzuwendenden Methoden wird die Auswahl und der Einsatz von Werkzeugen unterstützt. Damit werden Investitionen in Werkzeuge geschützt.
- Der Ausbildungs- und Einarbeitungsaufwand für die Softwareentwickler wird verringert.

Verbesserung der Softwarequalität

- Die konstruktive methodische Vorgehensweise bewirkt die Erstellung gut strukturierter Produkte.
- Methodenabhängige Produkte der Submodelle des V-Modells werden vergleichbar und bewertbar.

Verminderung der Abhängigkeit des Auftraggebers von Auftragnehmern sowie größere Transparenz bei der Eigenentwicklung

- Die nach methodischen Gesichtspunkten erstellten Produkte stellen die benötigte Transparenz im Softwareentstehungsgang sicher.
- Der Softwarekonstruktionsprozeß ist nachvollziehbar und besser kontrollierbar.

Der Methodenstandard regelt den Einsatz von Methoden in allgemeingültiger Weise. Um diese Allgemeingültigkeit zu erreichen, beschränken sich die Festlegungen des Methodenstandards auf elementare Methoden. Als solche werden die methodischen Vorgehensweisen bezeichnet, die keine weiteren eigenständigen Methoden als Bestandteile beinhalten.

Die Beschränkung auf die Ebene der elementaren Methoden gewährleistet, daß der Methodenstandard keine Entscheidungen präjudiziert, die allein auf technische Randbedingungen (wie z.B. die Funktionalität bestimmter Werkzeuge) zurückzuführen sind. Zusätzlich wird garantiert, daß jede im Methodenstandard referenzierte Methode in allgemein zugänglicher Fachliteratur detailliert beschrieben bzw. spezifiziert wird.

Bei der Auswahl der Methoden wurde nach den folgenden Prinzipien vorgegangen:

- Beschränkung auf diejenigen Methoden, die einen hohen Reife- und Akzeptanzgrad erreicht haben.
- Bevorzugung von Methoden, für die eine Werkzeugunterstützung zur Verfügung steht, wann immer dies möglich und sinnvoll ist.
- Auswahl von Methoden, die sich in der Anwendung untereinander zu Methodenketten kombinieren lassen.

Elementare Methoden finden sich in der Regel in unterschiedlichen Ausprägungen in den einzelnen kommerziell angebotenen Methoden wieder. Beispiele für Elementarmethoden sind E/R-Modellierung und Zustandsübergangsmodellierung.

Als komplexe Methoden werden solche methodischen Vorgehensweisen bezeichnet, die verschiedene methodische Komponenten beinhalten und diese in einer Gesamtmethode integrieren. Beispiele für komplexe Methoden sind SSADM und Isotec. Komplexe Methoden sind als Ganzes nicht Bestandteil des Methodenstandards.

Die methodischen Komponenten als Bestandteile der komplexen Methoden sind nicht in jedem Fall identisch mit den Elementarmethoden, die im Methodenstandard ausgewiesen sind. Dies bedeutet beispielsweise, daß für eine methodische Komponente "Informationsmodellierung" aus einer komplexen Methode erst geprüft werden muß, ob sie mit den inhaltlichen Festlegungen der Elementarmethode "E/R-Modellierung" des Methodenstandards übereinstimmt. Im Idealfall beziehen sich beide auf dieselbe Definitionsquelle, so daß die Äquivalenz unschwer zu ermitteln ist.

Basis für die Anwendung von Methoden sind die Aktivitäten des V-Modells und die dort erzeugten Produkte. Deshalb werden diese Methoden im Methodenstandard zunächst in Zuordnungstabellen den Aktivitäten/Produkten des Vorgehensmodells zugeordnet (Abb.3.1).

(Teil-) Aktivität:	
Produkt:	
Teilprodukt:	Elementarmethode(n)
Teilprodukt:	
• • •	
Produkt:	
Teilprodukt:	
• • •	

Abb.3.1 Zuordnungstabelle (schematische Darstellung)

Für jede in den Zuordnungstabellen referenzierte Methode wird beschrieben, welche Eigenschaften eine eingesetzte Methode aufweisen muß, um standardkonform zu sein. Da in der Regel nicht die Elementarmethode selbst, sondern eine komplexe Methode zum Einsatz kommen wird, ist die Standard-Konformität in folgenden Schritten zu bewerten:

- Identifikation der Komponente der angebotenen komplexen Methode, die der geforderten Elementarmethode entsprechen soll (die Gleichheit von Namen ist hierbei zwar manchmal hilfreich, oft aber auch irreführend!).

- Prüfung, inwieweit die entsprechende Komponente die dargestellten Charakteristika aufweist. Hierbei ist zu beachten, daß die Funktionalität der in der Praxis benutzten Methoden in der Regel über die Forderungen des Methodenstandards hinausgeht. Auch hier stellt der Methodenstandard also lediglich "Mindestanforderungen" dar.
- Prüfung, ob der geplante Methodeneinsatz alle Anforderungen der Zuordnungstabellen erfüllt. Viele Elementarmethoden werden in den Zuordnungstabellen an unterschiedlichen Stellen referenziert, müssen also mehrfach angewendet werden. Dies muß beim Einsatz komplexer Methoden berücksichtigt werden.

Die Anwendung des Methodenstandards für ein konkretes Projekt ("Operationalisierung") erfolgt in erster Linie über das Tailoring des V-Modells. Dies bedeutet, daß bei der Erstellung des Projekthandbuchs im Regelfall (Teil-)Aktivitäten und (Teil-)Produkte des allgemeingültigen V-Modells gestrichen werden. Mit der Streichung entfallen zwangsläufig diejenigen Methoden, die in der Zuordnungstabelle des Methodenstandards ausschließlich den gestrichenen (Teil-)Aktivitäten/(Teil-)Produkten zugeordnet waren.

3.2. Grundelemente und Struktur

Der Methodenstandard besteht aus einem Regelungsteil und zwei Anlagen. Im Regelungsteil ist eine Beschreibung der einzelnen Elementarmethoden gegeben, die wie folgt gegliedert ist:

- Identifikation der Methode: Hier wird ein Literaturverweis gegeben.
- Kurzbeschreibung: Angabe von Ziel und Zweck, Darstellungsmitteln und funktionellem Ablauf der Methode.
- Grenzen des Methodeneinsatzes: Kriterien, wann der Methodeneinsatz nicht oder nur eingeschränkt sinnvoll ist oder die Anwendung bezüglich des V-Modells eingeschränkt wird.
- Detaillierung der Methodenzuordnung: Hier werden diejenigen Sachverhalte angeführt, die bei der Anwendung der Methode in einer spezifischen Ausprägung an einer bestimmten Stelle des V-Modells relevant sind.
- Schnittstellen: Angabe der zu berücksichtigenden Schnittstellen zu anderen Elementarmethoden.
- Weiterführende Literatur: Falls möglich, werden hier weitere Literaturverweise gegeben.

Der Methodenstandard kann und soll kein Methodenlehrbuch sein. Die Beschreibung der Methoden ist deshalb möglichst knapp gehalten; es wird jeweils auf die entsprechenden Definitionen und Beispiele in der Literatur verwiesen.

Beim Einsatz von Werkzeugen kommen Methoden oft in unterschiedlichen, herstellerspezifischen Ausprägungen zum Einsatz. Da der Methodenstandard nicht die Verwendung bestimmter Werkzeuge vorgeben soll, müssen werkzeugneutrale Festlegungen auf der Methodenseite getroffen werden. Dies impliziert, daß der Methodenstandard sich auf die inhaltliche Substanz der Methoden beschränkt und keine Regelungen hinsichtlich der Notation (Symbole) innerhalb der zu erstellenden Diagramme bzw. der präzisen Syntax von textuellen Spezifikationen etc. trifft. Die notationellen Festlegungen müssen im Rahmen der Operationalisierung für ein konkretes Projekt getroffen werden.

Die Angabe von Methoden in den Zuordnungstabellen stellt insofern eine Mindestforderung dar, als daß die zu einer bestimmten Aktivität angegebene Methode angewendet werden muß, falls nicht im Einzelfall (d.h. projektspezifisch) explizit fachliche Argumente dagegen sprechen.

Bei manchen Aktivitäten des Vorgehensmodells enthält die Zuordnungstabelle mehr als einen Eintrag für die Methodenunterstützung. Damit kann die ergänzende oder alternative Verwendung von Methoden ausgedrückt sein. Im Fall der alternativen Verwendung muß die endgültige Methodenfestlegung in der projektspezifischen Auswahl getroffen werden.

Der Methodenstandard trifft keine Regelungen bei Aktivitäten, für die im V-Modell bewußt eine Flexibilität hinsichtlich der Vorgehensweise vorgesehen ist. Dies trifft beispielsweise für die Integrationsaktivitäten SWE 7-9 zu, was aber genau der genannten Intention entspricht. In diesen Fällen ist es möglich, projektspezifisch weitere Methoden einzusetzen.

Zusätzlich zum Regelungsteil des Methodenstandards existieren zwei Anlagen. In der Anlage 1 werden Erläuterungen, Beispiele und Einsatzhinweise zu den Elementarmethoden gegeben. In der Anlage 2 werden die wichtigsten komplexen Methoden und die Zuordnung ihrer methodischen Komponenten zu den Elementarmethoden beschrieben.

3.3. Die Elementarmethoden im Überblick

Nachfolgend wird eine Übersicht der im Regelungsteil des Methodenstandards angegebenen Elementarmethoden mit Kurzbeschreibung und Literaturhinweisen gegeben. Diese Übersicht entspricht dem momentanen Entwicklungsstand des Standards.

Im Gegensatz zum Standard, in dem die Elementarmethoden insgesamt alphabetisch geordnet sind, werden sie hier aus Lesbarkeitsgründen den Submodellen des V-Modells zugeordnet, in denen sie originär verwendet werden. Es kommt jedoch vor, daß einzelne Elementarmethoden in mehreren Submodellen Verwendung finden. Für das Submodell KM existieren keine Elementarmethoden. Die dort verwendeten elementaren Vorgehensweisen wie "Und/Oder-Graph" und "Versionsgraph" (vgl./Babich, 86/, /Tichy, 82/, /Tichy, 88) bilden die Grundlage für die interne Verarbeitungslogik von KM-Tools, sind für den Anwender als Methode jedoch nicht relevant.

3.3.1. SWE-Methoden

Data Navigation Modeling

Data Navigation Modeling dient zusammen mit der logischen DB-Modellierung
dazu, aus einem E/R-Modell eine DBMS-orientierte Datenstruktur zu erstellen.
Insbesondere für die Erstellung leistungsfähiger hierarchischer und netzwerkartiger
Datenbankstrukturen ist Data Navigation Modeling unerläßlich.

Identifikation der Methode: /Martin, 87/, Kap.12 (S. 241-270)
Weiterführende Literatur: /Batini, 92/, /Vetter, 90/, /Vossen, 88/

Datenflußmodellierung

Datenflußmodellierung ist eine Methode, bei der überwiegend mit grafischen Mitteln
gearbeitet wird. Damit wird ein System durch die kombinierte Betrachtung von
Funktionen und Daten in überschaubare Funktionseinheiten hierarchisch zerlegt.
Diese Funktionseinheiten ("Prozesse") stehen über Datenflüsse miteinander in Verbindung. Die Datenflußmodellierung abstrahiert von physikalischen Gegebenheiten
eines geplanten Systems.

Identifikation der Methode: /Hatley, 87/, Appendix A, A.2-A.3 (S. 363-381)
Weiterführende Literatur: /DeMarco, 78/, /Martin, 87/, /McMenamin, 84/

Dialog-Design-Modellierung

Ziel der Dialog-Design-Modellierung ist es, die Struktur eines Anwenderdialogs mit
Bildschirmmasken zu modellieren. Das Layout der Bildschirmmasken bleibt hierbei
unberücksichtigt. Die Masken können lediglich typisiert werden (z.B. Typ: Eingabe-
maske)

Identifikation der Methode: /Martin, 87/, Kap.16 (S. 311-318)
Weiterführende Literatur: /Ploenzke, 91/

Entity Life History

Mit Hilfe der Methode Entity Life History wird der Life Cycle der Entitäten in
Informationssystemen analysiert. Ziele der Methode sind:

–   Identifikation aller speziellen Bedingungen und Zustände der Entitäten bei deren
    Bearbeitung durch Prozesse. Beispielsweise können betriebliche Integritätsre-
    geln verlangen, daß sich Entitäten in einem bestimmten Zustand vor und nach
    einem Prozeßablauf befinden müssen (Integritätsregeln).
–   Sicherstellung, daß alle Prozesse (Funktionen), die eine Entität in einen be-
    stimmten Zustand versetzen, auch im Prozeß-/Funktionsdesign berücksichtigt
    werden.

Identifikation der Methode: /Hawryszkiewycz, 88/, Kap. 8 (S.152-158)

Entscheidungstabellentechnik

Die Entscheidungstabellentechnik ist ein Hilfsmittel, um Entscheidungssituationen übersichtlich, eindeutig und in knapper Form darzustellen.

Entscheidungstabellen setzen sich aus einer Menge von Entscheidungsregeln zusammen, die in einer bestimmten Konstellation relevant sind. Eine Entscheidungsregel bestimmt dabei eine Aktion bzw. eine Folge von Aktionen, die für eine bestimmte Kombination erfüllter Bedingungen ausgeführt werden sollen. Entscheidungstabellen bestehen aus eindeutigen und transparenten Entscheidungskonstrukten, zeigen Unstimmigkeiten und Widersprüche auf (z.B. bei widersprüchlichen Bedingungs-Aktions-Kombinationen), erlauben Vollständigkeitsprüfungen und decken auffällige Bedingungskombinationen auf.

Identifikation der Methode: /DIN 66241, 78/ (S. 1-4)
Weiterführende Literatur: /Elben, 73/, /Strunz, 77/

Entity-Relationship (E/R)-Modellierung

Bei der E/R-Modellierung wird im Rahmen einer vorgegebenen Aufgabenstellung ein Datenmodell erstellt, das sich prinzipiell allein an den fachlichen Gegebenheiten und an der Sicht der Anwender, nicht aber an der DV-Realisierung orientiert. Ziel der E/R-Modellierung ist es, diejenigen Objekte zu beschreiben, die durch Daten und ihre Beziehungen in einem informationsverarbeitenden System repräsentiert werden.

Identifikation der Methode: /Wiborny, 91/ Kap. 3.3
Weiterführende Literatur: /Batini, 92/, /Chen, 77/, /Martin, 90/, /Müller-Ettrich, 89/, /Münzenberger, 89/, /Vetter, 90/

Funktionale Dekomposition

Die Funktionale Dekomposition hat zum Ziel, schrittweise ein System zu zerlegen, beginnend bei der Sicht auf die Hauptfunktionen eines Systems über die Zwischenebenen bis zur Basisfunktion, die unmittelbar in einer Umgebung ablauffähig ist. Auf einer Ebene wird jeweils von den Details der darunterliegenden Ebene abstrahiert. Die Teilfunktionen zusammengenommen ergeben vollständig die aufgegliederte Funktion.

Identifikation der Methode: /Martin, 87/ (S. 62-65 S. 139-142)
Weiterführende Literatur: /Balzert, 77/, /Balzert, 82/, /Ploenzke, 91/

Funktionsnetzmodellierung

Ziel der Funktionsnetzmodellierung ist die Beschreibung von Geschäftsvorfällen und betrieblichen Prozessen durch Abläufe. Ein Funktionsnetz beschreibt die Reihenfolge der Ausführung von Funktionen, die im Rahmen der funktionalen Dekomposition ermittelt werden, inkl. der notwendigen Auslöser und Ergebnisse. Auslöser sind alle Eingaben, Aktionen und Voraussetzungen, die den Ablauf einer Funktion bedingen.

Identifikation der Methode: /Ploenzke, 91/ FSA, Kap. 4.2 (S. 52-60)

Kontrollflußmodellierung

Die Kontrollflußmodellierung dient dazu, die in der Datenflußmodellierung gewonnenen Datenfluß-Diagramme um dynamische Elemente zu ergänzen. Diese Ergänzungen haben sich besonders im Bereich der Realzeit-orientierten Programmierung
als notwendig und nützlich erwiesen. Mit Kontrollfluß-Diagrammen werden die
Wechselwirkungen der Prozesse beschrieben, die in der Datenflußmodellierung
eingeführt wurden.

Identifikation der Methode: /Hatley, 87/, Appendix A, A.2-A.3 (S. 363-381)
Weiterführende Literatur: /Raasch, 91/

Logische DB-Modellierung

Die Methode der logischen DB-Modellierung besteht aus einem Regelsystem, mit
dem ein E/R-Modell in eine DBMS-orientierte Datenstruktur überführt wird. Unter
DBMS-orientierten Datenstrukturen versteht man hierarchische, netzwerkförmige
oder relationale Datenstrukturen.

Datenbankschemata kommerziell verfügbarer Datenbanksysteme stellen nicht nur
die logische Verknüpfung der Daten aus fachlicher Sicht dar, sondern müssen auch
Zugriffs- und Performance-Gesichtspunkte berücksichtigen. Diese hängen wesentlich vom Mengengerüst der Daten, von der Zugriffslogik und -häufigkeit der Anwendungen und der technischen Funktionsweise des speziellen Datenbanksystems ab.

Identifikation der Methode: /Batini, 92/ (S. 309-404)
Weiterführende Literatur: /Fleming, 89/, /Vetter 90/

Normalisierung

Unter Normalisierungsaspekten werden Datenstrukturen (Relationen, Entitätstypen
mit Attributen) gebildet, damit bestimmte Gesetzmäßigkeiten, sog. Normalisierungsregeln, eingehalten werden, die in den Datenstrukturen u.a. folgendes bewirken:

- Elimination von Redundanzen
- Elimination von Anomalien, die beim Einfügen, Löschen oder bei der Modifikation von Daten in Datenstrukturen auftreten können

Man unterscheidet im wesentlichen fünf Normalformen, von denen jedoch nur den
ersten drei praktische Bedeutung zukommt. Dabei erfüllt jede "höhere" Normalform
die Gesetzmäßigkeiten der "niedrigeren" Normalform. Eine Normalisierung von
Datenstrukturen läuft auf eine schrittweise Aufspaltung dieser Datenstrukturen hinaus.

Identifikation der Methode: /Date, 90/, Kap. 2.1 (S. 525-570)
Weiterführende Literatur: /Vetter, 90/

Objektentwurfstechnik

Ziel der Objektentwurfstechnik ist es, die Grob- und die Feinarchitektur eines Systems mit Hilfe von Objekten und deren Anordnungs- und Kommunikationsstruktur zu beschreiben.

Die grundlegenden Darstellungselemente der Objektentwurfstechnik sind Objektdiagramme und textuelle Spezifikationen. Grafische und textuelle Ausdrucksmittel ergänzen sich hierbei, indem die Objektdiagramme schwerpunktmäßig den Überblick über die Objekte und ihre Verbindungen geben, während die textuellen Bestandteile die Präzisierung der Schnittstellen, Kontrollstrukturen usw. beinhalten.

Ein Objekt ist durch folgende Merkmale charakterisiert:

- Ein Objekt besitzt einen eindeutigen Namen.
- Ein Objekt beinhaltet Daten sowie die darauf möglichen Operationen.
- Nach außen sind nur die zur Verfügung gestellten Operationen und Daten sichtbar.
- Ein Objekt enthält ggf. Verweise auf andere Objekte.
- Ein Objekt kann aktiv oder passiv sein.

Ein Objektdiagramm stellt ein Objekt und dessen Eigenschaften und Verfeinerung in weitere Unterobjekte grafisch dar. Weitere Entwurfsprinzipien sind Klassenbildung und Vererbung.

Identifikation der Methode:/ESA, 89/ (S.1-12)
Weiterführende Literatur: /Booch, 87/, /Buhr, 84/

Prozeßinteraktionsmodellierung

Prozeßinteraktionsmodellierung ist eine halbformale Methode zur Definition der Anforderungen an den Signalaustausch zwischen mehreren kommunizierenden Realzeitprozessen. Die Prozeßinteraktionsmodellierung legt in Form von Sequence Charts (SQ) fest, zwischen welchen Prozessen welche Signale in welcher zeitlichen Reihenfolge ausgetauscht werden. Die Prozeßinteraktionsmodellierung hat den Charakter einer statischen Regel; sie behandelt nicht tatsächliche Zeiten, sondern nur die Reihenfolge der Signale und damit indirekt deren Kausalbeziehung (relative temporale Ordnung).

Neben der Unterstützung der Softwareentwicklung durch halbformale Spezifikation (Festlegen einer relativen Reihenfolge von Ereignissen) wird die Qualitätssicherung durch frühzeitige Ausrichtung der Logik der Einzelprozesse an den in SQ niedergelegten Forderungen und durch Vorbereitung von Verifikationsschritten unterstützt. Das Verhalten des Prozeßentwurfs ist durch Simulation gegen den Inhalt der SQ prüfbar .

Identifikation der Methode: /CCIT, 85/ Annex D (S.189-190)
Weiterführende Literatur: /Buhr, 84/, /Koßmann, 87/, /Rumbaugh, 91/

Pseudocode

Die Methode Pseudocode hat zum Ziel, Leistungen einer Funktion oder eines Moduls strukturiert zu beschreiben. Für die Steueranweisungen (Kontrollstrukturen) werden festgelegte Wortsymbole verwendet, die zumeist einer strukturierten Programmiersprache entlehnt sind. Für die einfachen und übersichtlichen Anweisungen werden entweder textuelle Beschreibungen oder Notationen benutzt, die an Programmiersprachen angelehnt sind.

Identifikation der Methode: /Schönthaler, 90/ (S. 214-219)
Weiterführende Literatur: /Martin, 85/, /Martin, 89/, /McMenamin, 84/

Structured Design

Structured Design ist eine grafikorientierte Methode, die zum Entwurf der Software-Architektur herangezogen wird. Das grafische Ausdrucksmittel von Structured Design ist das Structure Chart. Die grundlegenden Elemente eines Structure Chart sind Module. Eine Dekomposition der Software-Architektur, d.h. die Definition von Modulen ist je nach der Art des Systems unter drei verschiedenen Gesichtspunkten möglich:

–   Dekomposition anhand einer Zuordnung von Quelle, Transformation und Senke
–   Dekomposition orientiert an Transaktionen
–   Dekomposition nach funktionalen Gesichtspunkten

Identifikation der Methode: /Yourdon, 79/ Appendix A und Appendix B.
Weiterführende Literatur: /Peters, 88/, /Raasch, 91/, /Schöntaler, 90/

Systemverhaltensmodelle

Ziel der Methode Systemverhaltensmodelle ist es, die Anforderungen an das dynamische Verhalten eines Systems mit einem formalen Modell zu präzisieren. Besondere Beachtung finden hierbei der Einfluß von (externen) Ereignissen auf das System sowie mögliche Nebenläufigkeiten innerhalb des Systems. Dieses Modell dient insbesondere der Abstimmung mit dem Anwender und der Präzisierung der Anforderungen.

Identifikation der Methode: /Davis, 88/
Weiterführende Literatur: /Baumgarten, 90/, /Harel, 87/, /Reisig, 85/, /Reisig, 86/, /Rumbaugh, 91/

Zustandsübergangsmodellierung

Die Zustandsübergangsmodellierung regelt die Modellierung von Realzeitprozessen durch eine formale Beschreibung endlicher Automaten in Form von Zustandsübergangsdiagrammen. Ein solcher Automat ist mathematisch bestimmt durch eine endliche Menge von Zuständen, Eingabe- und Ausgabezeichen sowie eine Übergangs- und Ausgabefunktion auf den Zuständen. Durch die Kombination von Übergangs- und Ausgabefunktion wird eine bestimmte Situation (aktueller Zustand,

Eingabe) eindeutig einer Nachfolgesituation (Nachfolgezustand, Ausgabe) zugeordnet.

Im Rahmen der Softwareentwicklung unterstützt die Zustandsübergangsmodellierung die formale Spezifikation diskreter Prozesse mit der eindeutigen Zuordnung von auslösenden Eingaben und ausgelösten Aktionen unter Berücksichtigung der verschiedenen Zustände.

Identifikation der Methode: /Martin, 87/ (S. 298-305)
Weiterführende Literatur: /Hatley, 87/, /Harel, 87/

3.3.2. QS-Methoden

Nachfolgend werden Methoden wie z.B. Audit, Review, Inspektion und Walkthrough beschrieben, die sich sehr ähnlich sind. In der Anlage 1 zum Methodenstandard sind die Unterschiede und das Einsatzspektrum ausführlich beschrieben.

Audit

Der Audit ist eine Methode zur Bewertung von Prozessen und Produkten sowie zur Feststellung der Übereinstimmung mit vorgegebenen Standards/Normen, Richtlinien, Spezifikationen und Verfahren bzw. Vorgehensweisen. Ziel des Audits ist es, die Angemessenheit und Einhaltung der vorgegebenen Vorschriften sowie Spezifikationen und deren Zweckmäßigkeit und Wirksamkeit nach objektiven Kriterien zu prüfen und, falls erforderlich, Lösungs- und Verbesserungsvorschläge zu machen.

Das Prinzip des Audits besteht darin, daß ein Team unter Führung eines Audit-Leiters das Produkt oder den Prozeß anhand objektiver Audit-Kriterien und einer Checkliste prüft. Prüfungen und Bewertungen erfolgen durch die menschliche Urteilskraft und unter Anwendung der Interviewtechnik.

Die Audit-Durchführung ist orientiert an den Prüfgegenständen. Jeder Prüfung und Bewertung folgt die Erstellung eines vorläufigen Prüfergebnisses, daß der für Produkte und Prozesse verantwortlichen Organisation für Rückantworten und Stellungnahmen vorgelegt wird. Danach erstellt das Audit-Team das endgültige Prüfergebnis sowie Lösungs- und Verbesserungsvorschläge. Die Ergebnisse werden abschließend in einer Präsentation vorgetragen.

Identifikation der Methode: /ISO DIS 10011, 89/
Weiterführende Literatur: /ANSI, 73/, /IEEE 1028, 88/, /MIL-STD 1521, 85/

Blackbox-Testfallentwurf

Der Blackbox-Testfallentwurf ist eine Teststrategie, bei der der Prüfgegenstand als schwarzer Kasten angesehen wird, d.h., der Prüfer ist nicht an der internen Struktur und dem Verhalten des Prüfgegenstandes interessiert, sondern an Umständen, bei denen sich der Prüfgegenstand nicht gemäß den Anforderungen bzw. Spezifikationen verhält. Ein vollständiger Test würde jede Kombination der Eingabewerte umfassen und ist daher praktisch nicht möglich.

Die folgenden Blackbox-Testfallentwurfsmethoden lassen sich unterscheiden:

- Äquivalenzklassenbildung
- Grenzwertanalyse
- Intuitive Testfallermittlung
- Funktionsabdeckung

Identifikation der Methode: /Myers, 91/ Kap. 2 (S. 7); Kap. 4 (S. 44-55)
Weiterführende Literatur: /Deutsch, 82/, /Sneed, 88/, /Wallmüller, 90/

Failure Mode Effect Analysis

Die Failure Mode Effect Analysis ist eine Methode zur Identifikation von potentiellen Fehlerarten um ihre Auswirkungen auf den Betrachtungsgegenstand (System, DV-Segment, SWKE) zu bestimmen und die Fehlerarten hinsichtlich ihrer Kritikalität oder Hartnäckigkeit zu klassifizieren.

Es sollen Fehler vermieden und damit Entwurfsschwächen aufgedeckt werden, die beim Auftreten eine Gefährdung oder den Verlust des Systems bzw. einzelner Komponenten und/oder eine Gefährdung der damit im Zusammenhang stehenden Personen bewirken würden. Die Failure Mode Effect Analysis soll ferner Ergebnisse für korrektive Maßnahmen als Input für die Zuverlässigkeitsmodellierung sowie zur Bestimmung von Testfällen und Bedienungszwängen des Systems und seiner Komponenten liefern.

Das Grundprinzip besteht darin, daß in der Funktionshierarchie und in der Programmlogik systematisch (funktional und zeitlich) nach definierten Erfolgs- oder Fehlerkriterien gefragt wird: Was passiert, wenn? Diese Analyse und Auswertung ist für alle Betriebsphasen und Bedienungsmöglichkeiten durchzuführen.

Identifikation der Methode: /MIL-STD 1629A, 80/ Kap. 3 (S. 3-5); Kap. 4 (S. 5-11); Kap. 5 (S. 11, S. 101-105)
Weiterführende Literatur: /Deutsch, 88/, /Leveson, 86/

Inspektion

Die Inspektion umfaßt eine rigorose, formelle Suche und Identifikation von Mängeln, die Feststellung der Erfüllung von Spezifikationen, die Ermittlung von Abweichungen zu Standards/Normen und die Sammlung von Daten, Mängeln, Fehlern und Leistungen.

Nach Durchführung der Inspektionsplanung und -vorbereitung besteht die Inspektionssitzung darin, daß unter Anleitung eines Moderators ein Mitglied des Inspektionsteams in einer straffen und logischen Weise das Ergebnis oder die Arbeit umschreibt. Ein anderes Mitglied zeichnet alle Mängel und Fehler auf.

Der Systemersteller spielt eine passive Rolle; er steht nur für Fragen und für erforderliche Nacharbeiten zur Verfügung. Diskussionen werden auf die Identifikation von Mängeln und Fehlern begrenzt. Der Moderator greift nur ein, wenn sich die Diskussion vom Thema bzw. Ziel der Inspektion entfernt. Die auftretenden Mängel und Fehler werden vom Moderator klassifiziert. Er ist ferner für die Dokumentation der Ergebnisse verantwortlich.

Identifikation der Methode:/IEEE 1028, 88/ Kap. 6 (S. 15-17)
Weiterführende Literatur: /Deutsch, 88/, /Myers, 91/, /Wallmüller, 90/

Review

Ein Review ist ein geplanter und strukturierter Analyse- und Bewertungsprozeß, in dem Softwareentwicklungsergebnisse von einem vorbereiteten Team von Gutachtern hinsichtlich der Abweichungen von Forderungen, Spezifikationen und Standards diskutiert und bewertet werden.

Das Prinzip des Reviews besteht darin, Softwareentwicklungsergebnisse gegen Forderungen, Spezifikationen, Standards/Normen und Managementpläne (z.B. Projekthandbuch, Konfigurationsmanagementplan) zu prüfen und Abweichungen festzustellen.

Nach Abschluß der Prüfung und Diskussion sind die aufgetretenen Schwierigkeiten und Mängel, die vorgeschlagenen Maßnahmen und Empfehlungen sowie die getroffenen Entscheidungen zu dokumentieren.

Insgesamt besteht ein Review aus der Reviewplanung, -vorbereitung und -sitzung.

Identifikation der Methode: /IEEE 1028, 88/ Kap. 4 (S. 12-13); Kap. 5 (S. 13-15)
Weiterführende Literatur: /Freedman, 82/, /MIL-STD 1521B, 85/, /Wallmüller, 90/

Simulationsmodelle

Ziel einer Softwaresimulation ist die Bewertung der Realisierbarkeit von Anforderungen durch Sichtbarmachen der Auswirkungen auf Leistungsparameter und Systemverhalten unter dynamischen Aspekten. Die dynamischen Auswirkungen werden modellhaft durch Einspielen eines operationellen Szenarios oder durch eine Folge von Ereignissen erzeugt.

Der Einsatz der Simulationsmethode ist insbesondere zweckmäßig zur Bewertung folgender Eigenschaften:

- Erfüllung der Qualitätsanforderungen
- Antwortzeitverhalten für spezifische Eingabedaten
- CPU-Nutzung
- Speichernutzung/-Kapazitätsbedarf
- Erfüllung von Bedienungszwängen
- Mensch/Maschine-Zusammenspiel und Anwortzeitverhalten

Das Prinzip der Simulation besteht darin, das zu realisierende System auf analytischem Wege oder mit Werkzeugunterstützung modellartig abzubilden, wobei Funktionen bzw. Prozesse sowie die Kernalgorithmen das Gerüst für das Modell bilden. Daneben sind das Szenario und Szenariodaten zu entwickeln.

Die Einspeisung des Simulationsmodells mit Operationsdaten liefert als Ergebnis letztlich simulierte Leistungsprofile, z.B. als Funktion der Zeit. Unterschiedliche

Simulationsläufe mit Szenario-Varianten und Entwurfsalternativen geben Aufschluß über das Leistungsverhalten des Systems. Diese Ergebnisse sind zu analysieren und zu bewerten, sei es für Zwecke der Entscheidungsfindung, Entwurfsbestimmung oder Qualitätssicherung.

Simulationsmodelle müssen entsprechend den Anforderungen entwickelt werden, es sei denn, es sind geeignete Modelle vorhanden.

Identifikation der Methode: /Deutsch, 88/ Kap.8 (S. 159-160, S. 172-176)
Weiterführende Literatur: /Deutsch, 82/

Statische Analyse

Ziel der statischen Analyse ist die Prüfung und Bewertung von Qualitätsmerkmalen eines Produktes und seiner Form, seiner Struktur und seines Inhaltes. Mit dieser Methode können Dokumente analysiert werden, die nach einem vorgegebenen Formalismus aufgebaut sind.

Das Grundprinzip der statischen Analyse besteht darin, einen Prüfgegenstand, der nach einem vorgegebenen Formalismus aufgebaut worden ist, zu lesen, um Konventionsabweichungen festzustellen und um statische Qualitätsmaße für eine Bewertung der Qualitätsmerkmale zu quantifizieren. Insbesondere lassen sich Aussagen über die syntaktische, semantische und lexikalische Korrektheit des Prüfgegenstandes machen.

Man erhält Aussagen über vorhandene Mängel und Fehler sowie Aussagen zu Qualitätsmerkmalen des Prüfgegenstandes, die dann zur Auswertung und zu Qualitätsverbesserungsmaßnahmen herangezogen werden können.

Identifikation der Methode: /Wallmüller, 90/ Kap. 4 (S. 162-163)
Weiterführende Literatur: /Myers, 91/, /Reynolds, 76/, /Sneed, 88/, /Yeh, 77/

Testen

Ziel des Testens ist das Aufdecken von Fehlern und der Nachweis, daß spezifische Aufgaben, insbesondere also auch die festgelegten Qualitätsmerkmale erfüllt werden.

Das Prinzip des Tests besteht darin, Testfälle auszuführen, durch die dann nachgewiesen werden soll, daß der Prüfgegenstand (Modul, Datenbank, Software-Komponente, SWKE, DV-Segment, System) hinsichtlich der definierten Testfälle keine Fehler enthält. Der Test muß einen eindeutigen Spezifikationsbezug haben, und er muß wiederholbar, nachvollziehbar und meßbar sein. Die Durchführung eines Tests erfolgt in folgenden Schritten:

–   Testvorbereitung
–   Testdurchführung
–   Testbewertung

Identifikation der Methode: /Myers, 91/ Kap. 5 (S. 18-29); Kap. 6 (S. 102-127)
Weiterführende Literatur: /Deutsch, 82/, /Sneed, 88/

Walkthrough

Walkthrough ist eine Methode zur Bewertung von Produkten und zur Erarbeitung von Änderungs- und Verbesserungsvorschlägen, auch im Hinblick auf Stil- und Lesbarkeitsprobleme.

Hauptziele des Walkthrough sind das Herausfinden von Mängeln, Unterlassungen und Widersprüchen, die Verbesserung der Produkte und die Erarbeitung von Alternativen.

Das Grundprinzip des Walkthrough besteht darin, daß ein zu prüfendes Produkt nach einer einleitenden Präsentation durch den Ersteller von den beteiligten Prüfern während des Walkthrough diskutiert und durch Fragen an den Ersteller bewertet wird. Die Bewertung der einzelnen Teile erfolgt, während der Ersteller das Produkt im Detail durchgeht. Maßstab für die Diskussion und Bewertung sind die Ziele für den Walkthrough und die zum Produkt gehörigen Spezifikationen. Eine Checkliste wird in diesem Prozeß nicht benutzt. Die sich ergebenden Kommentare, Änderungsvorschläge und Entscheidungen werden aufgezeichnet.

Insgesamt besteht der Walkthrough-Prozeß aus der Walkthroughplanung, -vorbereitung und -sitzung.

Identifikation der Methode: /IEEE 1028, 88/ Kap. 7 (S. 18-22)
Weiterführende Literatur: /Deutsch, 88/, /Freedman, 82/, /Myers, 91/, /Wallmüller, 90/

Whitebox-Testfallentwurf

Ziel des Whitebox-Testfallentwurfs ist das Finden von Fehlern durch Testfälle und die Bewertung von dynamischen Qualitätsmerkmalen.

Beim Whitebox-Test wird die interne Struktur des Prüfgegenstandes untersucht, um aufgrund der Programmlogik ablauforientierte Testfälle zu bestimmen, wobei jedoch die Spezifikationen zu berücksichtigen sind. Ferner werden aufgrund der Anforderungen und der Struktur des Prüfgegenstandes Testfälle für die Bewertung dynamischer Qualitätsmerkmale entworfen.

Folgende Whitebox-Testfallentwurfsmethoden lassen sich unterscheiden:

– Pfadabdeckung
– Anweisungsabdeckung
– Zweigabdeckung
– Bedingungsabdeckung
– Zweig-/Bedingungsabdeckung
– Abdeckung aller Mehrfachbedingungen

Identifikation der Methode: /Myers, 91/ Kap. 2 (S. 8-9); Kap. 4 (S. 36-44)
Weiterführende Literatur: /Redvine, 83/, /Sneed, 88/, /Wallmüller, 90/

Zuverlässigkeitsmodelle

Zuverlässigkeitsmodelle dienen der Identifikation, der Verdichtung und dem Nachweis von Zuverlässigkeitsanforderungen. Ausgehend von den nutzerorientierten Anforderungen und der Einsatzumwelt ist das System durch das Modell komplett oder adaptiv darzustellen.

Das Zuverlässigkeitsmodell soll nicht nur Aussagen über die Erreichung der Qualitätsziele des Nutzers, sondern auch über Kriterien machen können, die hierzu im Zusammenhang stehen sowie über die zu erreichenden Zwischenziele (Zuverlässigkeitszuwachs) und den Einfluß von technischen Änderungen.

Das Prinzip der Zuverlässigkeitsmodellierung besteht darin, ein Modell zu entwikkeln, das Aussagen über die Funktionen eines Systems und dessen Zuverlässigkeitsstatus bzw. dessen Entwurfs- und Produktstabilität unter Auswahl von Zuverlässigkeitskenngrößen und -kriterien ermöglicht. Ebenfalls ist Entwicklung oder Auswahl spezifischer Zuverlässigkeits-Algorithmen und die Erfassung von Grunddaten möglich.

Zur Messung des Reifegrades werden verschiedene Zuverlässigkeitskenngrößen benutzt. Die gebräuchlichsten sind:

- Zeit zwischen beobachteten Fehlern
- Beobachtete Fehlerhäufigkeit (-rate) in einem Zeitintervall
- Fehlerquellen (Estimated Number of Faults Remaining)

Identifikation der Methode: /IEEE 982.2, 88/
Weiterführende Literatur: /Angus, 84/, /Down, 85/, /Lapadula, 75/, /Lipo, 74/, /Miller, 86/, /MIL-HDBK 189, 81/, /Srivasta, 86/, /Sukert, 77/, /Yamada, 85/

3.3.3. PM-Methoden

Balkenplan

Der Balkenplan, auch GANTT-Diagramm genannt, ist eine Methode für die Projektplanung und -kontrolle und dient zur Darstellung der Laufzeit und zeitlichen Anordnung von Vorgängen in einem Projekt. Auf einem Kalender werden Beginn, Ende und Dauer der Projektaktivitäten in Form eines Balkens eingetragen. Diese können je nach Zielsetzung des Balkenplans verschieden gruppiert und dargestellt werden, so daß z.B. eine Zuordnung auf Mitarbeiter oder Tätigkeiten erfolgt. Die Rasterung des Kalenders orientiert sich an dem Detaillierungsgrad der Planung und der Größe und Komplexität des Projektes; üblich sind Monats- oder Wocheneinteilungen.

Die Plan-Ist-Kontrolle wird durch eine Unterscheidung in der Darstellung (z.B. Farbe, Schraffur) von Soll- und Ist-Balken ermöglicht. Abweichungen vom aktuellen Planungsstand können aufgrund der Kalendereintragung leicht ersehen werden.

Identifikation der Methode: /Ploenzke, 86/ Kap. 3.6.2
Weiterführende Literatur: /Boehm, 81/, /Bund, 86/

Baumdiagramm

Das Baumdiagramm ist ein Graph zur Darstellung hierarchischer oder klassifizierender Systeme mit vielfältigen Einsatzmöglichkeiten. Es bietet einen systematischen Überblick bei mehrstufigen Problemstellungen. Mit einem Baumdiagramm lassen sich

- Produktstrukturen,
- Aufbauorganisationen ("Organigramm"),
- Zielhierarchien und
- Entscheidungssituationen ("Entscheidungsbaum")

darstellen.

Ein Baumdiagramm stellt die Hierarchie einer Menge von Knoten dar. Der oberste Knoten wird dabei als Wurzel bezeichnet. Die Verzweigungen des Baumes geben die Vorgänger- und Nachfolgerbeziehungen wieder. Hat ein Knoten keine Nachfolger, wird er als Blatt bezeichnet. Die größte Stufe eines Baumes wird als Tiefe oder Höhe bezeichnet.

Bei der Verwendung des Baumdiagramms zur Darstellung einer hierarchischen Produktgliederung stehen prinzipiell mit der funktionsorientierten und erzeugnis- bzw. objektorientierten Projektstrukturplanung zwei Strukturierungsprinzipien zur Verfügung.

Identifikation der Methode: /Berg, 73/ (S. 42-43 "Projektstrukturplan")

Earned-Value-Verfahren

Das Earned-Value-Verfahren stellt grafisch einen Plan-Ist-Vergleich der Termin- und Kostensituation, bezogen auf den Arbeitsfortschritt in einem Projekt dar. Es integriert Verfahren der Leistungsfortschrittsmessung mit der Kostenverfolgung und der Zeitkontrolle. In einem Diagramm werden drei verschiedene Sichten des Projektablaufs einander gegenübergestellt:

- Budgetwert der geplanten Leistung
- Ist-Wert der erbrachten Leistung
- Budgetwert der erbrachten Leistung

Hieraus werden die Wert- und die Leistungsabweichungen an einem Stichtag ermittelt.

Projektzustände werden durch die Festlegung von Arbeitspaketen und den ihnen in der Planung zugedachten Soll-Werten von Zeit und Kosten bzw. Aufwand definiert. Der geplante Projektverlauf wird in einem Koordinatensystem dokumentiert. Ist der betreffende Projektzustand bzw. -fortschritt durch Abschluß des Arbeitspaketes eingetreten, so wird die Ist-Kurve im Diagramm fortgeschrieben; Wert- und Leistungsabweichungen (bezogen auf den Kostenverlauf) sowie Zeitabweichungen lassen sich dann erkennen und müssen näher untersucht und erläutert werden.

Identifikation der Methode: /BDI, 90/ (S. 13, 14, 28 - 37 "Wert- und Leistungsabweichungen")

Netzplantechnik

Die Netzplantechnik ist ein auf der Graphentheorie basierendes Verfahren zur Analyse, Beschreibung, Strukturierung, Planung, Steuerung und Kontrolle von Projekten und Abläufen, wobei Zeit, Kosten, Einsatzmittel und weitere Einflußgrößen berücksichtigt werden können.

Darstellungselemente im Netzplan (gerichteter Graph) sind Pfeile (gerichtete Kanten) und Kreise oder Rechtecke (Knoten). Es werden Ereignisse, Vorgänge und Anordnungsbeziehungen dargestellt.

Varianten der Netzplantechnik in der Darstellung sind:

–   Vorgangsknoten-Netzplan: Vorgänge werden durch Knoten dargestellt; aus den Pfeilen sind Anordnungs- und Reihenfolgebeziehungen ersichtlich (z.B. MPM).
–   Vorgangspfeil-Netzplan: Vorgänge werden durch Pfeile dargestellt; die logische Reihenfolge geht aus der Anordnung der Knoten (Beginn/Ende der Vorgänge) hervor (z.B. CPM).
–   Ereignisknoten-Netzplan: Es werden keine Vorgänge, sondern nur Ereignisse (Zustände) und deren zeitliche Abstände dargestellt (z.B. PERT).

Bei Anwendung der Netzplantechnik werden Struktur- und Zeitüberlegungen konsequent voneinander getrennt. In der Strukturanalyse werden die wesentlichen Vorgänge ermittelt und deren logische Beziehungen grafisch festgehalten. In der Zeitanalyse wird die Dauer der einzelnen Vorgänge ermittelt (geschätzt) und auf dieser Basis die frühestmöglichen und spätesterlaubten Anfangs- und Endezeitpunkte, der kritische Weg und die Pufferzeiten errechnet.

Bei der umfassenden Anwendung der Netzplantechnik sind auf den Ergebnissen basierende Kosten- und Einsatzmittelanalysen möglich.

Identifikation der Methode: /Berg, 73/ (S. 15-40, S. 41-62)
Weiterführende Literatur: /DIN 69900.1, 87/, /DIN 69900.2, 87/, /Gewald, 72/, /Gewald, 74/, /Thumb, 75/, /Voigt, 71/, /Wille, 72/

Nutzwertanalyse

Die Nutzwertanalyse ist ein statisches Bewertungsverfahren aus dem Bereich der Nutzen-/Kostenrechnung zur Vorbereitung einer Auswahlentscheidung zwischen mehreren Alternativen. Mit Hilfe der Nutzwertanalyse wird versucht, eine Bewertung und Entscheidung transparent zu gestalten.

Die einzelnen Alternativen werden hinsichtlich der aufgestellten Teilziele bewertet. Für die Bewertung bedient man sich üblicherweise einer "Notenskala". Die Teilziele werden aufgrund ihrer unterschiedlichen Bedeutung verschieden gewichtet. Der Nutzwert (die Gesamtzielerfüllung) ist die Summe der gewichteten Teilzielerfüllungen je Alternative, also ein gewichteter Durchschnitt, und stellt das Entscheidungskriterium dar.

Treffen die Einsatzkriterien der Methode zu und ist insbesondere keine kostenabhängige Entscheidung zu treffen, so ist folgendermaßen vorzugehen:

- Definition der K.o.-Kriterien
- Marktanalyse/Sammlung der in Frage kommenden Alternativen
- Verwerfen der Alternativen, bei denen K.o.-Kriterien zutreffen
- Definition und Gewichtung der Zielkriterien
- Bewertung der Teilzielerfüllung für jede Alternative (= Zielertragsmatrix)
- Berechnung: Gewichtete Teilzielerfüllung (= Zielwertmatrix) und Gesamtziel-
  erfüllung (= Gesamtnutzen) je Alternative
- Auswahl der bestqualifizierten Alternative
- Durchführung einer Sensibilitätsanalyse und Absicherung bzw. Revidierung der
  Entscheidung nur bei geringen Unterschieden

Identifikation der Methode: /Daenzer, 88/ (S. 107-117)
Weiterführende Literatur: /BUND, 86/, /Zangemeister, 72/

Organigramm

Das Organigramm, auch "Organisationsdiagramm" oder "Organisationsplan für die
Aufbauorganisation", verdeutlicht in grafischer Form die Makro- und Mikro-Orga-
nisationsstruktur (Makro: Unternehmen oder Großprojekt, Mikro: Team oder Klein-
projekt). Es werden Organisationseinheiten (Stellen) und deren Aufgaben-, Kompe-
tenz- und Verantwortungsstrukturen dargestellt.

Charakteristische Organisationsformen der Makro-Organisation sind:

- Projektorganisation
- Stab-/Linienorganisation
- Matrixorganisation

Charakteristische Organisationsformen der Mikro-Organisation sind:

- Kontrollierte zentralisierte Organisation (Chief Programmer Team)
- Demokratisch dezentralisierte Organisation (Egoless Programmer Team)
- Kontrollierte dezentralisierte Organisation

Das Organigramm spiegelt die gewählte Organisationsform wieder. Es ist Aufgabe
des Projektmanagements, die für das jeweilige Projekt geeignete Organisationsform
auszuwählen.

Die am weitesten verbreitete Darstellungsform ist das vertikale Organigramm
(Baumdiagramm); Organisationseinheiten werden durch Rechtecke, Beziehungen
durch die verbindenden Linien dargestellt. Die Unterbäume werden aus Platzgründen
oft in Säulenform (Liste mit Einrückungen) dargestellt.

Identifikation der Methode: /Brändle, 75/ (Band 7, S. 2545-2550)
Weiterführende Literatur: /Fischer, 75/

Schätzmodelle

Schätzmodelle bilden die Grundlage für eine möglichst objektive und realistische Schätzung von Aufwänden. Das angewandte Verfahren soll eine nachvollziehbare, zuverlässige und genaue Aufwandschätzung gewährleisten.

Auf der Basis der Strukturierung des Projektes in überschaubare Teilaufgaben sind die Einflußkriterien für die Aufwandschätzung zu ermitteln und zu bewerten. Dies betrifft Charakteristiken des Systems, des Projektes, des Personals und der Technologie. Aus der Aufwandschätzung sind unter Berücksichtigung der projekt- und unternehmensspezifischen Gegebenheiten die benötigten Zeit- und Kosteneinheiten abzuleiten.

Um möglichst realistische Schätzwerte zu erhalten, ist es erforderlich, die erzielten Ist-Werte von Aufwand, Zeit und Kosten gemäß dem Projektfortschritt sukzessive in die Schätzung einzubeziehen und über das laufende Projekt sowie über bereits abgeschlossene Projekte eine Erfahrungsdatenbank aufzubauen.

Die Methode Schätzmodell behandelt ein Methodenspektrum, wobei die spezifische Methode erst im Rahmen der Operationalisierung des Standards festgelegt wird. Es ist daher keine Identifikation der Methode angegeben.

Weiterführende Literatur: /Bausch, 72/, /Tumm, 72/, /Boehm, 81/, /Noth, 84/, /Putnam, 80/, /Reifer, 89/

Trend-Analyse

Die Trend-Analyse stellt die zu den verschiedenen Berichtszeitpunkten veränderte Einschätzung von Plan-Werten und das veränderte Verhältnis von Plan- zu Ist-Werten in einer anschaulichen Art dar.

Bei einer Termin-Trend-Analyse werden der voraussichtliche Projektendetermin und auch Termine wichtiger Meilensteine zu verschiedenen Zeitpunkten abgeschätzt. In einer Tabelle, die eine Kalendereinteilung enthält, wird der neue Termin vermerkt und die Historie dokumentiert. Ergeben sich Verschiebungen hinsichtlich der letzten Einschätzung, so sind die Ursachen dafür mit einem Kommentar zu erläutern.

Identifikation der Methode: /Ploenzke, 86/ Kap. 6.5.4; Kap. 6.5.3.3

4. Der Werkzeugstandard

Der Werkzeugstandard regelt im Zusammenwirken mit dem V-Modell und dem Methodenstandard den möglichen Einsatz von Werkzeugen bei der Softwareerstellung (SWE) und den begleitenden Tätigkeiten für Qualitätssicherung (QS), Konfigurationsmanagement (KM) und Projektmanagement (PM).

Während das Vorgehensmodell das "Was" und der Methodenstandard das "Wie" der Softwareentwicklung regelt, beantwortet der Werkzeugstandard die Frage nach dem "Womit" der Durchführung. Die funktionalen Werkzeuganforderungen geben als technischer Standard Bewertungskriterien vor, die bei der Auswahl von Werkzeugen zu berücksichtigen sind.

4.1. Konzeption des Werkzeugstandards

Der Werkzeugstandard unterstützt direkt die Ziele des Vorgehensmodells und des Methodenstandards. Darüber hinaus trägt er zur Erreichung folgender Ziele in der Softwareentwicklung bei:

Eindämmung der Softwarekosten über den Life Cycle

- Bekannte Werkzeugfunktionen leisten konstruktive Unterstützung für den Softwareentwickler und gewährleisten eine kalkulierbare Produktivität.
- Der Ausbildungs- und Einarbeitungsaufwand für die Softwareentwickler wird kalkulierbar und ist kostengünstiger zu gestalten.

Verbesserung der Softwarequalität

- Der Einsatz von anforderungsgerechten Werkzeugen in einer SEU liefert im Regelfall qualitativ höherwertige Ergebnisse, da u.a. komplexe Sachverhalte transparent gemacht und Inkonsistenzen aufgedeckt werden.
- Die funktionalen Werkzeuganforderungen geben SEU-Herstellern einen Leitfaden für die Entwicklung von Werkzeugen, die an den Gesamtzielen der SEU orientiert sind.
- Das Risiko bei der Auswahl von Werkzeugen wird reduziert, und damit werden Fehlinvestitionen vermieden.

Verminderung der Abhängigkeit des Auftraggebers von Auftragnehmern sowie größere Transparenz bei der Eigenentwicklung

- Die Übernahme von Entwicklungsarbeiten nach Erreichung definierter Zwischenergebnisse durch andere Mitarbeiter bzw. Auftragnehmer ist bei festgelegten Werkzeuganforderungen ohne "technischen" Einarbeitungsaufwand möglich. Es ergeben sich keine Argumente für Nachforderungen wegen unkalku-
  lierbaren Einarbeitungsaufwandes.
- Die Möglichkeit zur Weiterverarbeitung von (Zwischen-)Ergebnissen, insbesondere im Wartungsfall, wird durch die Festlegung der funktionalen Anforderungen an die zu verwendenden Werkzeuge erheblich verbessert.

Der Werkzeugstandard schreibt verbindlich vor, auf welche funktionalen Eigenschaften Werkzeuge zu prüfen sind, die in einer SEU verwendet werden sollen. Er regelt jedoch nicht, welche konkreten CASE-Werkzeuge im einzelnen Projekt einzusetzen sind.

Die funktionalen Werkzeuganforderungen bilden die Gesamtheit aller für ein konkretes Projekt relevanten Anforderungen, die von den zu verwendenden Werkzeugen zu erfüllen sind. Darüber hinaus kann es sinnvoll sein, eigene Anforderungen im Rahmen der Operationalisierung zu stellen, die für die Auswahl hilfreich sind. Es ist lediglich darauf zu achten, daß auch alle Anforderungen des Standards erfüllt sind.

Ferner sind für die Auswahl von Werkzeugen auch technisch-organisatorische Gesichtspunkte zu berücksichtigen. Diese können nicht in den Katalog funktionaler Anforderungen aufgenommen werden, da sie nicht die Funktionalität der Werkzeuge betreffen (z. B. Vorgabe einer bestimmten Rechnerarchitektur, Verwendung bereits verfügbarer Werkzeuge). Diese technisch-organisatorischen Anforderungen sind ebenso festzulegen wie die funktionalen Werkzeuganforderungen. Für die Werkzeugauswahl müssen sie daher auch verbindlichen Charakter haben, sind aber nicht Gegenstand der Standardisierung.

Die funktionalen Werkzeuganforderungen sind im wesentlichen auf drei Anwendungsbereiche ausgerichtet.

Projektbezogene Werkzeugauswahl

Die projektbezogene Werkzeugauswahl dient als Basis der Beschaffung bzw. der Vertragsvereinbarung (Abb.4.1).

Das Projekthandbuch enthält alle nötigen Informationen, um die Anforderungen an die zu verwendenden Werkzeuge zu streichen, die für das aktuelle Projekt nicht relevant sind. Es ist erlaubt, in diesem Schritt weitere, projektspezifische Anforderungen aufzustellen. Ergebnis dieses Schritts sind die funktionalen Werkzeuganforderungen.

Aus der Zusammenfassung dieser Werkzeuganforderungen und technisch-organisatorischer Anforderungen wird der operationale Kriterienkatalog erstellt. Dabei können die technisch-organisatorischen Anforderungen sowohl projektspezifisch als auch projektübergreifend begründet sein.

Jedes in Frage kommende Einzelwerkzeug wird aufgrund seiner Beschreibung gegen den operationalen Kriterienkatalog geprüft. Auf der Grundlage der Ergebnisse wird über die projektbezogene Eignung der Werkzeuge entschieden.

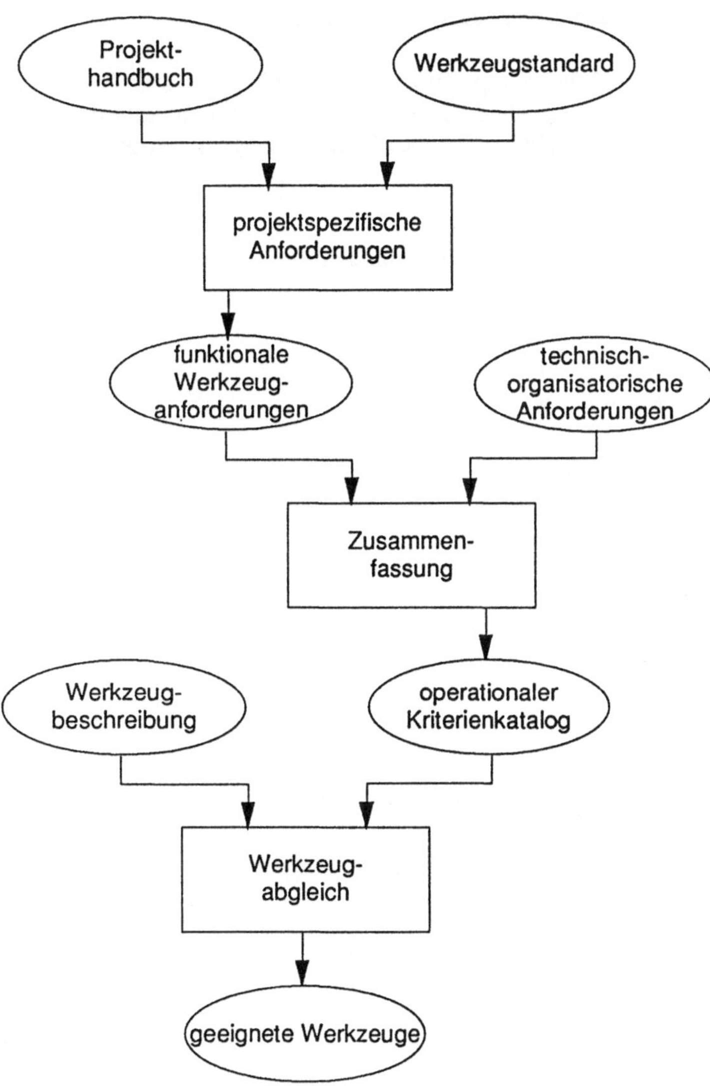

Abb.4.1   Werkzeugauswahl

Projektübergreifende Werkzeugbewertung

Ausgangspunkt der Werkzeugbewertung sind die Anforderungen des Werkzeugstandards und die Eigenschaften des Werkzeuges selbst (Abb.4.2). Durch einen
Abgleich der Anforderungen und Eigenschaften erhält man eine Liste aller funktionalen Werkzeuganforderungen, die das zu untersuchende Werkzeug abdeckt. Dieser
Abgleich kann durch eine Herstellerbefragung mittels Fragebogen erfolgen, dessen
Ergebnisse als Entscheidungsgrundlage dienen. Soll das Ergebnis jedoch verifizier-
bar sein, empfiehlt es sich, das Werkzeug selbst zu testen.

Das auf diese Weise erstellte Werkzeugprofil wird in die projektbezogene Werkzeugauswahl einbezogen. Die Liste der abgedeckten standardkonformen Anforderungen
bleibt für jedes Werkzeug unverändert, solange dieses keine Modifikationen erfährt.

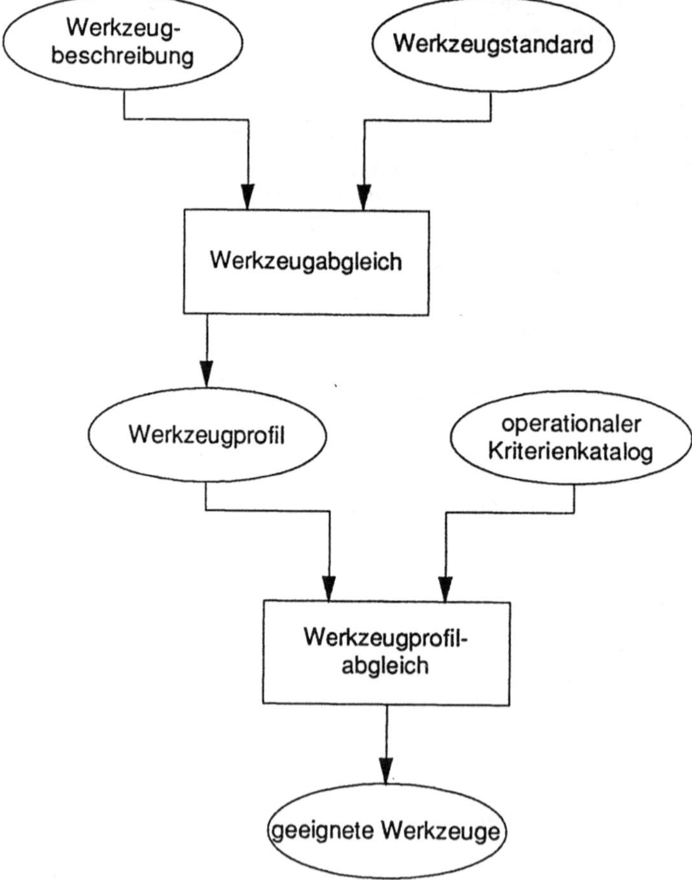

Abb.4.2   Werkzeugbewertung

Defizitermittlung

Die Anwendung des Werkzeugstandards dient dem Auffinden von allgemeinen Defiziten in der Funktionalität der marktgängigen Werkzeuge (Abb.4.3).

Hierbei werden die Anforderungen des Werkzeugstandards den Eigenschaften des betrachteten Werkzeugs gegenübergestellt. Aus dieser Gegenüberstellung wird abgeleitet, welche dieser Anforderungen nicht erfüllt werden. Liegen nun für mehrere Werkzeuge solche Listen vor, bietet es sich an, diese miteinander zu vergleichen. Ein denkbares Ergebnis ist dann eine Liste von Werkzeuganforderungen, die selten oder nie erfüllt werden. Diese Liste kann dann als Grundlage für Forderungen an die jeweiligen Hersteller dienen, ihre Werkzeuge zu verbessern oder ihre Funktionalität zu erweitern.

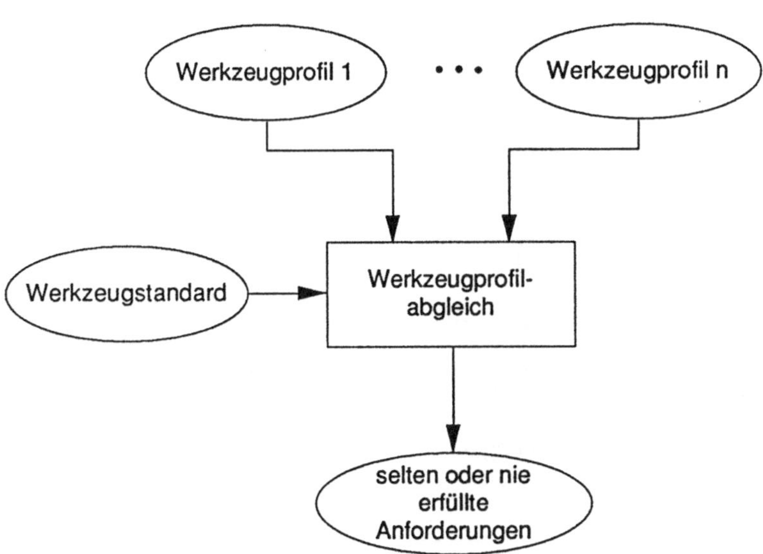

Abb.4.3   Defizitermittlung

4.2. Grundelemente und Struktur (SEU-Architektur)

Eine SEU kann als ein System aufgefaßt werden, das für den jeweiligen Benutzer DV-technische Dienstleistungen bereitstellt. Der strukturelle Aufbau einer SEU läßt sich daher durch eine Systemarchitektur beschreiben.

In einer SEU-Architektur sind die fundamentalen Bausteine einer SEU aufzuzeigen, und der Zusammenhang dieser Bausteine innerhalb einer SEU darzustellen. Die DV-technischen Dienstleistungen, die von einer SEU angeboten werden, werden so in ein prinzipielles Ordnungsschema gebracht. Die fundamentalen Bausteine der SEU-Architektur werden im folgenden "Leistungseinheiten" genannt.

Die Leistungseinheiten der SEU-Architektur sind die Gliederungselemente des Softwareanteils einer SEU aus Benutzersicht und bilden die Bezugselemente für die Festlegung von Werkzeuganforderungen: Mit einer Leistungseinheit sind immer konkrete Anforderungen an Werkzeuge verbunden.

Unter dem Gesichtspunkt der SEU-Architektur kann ein Werkzeug als Software verstanden werden, die eine oder mehrere Leistungseinheiten realisiert. Inhaltlich zusammengehörige Leistungseinheiten werden zu "Leistungskomplexen" zusammengefaßt (Abb.4.4).

Die logisch-funktionale Gliederung der SEU-Architektur in Leistungseinheiten verhindert eine voreilige Ausrichtung einer konkreten SEU auf bestimmte Aspekte, wie zum Beispiel

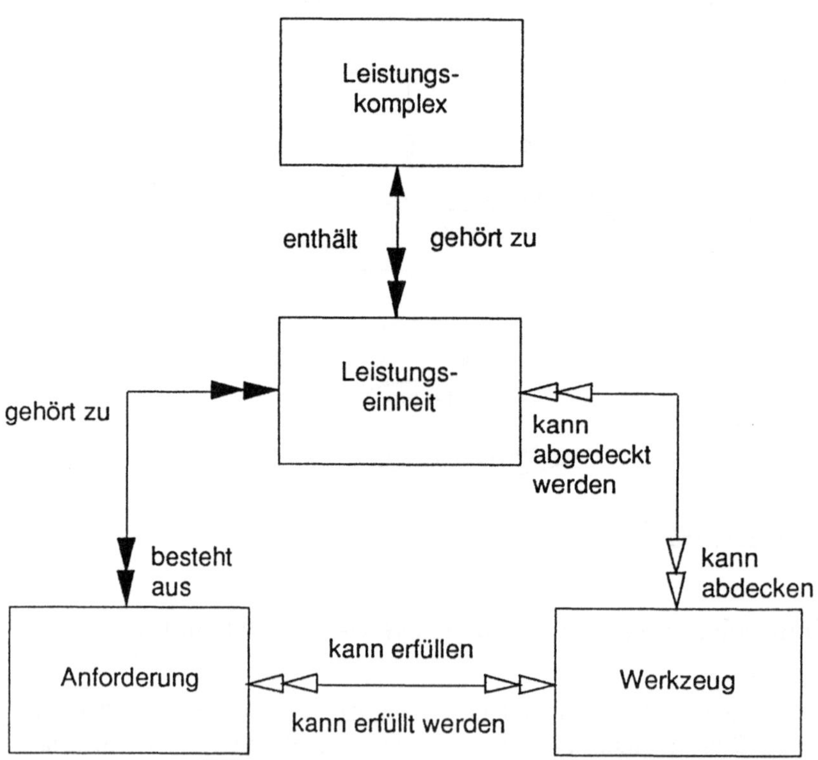

Abb.4.4   E/R-Modell der SEU-Architektur

- Verteilung der Aufgaben auf bestimmte Funktionsträger,
- Verteilung der SEU-Leistungen auf Host- bzw. Arbeitsplatzrechner,
- Abhängigkeit von der Konzeption existierender, herstellerabhängiger Werkzeugunterstützungen.

Grundlage für die Darstellung der auf dem V-Modell aufbauenden SEU-Architektur ist das in Kapitel 1.1.2 beschriebene Integrated Software Engineering Environment Reference Model (ISEE).

Dieses Referenzmodell ist ein Rahmenwerk, in dem die Komponenten einer SEU dargestellt werden können. Dabei wird unterschieden zwischen dem Framework als einer Menge allgemeiner Dienstleistungen (Services) und den Tools als einer Menge von Dienstleistungen (Services) zur Erstellung von Software. Den Tools stehen die allgemeinen Dienstleistungen des Framework zur Verfügung.

Im ISEE werden nur die Framework-Services spezifiziert und in folgende Gruppen zusammengefaßt (vgl. Kapitel 1, Abb.1.1):

- Object Management Services: Hier werden primär alle Dienstleistungen zusammengefaßt, die die Definition, die Speicherung, die Verarbeitung und den Zugriff zu Objekten und den zwischen ihnen bestehenden Beziehungen betreffen.
- User Interface Services: Die hier zusammengefaßten Dienstleistungen beziehen sich auf die bei der Erstellung von Software bestehenden Schnittstellen zwischen Anwendern und Tools und damit auch auf den Datenaustausch über eine Benutzeroberfläche.
- Process Management Services: Unter diesem Begriff sind die Festlegung und das Management der rechnergestützten Ausführung von Prozessen innerhalb der Softwareentwicklung zusammengefaßt.
- Communication Services: Diese Dienstleistungen betreffen den technischen Austausch von Daten zwischen den Komponenten mehrerer Werkzeuge.
- Policy Enforcement Services: Mit diesem Begriff werden Dienstleistungen bezeichnet, die sich im wesentlichen auf die Sicherheitsaspekte einer SEU beziehen.
- Framework Administration and Configuration Services: Diese Dienstleistungen betreffen primär die Verwaltung der Framework- und Tool-Services innerhalb einer SEU und weiter die Gewährleistung der Produktivität, Zuverlässigkeit und Effektivität von Ressourcen innerhalb der SEU.

Der Werkzeugstandard orientiert sich an der Struktur der Framework-Services und definiert Leistungseinheiten in den Gruppierungen des Referenzmodells.

Dienstleistungen, die primär betriebssystemnahe Funktionen betreffen, werden ebenso wie technische Dienstleistungen, die für den Betrieb einer rechnergestützten SEU erforderlich sind (wie z.B. Hardware, Systemsoftware, Vernetzung und Bürokommunikation) nicht berücksichtigt. Das gleiche gilt für übergeordnete Dienstleistungen, wie z.B. die projektübergreifende strategische Informationsplanung.

Der Werkzeugstandard geht jedoch insofern über den strukturellen Ansatz des Referenzmodells hinaus, als daß auch die Leistungseinheiten in den "Toolslots" für die Werkzeuganforderungen der Submodelle SWE, QS, KM und PM des V-Modells spezifiziert werden.

Im Werkzeugstandard werden die aufgeführten Leistungseinheiten nach einem einheitlichen Schema beschrieben. Dieses Schema ist wie folgt aufgebaut:

- Zuordnung zum V-Modell und Methodenstandard: Hier werden jeweils die (Teil-)Aktivitäten des V-Modells aufgeführt, die mit der Leistungseinheit unterstützt werden sollen. Sind für diese (Teil-)Aktivitäten im Methodenstandard Elementarmethoden vorgeschrieben, so werden diese hier ebenfalls aufgeführt, da die Leistungseinheiten dann diese Methoden unterstützen müssen. Eine Zuordnung ist natürlich nur für die Leistungseinheiten des Leistungskomplexes "V-Modell" sinnvoll. Die Leistungseinheiten für allgemeine Dienstleistungen sind laut Definition aktivitätenunabhängig.

- Schnittstellen zu anderen Leistungseinheiten: An dieser Stelle werden jeweils alle Leistungseinheiten aufgeführt, mit denen eine bestimmte Leistungseinheit Informationen austauscht. Dieser Beschreibungsteil legt die logischen Beziehungen zwischen den Leistungseinheiten einer SEU dar. Daraus ergeben sich der Wirkungszusammenhang sowie die Abhängigkeiten zwischen den einzelnen Leistungseinheiten innerhalb einer SEU.

- SEU-externe Schnittstellen: Hier wird gegebenenfalls der Informationsaustausch einer bestimmten Leistungseinheit mit SEU-externen Dienstleistungen angesprochen, wie z. B. Vernetzung, Bürokommunikation oder Mailing-System.

- Kurzcharakteristik: An dieser Stelle wird jeweils der Leistungsumfang einer bestimmten Leistungseinheit verbal erläutert.

- Funktionale Werkzeuganforderungen: Hier werden die Anforderungen an Methodenunterstützung, Funktionalität und Schnittstellen beschrieben.

Weiterhin existieren im Werkzeugstandard aus Gründen der Übersichtlichkeit Zuordnungstabellen, in denen die Leistungseinheiten den Elementarmethoden des Methodenstandards und den Aktivitäten des V-Modells zugeordnet sind.

4.3. Die Leistungseinheiten im Überblick

Im folgenden werden nun die einzelnen Leistungseinheiten mit Kurzbeschreibungen aufgeführt, die dem momentanen Diskussionsstand im Standardisierungsvorhaben entsprechen. Im Laufe der Abstimmungsprozesse können sich eventuell noch Zusammenfassungen, Streichungen und Ergänzungen in Bezug auf die Leistungseinheiten ergeben. Da jedoch die Struktur relativ stabil sein wird und die Inhalte im wesentlichen unverändert bleiben werden, erhält der Leser einen umfassenden Eindruck über die zu standardisierenden Objekte einer SEU. Die folgende Beschreibung der Leistungseinheiten setzt die Erfüllung der mit ihnen verbundenen Werkzeuganforderungen voraus.

4.3.1. Allgemeine Leistungseinheiten

Leistungskomplex "Objektverwaltung" (Object Management Services):

Die Anforderungen an diesen Leistungskomplex ergeben sich aus der Forderung nach der Abbildung der Strukturen des V-Modells auf ein Schema.

Datenstrukturen und Daten der SEU erstellen, speichern, verwalten

Diese Leistungseinheit repräsentiert Anforderungen an eine zentrale Datenbasis, über die alle anderen Leistungseinheiten miteinander kommunizieren (Entwicklungsdatenbank). Unter SEU-Daten versteht man alle Daten und Informationen eines Projektes.

Durch diese Leistungseinheit werden folgende Konzepte unterstützt:

- Datenmodell mit den Fähigkeiten zur Definition von komplexen Objekten und langen Datenfeldern
- Navigation zu Objekten
- Schema- und View-Mechanismen
- Benutzersynchronisation mit Transaktionen und langen Transaktionen
- Wiederanlauf (Recovery)
- Konsistenz

Datenstrukturen und Daten der SEU auswerten, abfragen

Der Benutzer erhält einen Überblick über die SEU-Daten sowie deren Auswertungsmöglichkeiten. Dazu wird eine Abfragesprache gefordert, die Zugriffe auf obige Objekte ermöglicht. Ferner wird die Navigation in einem Netz von Beziehungen gefordert.

Datenstrukturen und Daten der SEU importieren und exportieren

Durch die Realisierung dieser Leistungseinheit wird der Datenaustausch durch Import-/Exportfunktionen zwischen verschiedenen SEU in standardisierter Form ermöglicht.

Versionen verwalten

Der Benutzer kann Versionen von Produkten und Ergebnissen definieren, sich die Änderungshistorie von Produkten und Ergebnissen erstellen lassen und Produkte und Ergebnisse versionsbezogen archivieren und auch wieder reaktivieren lassen. Für jedes Produkt und für jedes Ergebnis wird eine Änderungshistorie geführt.

Leistungskomplex "Benutzerschnittstelle" (User Interface Services):

Die Benutzerschnittstelle (BSS) legt die Schnittstelle einer Applikation bzw. einer Applikationsfamilie zum Benutzer fest, d. h. sie definiert, wie sich eine Applikation dem Benutzer visuell präsentiert und wie sie sich bedienen läßt.

Es wird grob zwischen folgenden Arten von Benutzerschnittstellen unterschieden:

- Kommandozeilen-BSS,
- menüorientierte BSS,
- grafische Benutzerschnittstellen (GBSS).

Die verschiedenen Schnittstellenarten implementieren unterschiedliche Typen der Bedienerführung. Sie stellen unterschiedliche Anforderungen an das System, d. h. an die Hardware und das Betriebssystem. Im Falle der GBSS hat dies sogar zu einer, zumindest konzeptionellen Ausgliederung spezifischer Systemdienste in eine eigenständige Systemkomponente, das Fenstersystem, geführt.

Der Umgang mit einer BSS sollte für den Benutzer intuitiv und leicht zu erlernen sein. Die Konsistenz der BSS verschiedener Applikationen spielt dabei eine wesentliche Rolle, da sie es erlaubt, Erfahrungen in der Anwendung einer Applikation auf andere Applikationen zu übertragen. Die Einhaltung einer Gestaltungsrichtlinie (engl. "Style Guide") bei der Programmierung einer BSS für eine Applikation dient diesem Ziel.

Funktionen der Benutzeroberfläche

Die mit dieser Leistungseinheit verbundenen Anforderungen betreffen die Mechanismen zum Aufbau und zur Gestaltung der Benutzeroberfläche und an die Funktionen der Bedienerführung zur Vermeidung von Fehlbedienungen.

Benutzerprofil festlegen

In dieser Leistungseinheit werden Anforderungen an die für einzelne Anwender bzw. Anwendergruppen möglichen Gestaltungsvarianten der Benutzerprofile gestellt. Der Nutzer kann damit z. B. innerhalb der festgelegten Richtlinien zur Benutzeroberfläche wählen, welche Varianten der Benutzeroberflächengestaltung er verwenden will. Dies betrifft u. a. die Gestaltung spezieller Bildschirmlayouts, die Auswahl farbiger Menügestaltung und die Auswahl spezieller Views auf Datenbestände (z. B. Datenzugriffe nur über Views, die Datenänderungen verbieten).

Online-Hilfefunktionen

Diese Leistungseinheit ist mit Anforderungen an Hilfefunktionen für den Benutzer im Online-Betrieb verbunden. Hierzu gehören die Kontextsensitivität der Hilfefunktion, mehrfache Umschaltung zwischen Hilfetext und Mehrfensteranzeige sowie das Erstellen eigener Hilfefunktionen und Einhängen dieser Hilfefunktion in das System. Weiterhin besteht die Möglichkeit, Hilfetexte auszudrucken und umfangreichere Hilfefunktionen anzustoßen, die im Hintergrund ablaufen können.

Dokumentation aufbereiten

Mit dieser Leistungseinheit wird gefordert, daß die Ergebnisse der anderen Leistungseinheiten im Sinne einer einheitlichen Dokumentation mit geeignetem Layout aufbereitet werden können. Dabei werden die einzelnen Ergebnisse (Text und Grafik) entsprechend der vordefinierten Produktmuster zusammengeführt. Während der

Entwicklungsarbeit kann auch eine noch unvollständige Dokumentation erzeugt werden. Weiterhin besteht die Möglichkeit, durch gezielte Auswahl eine Teildokumentation zu erzeugen (unterschiedlicher Detaillierungsgrad, Interessenschwerpunkte etc.).

Diese Leistungseinheit eignet sich nicht nur für die Anforderungen an die Entwicklungsdokumentation, sondern auch für Anforderungen an die Erzeugung geeigneter Handbücher, die an den Nutzer weitergegeben werden können. Die Leistungseinheit kann auch für die Anforderung an die Erstellung anderer Dokumente (z. B. Projektstandsberichte) genutzt werden.

Texte editieren

Im Rahmen dieser Leistungseinheit kann der Benutzer die Bearbeitung von spezifischen und generischen Texten vornehmen. Spezifische Texte sind hier im wesentlichen Quellcodes von Programmen. Als generische Texte werden formfreie Dokumente und elementare Texte bezeichnet.

Grafiken editieren

Mit dieser Leistungseinheit wird gefordert, daß sowohl das Einbinden und die methodenabhängige Manipulation vordefinierter Grafikelemente als auch das pixel- und vektororientierte Zeichnen ermöglicht werden. Hier treffen ganz unterschiedliche Anforderungen aufeinander, nämlich die formfreie Erstellung von Grafiken, ähnlich dem Desktop Publishing, und die Manipulation von grafischen Objekten, die an bestimmte formale Methoden gebunden sind (z. B. Entity-Relationship-Symbolik). In diesem Sinne wird zwischen zwei wesentlichen Varianten eines Grafikeditors unterschieden: dem "freien" Grafikeditor als Teil der Dokumentenbearbeitung und der Gruppe der methodenunterstützenden Grafikeditoren, die direkt in die entsprechenden Werkzeuge integriert sein können.

Leistungskomplex "Softwareentwicklung steuern"
(Process Management Services):

Dieser Leistungskomplex ist nicht weiter unterteilt und wird somit als gleichnamige Leistungseinheit übernommen. Mit dieser Einheit werden ein Vorgehensmodell sowie daraus abgeleitete bereichs- bzw. projektspezifische Modelle DV-technisch nachgebildet.

Die Benutzer der SEU werden durch das jeweilige Aktivitäten-Produkte-Netz navigiert. Dabei ist automatisch gesichert, daß eine vom Ablauf der Softwareentwicklung her sinnvolle, also in sich konsistente Bearbeitungsreihenfolge der Aktivitäten strikt eingehalten wird.

Den Benutzern der SEU werden kontextabhängig die übrigen Leistungseinheiten verfügbar gemacht. Es werden diejenigen Produkte bereitgestellt, die mit diesen Leistungseinheiten weiterbearbeitet werden sollen. Dies geschieht im Zusammenwirken mit der Benutzeroberfläche.

Leistungskomplex "Kommunikationsdienste" (Communication Services):

Dieser Leistungskomplex ist nicht Gegenstand des SEU-Standards.

Leistungskomplex "Sicherheits- und Integritätsanforderungen"
(Policy Enforcement Services):

In diesem Leistungskomplex werden grundlegende Sicherheitsanforderungen an ein
DV-System definiert.

Vertraulichkeit gewährleisten

In dieser Leistungseinheit werden Anforderungen an die Sicherheit von vertraulichen
Informationen gestellt, d.h. die Verhinderung des Zugriffs auf Informationen von
nicht dazu autorisierten Personen. Hierbei ist zu unterscheiden zwischen solchen
Sicherheitsanforderungen, die nur über eine zentrale Datenadministration realisiert
werden können, und solchen, die von Benutzern für ihre von ihnen persönlich
verwalteten Daten erfüllt werden können. Die Anforderungen der ersten Kategorie
sind für das ganze System verpflichtend und sind besonders hohen Sicherheitsrestrik-
tionen unterworfen.

Integrität gewährleisten

Diese Leistungseinheit stellt Integritätsanforderungen, die die Modifikation von
Informationen durch nicht autorisierte Personen verhindern. Damit wird gewährleistet, daß der "Lebenslauf" von Objekten lückenlos mit Hilfe entsprechender Log-Ein-
richtungen rekonstruierbar ist. Die Vorschriften für eine restriktive Einhaltung dieser
Regeln werden über eine zentrale Datenadministration realisiert.

Konformität gewährleisten

In dieser Leistungseinheit werden Einrichtungen gefordert, die die Einhaltung vorher
festgelegter Abläufe und Regeln bei der Softwareerstellung und den begleitenden
Tätigkeiten gewährleisten. Eine Regel, die eingehalten werden muß, kann z. B.
lauten: "Ein Programmodul darf erst dann in andere Programmodule integriert
werden, wenn es von zwei Mitgliedern der Qualitätssicherungsgruppe überprüft
worden ist.".

Leistungskomplex "Technische Verwaltungs- und Konfigurationsdienste"
(Framework Administration and Configuration Services):

Dieser Leistungskomplex ist nicht Gegenstand des SEU-Standards. Die Konfigurationsdienste sind rein technischer Art und nicht vergleichbar mit den Leistungseinheiten des Submodells KM.

4.3.2.   SWE-Leistungseinheiten

Anforderungen erfassen

Der Benutzer kann fachliche und technische Anforderungen identifizieren und beschreiben, Anforderungen hierarchisch gruppieren und die Anforderungen den Erzeugnissen, den Schnittstellen sowie der Entwicklungs- und Zielrechnerumgebung zuordnen. Auf Verlangen des Benutzers wird Auskunft darüber gegeben, welche Zusammenhänge zwischen einzelnen Anforderungen existieren. Für die Erfassung der Anforderungen wird eine mit Schlüsselwörtern strukturierte Sprache angeboten.

Spezifikation der Schnittstellen unterstützen

Im Rahmen dieser Leistungseinheit hat der Benutzer die Möglichkeit, Schnittstellen z.B. auf der Basis konsistenter Informationsflußmodelle, Ablaufmodelle oder Prozeßmodelle zu identifizieren und deren Art (u. a. Masken, Listen,Warteschlangen, Mailboxes) zu bestimmen sowie Inhalte der Schnittstellen auf der Basis konsistenter E/R-Modelle und Attributtypen zu definieren. Weiterhin kann er Layout und Form der Schnittstellen, ggf. unter Beachtung der Schablonen für Schnittstellen, festlegen sowie gestellte Anforderungen als erfüllt quittieren. Die Festlegungen zu den Schnittstellen werden in DV-technische Spezifikationen transformiert.

Architekturentwurf unterstützen

Durch Zerlegung der prozeduralen Softwarekomponenten und der Struktur der Daten können Lösungsvorschläge für Architekturen auf System-, DV-Segment- und SWKE-Ebene dokumentiert werden. Auf der Ebene der SWKE wird die Spezifikation des Funktions- und Leistungsumfanges der Softwarekomponenten, Module und Datenstrukturen festgeschrieben. Weiterhin werden die Schnittstellen sowie die Kommunikation zwischen den Softwarekomponenten/Modulen festgelegt.

Prozeßmodellierung unterstützen

Der Benutzer wird bei Realzeitanwendungen im Hinblick auf den Grobentwurf einer SWKE wie folgt unterstützt: Mit Hilfe eines Netzmodells werden die Strukturierung in sequentielle und parallele Prozesse sowie die Prozeßsynchronisation und -kommunikation beschrieben. Für jeden einzelnen Prozeß werden die Zustandsübergänge und die Signalflüsse für miteinander kommunizierende Prozesse dargestellt.

Funktionsstrukturierung unterstützen

Der Benutzer kann Funktionen auf unterschiedlichen Detaillierungsstufen beschreiben und die definierten Funktionen hierarchisch zueinander in Beziehung setzen. Diese Leistungseinheit stellt den hierarchischen Zusammenhang zwischen Funktionen im Sinne einer "Besteht aus"-Beziehung dar.

Spezifikation der Funktionen unterstützen

Im Rahmen dieser Leistungseinheit wird die Spezifikation der funktionsinternen Ablauflogik und der Datenbehandlung innerhalb einer Funktion ermöglicht.

Modellierung der Informationsflüsse unterstützen

Im Rahmen dieser Leistungseinheit können Informationsflüsse definiert und beschrieben werden. Die Informationsflüsse bestimmen den Ursprung, die Richtung und das Ziel von Informationen.

Modellierung der Funktionsdynamik unterstützen

Der Benutzer kann die dynamischen Aspekte der Funktionen einer Anwendung über mehrere Detaillierungsebenen hinweg modellieren. Die Funktionsdynamik wird hierbei mit folgenden Ausdrucksmitteln modelliert:

- Ereignisse (events) von Objekten
- Zustände (states) von Objekten
- Zustandsübergänge (transitions) und
- Zustandsdiagramme (state diagrams)

Informationsstrukturierung unterstützen

In dieser Leistungseinheit kann eine Informationsstrukturierung vorgenommen werden, indem Informationsobjekte und ihre Beziehungen untereinander festgelegt werden. Für Informationsobjekte können Attribute identifiziert und beschrieben werden.

Spezifikation der Komponenten und Module unterstützen

Im Rahmen dieser Leistungseinheit wird die Ablauflogik und die Datenbehandlung für einen Modul bzw. eine Komponente spezifiziert.

Spezifikation der Datenbanken unterstützen

Der Benutzer kann für jede identifizierte Datenbank u. a. Parameter für die voraussichtlichen Zugriffshäufigkeiten, zum erwarteten Mengenaufkommen und zu möglichen Zuwachsraten definieren. Er kann ferner festlegen, ob die jeweilige Datenbank auf dem relationalen, hierarchischen oder dem Codasyl-Datenmodell beruhen soll.

Die Informationsstruktur einer Datenbank wird abhängig von den definierten Parametern normalisiert und die normalisierte Informationsstruktur abhängig vom jeweiligen Datenmodell, das dem Ziel-Datenbankmanagementsystem zugrundeliegt, in eine logische Schemaspezifikation transformiert.

Sind für eine Anwendung mehrere Datenbanken zu realisieren, werden dabei jeweils nur die einzelnen Ausschnitte aus der gesamten Informationsstruktur übersetzt, die dem geplanten Umfang der jeweiligen Datenbank entsprechen.

Komponenten und Module generieren

Aus der Spezifikation von Komponenten bzw. Modulen wird in Abhängigkeit von der jeweiligen Zielsprache der Quellcode sowie der notwendige Prozedurcode in Abhängigkeit vom jeweiligen Zielsystem generiert.

Datenbanken generieren

Aus der logischen Schemaspezifikation von Datenbanken werden die DV-technischen Datenbankformate und der notwendige Prozedurcode in der entsprechenden Datendefinitionssprache generiert.

Schnittstellenformate generieren

Aus den Spezifikationen von Schnittstellen werden die Deklarationen in der jeweiligen Zielsprache generiert. Ferner können aus den Spezifikationen zur Benutzerschnittstelle ggf. zusätzlich die notwendigen Formate für die Nachrichtenkontrollblöcke des jeweiligen TP-Monitors der Zielumgebung generiert werden.

Kompilieren

Der Quellcode von Prozeduren, Komponenten, Modulen und Datenbanken wird in einen Zielcode übersetzt, ohne daß sich die Semantik ändert. Weiterhin werden die Laufzeit und der Speicherbedarf des übersetzten Codes optimiert. Falls notwendig, kann der Benutzer bei der Optimierung den Schwerpunkt auf Laufzeit oder Speicherbedarf setzen. Die Grenze zwischen Übersetzen und Generieren ist nicht exakt faßbar.

Binden

Die Einheiten eines lauffähigen Lademoduls (Zielcode, Laufzeitsystem, getrennt übersetzte Einheiten etc.) werden aneinandergereiht und die externen Referenzen aufgelöst. Es wird überprüft, inwieweit die einzelnen Einheiten vorliegen und gültig sind, sowie die Größe von Lademodulen durch Eliminieren von nicht benutztem Code optimiert.

Debuggen

Der Benutzer kann im Rahmen dieser Leistungseinheit die internen Zustände eines Lademoduls auf Quellcodeebene untersuchen, d. h. alle lokalen und globalen Variablen sowie die dynamische Aufrufstruktur eines Lademoduls inspizieren und ggf. Variablen manipulieren. Ein Lademodul kann auf Quellcodeebene Anweisung für Anweisung durchlaufen werden (Trace). Bei vorher definierten Halte- und Beobachtungspunkten kann angehalten und ggf. können Manipulationen am Lademodul vorgenommen werden.

Leistungen abschätzen

Der Benutzer hat die Möglichkeit, das Leistungsverhalten von Softwarekomponenten, Modulen, Datenbanken und Schnittstellen zu analysieren und an den Anforderungen zu messen.

Dazu bedarf es gewisser statistischer oder textueller Auswertungen, z. B. wieviele Datenbankaufrufe, Prozeßwechsel, Prozessorzyklen etc. für die Abarbeitung eines Anwendungsabschnitts notwendig sind. Um zu Aussagen über den zukünftigen Platz- und Zeitbedarf zu kommen, kann auf Erfahrungswerte bei bekannten Datenbanksystemen, Prozessoren etc. zurückgegriffen werden, oder es müssen Meßwerte als Referenz definiert werden.

Zeitverhalten simulieren

Hier können Vorgänge auf einer Rechenanlage nachgebildet werden, die aus Zeit-, Kosten- und anderen Gründen nicht in der Wirklichkeit durchgeführt werden können. Hierunter fällt z. B. nicht nur die Simulation einer Flugzeugsteuerung, sondern auch die Simulation von Software im Planungsstadium, wie sie in den Spezifikationen von Schnittstellen, Prozeßmodellen und logischen Schemaspezifikationen von Datenbanken zum Ausdruck kommt.

Man unterscheidet zwischen deterministischer Simulation, bei der alle Größen bekannt oder berechenbar sind, und stochastischer Simulation, bei der einige Größen als Zufallsgrößen auftreten.

Bei der Simulation von Software wird im Gegensatz zum Prototyping kein vereinfachter Ausschnitt der Anwendung implementiert, sondern das Gesamtmodell simuliert. Bei der Simulation z. B. einer Datenbank werden üblicherweise keine Daten gespeichert oder gelesen, sondern ein System von Warteschlangen erzeugt, das die Datenbanklast und die Verweildauer der Transaktionen simuliert. Durch ein Simulationsmodell ist es auch möglich, das Verhalten von noch nicht existierender Hardware zu simulieren.

Code rückwärts transformieren

Eine bestehende Anwendung kann in eine entsprechende Software-Architektur rückwärts transformiert werden, wobei der Programmcode analysiert und in eine strukturierte Form überführt wird.

Datenbanken und Datenstrukturen rückwärts transformieren

Ein Datenbank- bzw. ein Dateischema kann rückwärts in ein E/R-Schema transformiert werden.

4.3.3.   QS-Leistungseinheiten

Prüfung der Anforderungen unterstützen

Hier kann der Benutzer u. a. überprüfen, ob jede Anforderung einem Erzeugnis, einer Schnittstelle oder der Entwicklungs- und Wartungsumgebung zugeordnet wurde, welche einzelnen Anforderungen noch nicht und welche bereits quittiert worden sind. Der Nutzer kann außerdem die Anforderungen über den gesamten Ablauf der Softwareentwicklung hinweg vorwärts und rückwärts verfolgen.

Prüfung der Schnittstellen unterstützen

Im Rahmen dieser Leistungseinheit kann u. a. überprüft werden, ob alle Schnittstellen auf Informationsflüsse oder Synchronisations- und Kommunikationsmechanismen zurückzuführen sind, ob alle Schnittstellen in Inhalt und Form beschrieben worden sind und ob Schnittstellen konsistent zueinander spezifiziert wurden.

Prüfung der Architektur unterstützen

In dieser Leistungseinheit wird u. a. geprüft, ob jede Funktion in der Architektur berücksichtigt wurde und ob jedes System sich entweder in Subsysteme oder in Segmente gliedert. Er kann weiterhin prüfen, ob jedes Segment sich in SWKE gliedert und ob jede SWKE sich in Softwarekomponenten, Module oder Datenbanken gliedert.

Prüfung der Prozeßmodelle unterstützen

Der Benutzer kann hier u. a. überprüfen, ob alle Prozesse zeitlich und logisch richtig zueinander angeordnet wurden und ob bei der logischen Anordnung von Prozessen nur Sequenzen, Alternativen, Iterationen und Parallelitäten verwendet wurden. Er kann weiterhin prüfen, ob die Prozeßmodelle über alle Detaillierungsstufen hinweg lückenlos definiert wurden und ob sie Verklemmungen ("Deadlocks") enthalten.

Prüfung der Funktionsstrukturen unterstützen

Im Rahmen dieser Leistungseinheit kann die Funktionshierarchie daraufhin überprüft werden, ob alle Funktionen aufgenommen wurden.

Prüfungen der Spezifikationen von Funktionen unterstützen

Hier wird u. a. überprüft, ob die Ablauflogik ausschließlich mit Konstrukttypen aufgebaut wurde, die das Prinzip der beschränkten Ablaufsteuerung aus der strukturierten Programmierung unterstützen, und ob einer Funktion alle notwendigen Schnittstellen zugeordnet wurden.

Prüfungen der Informationsflußmodelle unterstützen

Im Rahmen dieser Leistungseinheit wird die Prüfung von Informationsflußmodellen unterstützt.

Prüfungen der Ablaufmodelle unterstützen

Hier findet eine Überprüfung daraufhin statt, ob in den Zustandsübergangsdiagrammen bzw. Petri-Netz-Darstellungen der Ablaufmodelle alle Ereignisse, Zustände, Bedingungen, Operationen und Aktionen enthalten sind und ob ihre Zuordnungen richtig vorgenommen wurden. Gehören mehrere Zustandsübergangsdiagramme zu einem Ablaufmodell, ist ihre Interaktion über Ereignisse (shared events) zu überprüfen. Hierbei wird auch kontrolliert, ob in den Ablaufmodellen Verklemmungen ("Deadlocks") enthalten sind.

Prüfungen der Informationsstrukturen unterstützen

Die Prüfung von Informationsstrukturen wird im Rahmen dieser Leistungseinheit unterstützt.

Prüfung der Spezifikationen von Komponenten und Modulen unterstützen

Hier wird die Prüfung der Spezifikationen von Softwarekomponenten und Modulen unterstützt.

Prüfung der logischen Schemaspezifikationen unterstützen

Der Benutzer kann u. a. überprüfen, ob für alle Datenbanken ein logisches Schema spezifiziert wurde, ob das logische Schema syntaktisch dem geplanten Datenmodell der jeweiligen Datenbank entspricht und ob alle Entitätstypen, Beziehungstypen und Attributtypen aus der (Teil-)Informationsstruktur, die mit der jeweiligen Datenbank DV-technisch realisiert werden soll, im logischen Schema enthalten sind.

Code statisch prüfen

Der Programm-Quellcode wird in bezug auf Form und Struktur analysiert, ohne daß das Programm ausgeführt wird. Zum einen wird die Einhaltung bestimmter Programmierrichtlinien untersucht, die sowohl sprach- als auch projektabhängig sein können. Zusätzlich finden auch syntaktische/semantische Prüfungen statt, die über die Analyse des Compilers hinausgehen können und neben möglichen Fehlern auch nicht portable und überflüssige Sprachkonstrukte betreffen. Zum anderen wird versucht, eine Aussage über die Qualität der Software zu treffen, indem man die Programme lexikalisch analysiert und quantitative Größen ermittelt, die Qualitätsfaktoren zugeordnet werden können (Software-Metriken).

Texte statisch prüfen (Text ungleich Code)

Texte werden hinsichtlich ihrer Syntax analysiert, und Syntaxfehler werden automatisch korrigiert, z. B. mit einem elektronisch geführten Wörterbuch, das vom Nutzer durch Erfassen neuer Begriffe erweitert werden kann.

Prüffälle generieren

Der Benutzer kann schon während der Anforderungserfassung und während des fachlichen bzw. DV-technischen Entwurfs für spätere dynamische Prüfungen Normal-, Rand- und Extremwerte sowie Wertekombinationen von Eingabedaten festlegen. Außerdem kann er Vorher- und Nachherbedingungen für die Prüffälle spezifizieren und Prüfdatenbestände als Beispiele konventioneller Dateien sowie hierarchischer, relationaler oder Codasyl-Datenbanken spezifizieren.

Aus diesen Spezifikationen werden Prüffälle und Prüfdatenbestände und darüber hinaus automatisch Prüffälle für Whitebox-Tests generiert, indem das zu prüfende Objekt analysiert wird.

Prozeßmodelle dynamisch prüfen

Der Benutzer hat die Möglichkeit, Prozeßmodelle im Hinblick auf ihre dynamischen Eigenschaften zu überprüfen. Dies geschieht durch eine Simulation des markierten Prozeßmodells, in die der Benutzer interaktiv eingreifen kann.

Spezifikation von Funktionen dynamisch prüfen

Zur dynamischen Überprüfung der Spezifikation von Funktionen wird eine vom Benutzer steuerbare Animation eingesetzt.

Informationsflußmodelle dynamisch prüfen

Auch Informationsflußmodelle werden durch eine Animation interpretiert und präsentiert, die der Benutzer manipulieren kann.

Ablaufmodelle dynamisch prüfen

Die dynamische Prüfung von Ablaufmodellen geschieht ebenfalls durch die Interpretation und Präsention mit Hilfe einer interaktiv steuerbaren Animation.

Spezifikation von Komponenten und Modulen dynamisch prüfen

Auch die Spezifikationen von Komponenten und Modulen wird durch Animation überprüft, die vom Benutzer manipuliert werden kann.

Spezifikation von Schnittstellen dynamisch prüfen.

Schnittstellenspezifikationen werden ebenfalls durch eine vom Benutzer steuerbare Animation überprüft.

Code dynamisch prüfen

Diese Leistungeinheit unterstützt die Fehlersuche. Anhand ausgewählter Testfälle wird hier der Quellcode ausgeführt, um einerseits Fehler zu identifizieren und andererseits Lücken in der Testabdeckung zu finden. In beiden Fällen werden generierte Prüffälle benutzt, die auch Daten enthalten können, die zu Fehlerzuständen führen. Die erwarteten Ergebnisse werden mit den tatsächlichen Ergebnissen jeder Prüfung verglichen, um festzustellen, ob sich das Programm entsprechend seiner Spezifikation verhält.

Um zu untersuchen, ob die gewählten Prüffälle ausreichend sind (Testabdeckung), wird der Quellcode an geeigneten Stellen um Protokollfunktionen erweitert ("instrumentiert"). Anhand der Ausführung kann man nun erkennen, welche Anweisungen oder Zweige bei den vorhandenen Eingabedaten nicht durchlaufen wurden und zusätzlich zu testen sind. Die Testabdeckungsgrößen geben zusätzlich einen Anhaltspunkt, wie gründlich das Testen durchgeführt wurde. Diese Informationen werden bei der Generierung neuer Prüffälle benutzt.

Konsistenz des ausschreibungsrelevanten Tailoring unterstützen

Diese Leistungseinheit sorgt bei Streichungen aus dem allgemeinen Vorgehensmodell für die Konsistenz des resultierenden projektspezifischen Vorgehensmodells.

Prüfungen der Projektressourcenverwaltung unterstützen

Der Benutzer kann u. a. prüfen, ob für alle verfügbaren Ressourcen Tarife und Kalender initialisiert wurden, ob jedem Mitarbeiter eine Rolle aus dem Vorgehensmodell zugeordnet wurde und ob jede Rolle aus dem Vorgehensmodell von einem Mitarbeiter übernommen ist.

Prüfungen der Projektorganisationspläne unterstützen

Diese Leistungseinheit bietet dem Benutzer u. a. die Möglichkeit zu prüfen, ob alle im Vorgehensmodell aufgeführten Rollen auf betriebliche Organisationseinheiten abgebildet wurden, ob die Instanzen für die Abwicklung von Aktivitäten aus dem Vorgehensmodell benannt wurden und ob die Kompetenzen der Mitarbeiter im Einklang mit den ihnen zugeteilten Rollen festgelegt wurden.

Prüfungen der Projektablaufpläne unterstützen

Hier kann der Benutzer u. a. prüfen, ob alle projektspezifisch ausgewählten Aktivitätentypen konkret ausgeprägt wurden und ob alle Aktivitäten zeitlich zueinander in Beziehung gesetzt wurden. Er kann weiterhin prüfen, ob allen Aktivitäten Ressourcen und fixe Kosten zugeordnet wurden und ob diese Ressourcen höchstens bis zu ihrer Maximalkapazität und keinesfalls darüber hinaus verplant wurden.

4.3.4. KM-Leistungseinheiten

Konfigurationsplanung und -kontrolle unterstützen

Im Rahmen dieser Leistungseinheit wird der Benutzer bei der Planung der Konfigurationsstruktur sowie bei der Zuordnung von Produkten und deren Versionen zu bestimmten Konfigurationen unterstützt. Er kann weiterhin Produkte, die als Grundlage für die weiteren Entwicklungsarbeiten dienen sollen, den Baselines zuordnen, die entsprechenden Produkte im Laufe der Softwareentwicklung in die Konfigurationsstruktur aufnehmen und sich explizit einen Überblick über Konfigurationen ausgeben lassen.

4.3.5. PM-Leistungseinheiten

Projektressourcen verwalten

Die verfügbaren Ressourcen können vom Benutzer projektspezifisch verwaltet werden, d. h. es werden Informationen zu Ressourcen initialisiert, bei Bedarf geändert und wieder gelöscht (u. a. Tarife, Kalender).

Planung der Projektorganisation unterstützen

Der Benutzer kann projektspezifisch die im Vorgehensmodell aufgeführten Rollen auf betriebliche Organisationseinheiten abbilden, die Instanzen benennen, die für die Abwicklung von Aktivitäten aus dem Vorgehensmodell zuständig sind und die Kompetenzen der Mitarbeiter im Einklang mit den ihnen zugeteilten Rollen festlegen.

Planung des Projektablaufes unterstützen

Diese Leistungseinheit unterstützt den Benutzer u. a. dabei, die projektspezifisch ausgewählten Aktivitäten konkret auszuprägen ("Technisches Tailoring"), die Aktivitäten zeitlich zueinander in Beziehung zu setzen, Meilensteine und Baselines zu planen und den Aktivitäten Ressourcen zuzuordnen.

Beim "Technischen Tailoring" werden die vorher festgelegten Streichbedingungen ausgewertet und alle logisch abhängigen Folgeaktivitäten einer bestimmten Aktivität automatisch angelegt.

Ausschreibungsrelevantes Tailoring unterstützen

Der Benutzer kann projektspezifisch (Teil-) Aktivitäten aus dem allgemeinen Vorgehensmodell herausstreichen und Streichbedingungen für das "Technische Tailoring" identifizieren und beschreiben.

Projektkontrolle und -steuerung unterstützen

Im Rahmen dieser Leistungseinheit können Plan- und Ist-Daten sowohl auf explizite Anforderungen hin als auch termin- und ereignisgesteuert miteinander verglichen werden.

5. Operationalisierung des Standards

Der Abstraktionsgrad und die Allgemeingültigkeit des Standards machen es notwendig, die Standardisierungsinhalte an die konkrete Situation anzupassen. Dieser Prozeß wird als "Operationalisierung" bezeichnet.

In diesem Kapitel wird zunächst dargestellt, wie die Operationalisierung des V-Modells für die Entwicklung, Pflege und Änderung von Systemen zur Unterstützung administrativer Fachaufgaben (administrative Projekte) durch Tailoring-Maßnahmen durchgeführt werden kann.

Anschließend wird am Beispiel einer komplexen Methode sowie einer integrierten CASE-Umgebung dargelegt, inwieweit dem Anspruch des Methoden- und Werkzeugstandards durch marktgängige Lösungen auf dem Sektor der Informationssysteme entsprochen werden kann.

5.1. Das Tailoring des V-Modells

Bei der Anwendung des V-Modells für administrative Projekte bietet sich aus Rationalisierungsgründen eine projektübergreifende Operationalisierung an, die bei Bedarf noch projektspezifisch angepaßt werden kann. In Anlehnung an Überlegungen des BMI zu diesem Aspekt werden verschiedene Projekttypen vorgeschlagen, für die Standard-Projekthandbücher erstellt werden, die als wesentlichen Bestandteil das bereits einem ersten Tailoring unterzogene V-Modell enthalten.

Innerhalb der Klassen

- Neuentwicklung von Systemen,
- Softwarepflege und -änderung (SWPÄ),
- Auswahl, Beschaffung und Anpassung von Fremdprodukten/Standardsoftware

ergeben sich folgende sieben Projekttypen:

- Kleines administratives Entwicklungsprojekt
- Mittleres administratives Entwicklungsprojekt
- Großes administratives Entwicklungsprojekt
- Kleines SWPÄ-Projekt

- Mittleres SWPÄ-Projekt
- Großes SWPÄ-Projekt
- Auswahl, Beschaffung und Anpassung von Fremdprodukten/Standardsoftware

Der Projektleiter kann sich bei der Festlegung eines Projekttyps an folgenden Kriterien für sein Projekt orientieren:

- Projektgröße, bezogen auf die Anzahl Mitarbeiter, die für die Durchführung des Projektes benötigt werden, und den geschätzten Aufwand, gemessen in Mannjahren
- Komplexität der Funktionen und Daten
- Anforderungen an die Wartbarkeit, erwartete Änderungshäufigkeit (entfällt bei den SWPÄ-Projekten)

Erfüllt ein Projekt nicht alle beschriebenen Kriterien, so sollte der nächstumfassendere Projekttyp gewählt und bei diesem Typ gegebenenfalls weitere Aktivitäten und/oder Produkte beim Aufbau des projektspezifischen V-Modells gestrichen werden.

Als Orientierungsrahmen für die einzelnen Projekttypen dient die nachfolgende Charakteristik:

Großes administratives Entwicklungsprojekt

Ein Projekt wird als "groß" eingestuft, wenn

- es von mehr als fünf Mitarbeitern durchgeführt wird und der Aufwand größer als fünf Mannjahre ist,
- die Komplexität der Funktionen und Daten auf Systemebene hoch ist,
- die Anforderungen an die Wartbarkeit hoch sind, z.B. bei häufigen Gesetzesänderungen.

Beispiel hierfür ist die Entwicklung von Personalführungs-, Planungs- oder Logistiksystemen.

Mittleres administratives Entwicklungs-Projekt

Ein Projekt wird als "mittel" eingestuft, wenn

- es von 3-5 Mitarbeitern durchgeführt wird und der Aufwand kleiner als fünf Mannjahre ist,
- die Komplexität der Funktionen und Daten mittelhoch ist,
- die Anforderungen an die Wartbarkeit mittelhoch sind.

Beispiel hierfür ist die Entwicklung eines Übersetzungsinformationssystems.

Kleines administratives Entwicklungsprojekt

Ein Projekt wird als "klein" eingestuft, wenn

- es von einem oder zwei Mitarbeitern durchgeführt wird und der Aufwand nicht mehr als ein Mannjahr beträgt,

- die Komplexität der Funktionen und Daten gering ist,
- die Anforderung an die Wartbarkeit gering ist, das heißt, daß keine größeren Änderungsanforderungen zu erwarten sind.

Beispiel hierfür ist die Entwicklung von Statistikprogrammen, zugeschnitten auf einen definierten Bereich.

Großes SWPÄ-Projekt

Ein SWPÄ-Projekt wird als "groß" eingestuft, wenn

- die Änderungen von mehr als fünf Mitarbeitern durchgeführt werden und der Aufwand mehr als fünf Mannjahre beträgt,
- die Komplexität der zu ändernden Funktionen und Daten hoch ist.

Im allgemeinen handelt es sich hierbei um SWPÄ-Aufgaben, die sich auf ein System beziehen.

Mittleres SWPÄ-Projekt

Ein SWPÄ-Projekt wird als "mittel" eingestuft, wenn

- die Änderungen von drei bis fünf Mitarbeitern durchgeführt werden und der Aufwand weniger als fünf Mannjahre beträgt,
- die Komplexität der zu ändernden Funktionen und Daten mittelhoch ist.

Im allgemeinen handelt es sich hierbei um SWPÄ-Aufgaben, die sich auf ein Segment beziehen.

Kleines SWPÄ-Projekt

Ein SWPÄ-Projekt wird als "klein" eingestuft, wenn

- die Änderungen von ein bis zwei Mitarbeitern durchgeführt werden und der Aufwand nicht mehr als ein Mannjahr beträgt,
- die Komplexität der zu ändernden Funktionen und Daten gering ist.

Im allgemeinen handelt es sich hierbei um SWPÄ-Aufgaben, die sich auf eine bestimmte SWKE beziehen.

Auswahl, Beschaffung und Anpassung von Fremdprodukten/Standardsoftware

Bei diesem Projekttyp ist davon auszugehen, daß nur wenige Aktivitäten und Produkte des Vorgehensmodells benötigt werden, da eine feststehende Funktionalität gekauft wird. Projektgröße, Komplexität und Anpassungs-/Wartbarkeitsanforderungen sind abhängig von der Art des Fremdproduktes/der Standardsoftware. Beispiel hierfür sind Bürokommunikationssysteme.

Für das Tailoring gelten folgende Regeln:

Allen Projekttypen gemeinsam sind Tailoring-Maßnahmen, die das Streichen von realzeitanwendungsbezogenen Aktivitäten und Produkten betreffen, die nur bei

Software höchster Kritikalität, deren Fehlverhalten Menschenleben gefährden würde, sinnvoll sind.

Die Aktivitäten und Produkte der Submodelle PM, KM und QS können auf der
Typebene bis auf Ausnahmen im allgemeinen nicht weiter gestrichen werden. Die
Unterschiede der einzelnen Anwendungsmodelle machen sich dort in der Häufigkeit
der Ausprägungen bemerkbar, z.B. je mehr SWKE definiert werden, desto mehr
Ausprägungen der Aktivitäten und Produkte der Submodelle PM, KM und QS fallen
an.

Bei *SWPÄ-Projekten* ist ausschlaggebend, ob das zu ändernde System schon nach
Vorgehensmodell erstellt worden ist und inwieweit übergeordnete Produkte wie der
KM-Plan, der QS-Plan, die Integrationspläne usw. wiederverwendet werden können.
Bei *kleinen SWPÄ-Projekten* kann auf ein eigenes Projekthandbuch verzichtet werden. Ein eigener Km- und QS-Plan ist nur bei *großen SWPÄ-Projekten* erforderlich.
Bei *kleinen administrativen Entwicklungsprojekten, kleinen und mittleren SWPÄ-
Projekten* und für *Fremdprodukte/Standardsoftware* wird die Aktivität "KM 3 -
Änderungsmanagement" mit allen Teilaktivitäten und Produkten gestrichen.

Die Aktivität "QS 6 - Fremdprodukt prüfen" wird nur beim Projekttyp *"Auswahl,
Beschaffung und Anpassung von Fremdprodukten/Standardsoftware"* durchgeführt;
bei allen anderen Anwendungsmodellen wird sie in der Regel gestrichen.

In bezug auf das Submodell SWE gelten für die einzelnen Projekttypen darüberhinaus folgende Tailoringregeln:

Bei *großen administrativen Entwicklungsprojekten* werden alle SWE-Aktivitäten,
soweit sie nicht zu den oben erwähnten gehören, durchgeführt und alle Produkte
erstellt. Bei *mittleren administrativen Entwicklungsprojekten* ist davon auszugehen,
daß keine komplizierte Integration auf Systemebene nötig ist, so daß diese Teilaktivität und das daraus entstehende Produkt "System-Integrationsplan" gestrichen wird.

Ferner wird im Regelfall die Aktivität SWE 2 gestrichen, das heißt, man geht von
der Systemebene direkt zur SWKE über. Die z.B. nach der Methode Isotec vorgeschriebene Trennung in betriebwirtschaftliches und DV-technisches Modell wird
dann schon auf Systemebene durchgeführt. Dies hat zur Folge, daß auch die Aktivität
SWE 8 mit Ausnahme ihrer Teilaktivität "Beitrag zur Einführungsunterstützung
leisten" gestrichen wird.

Die Teilaktivitäten, die sich mit der Integration und dem Test von Subsystemen
befassen, werden ebenfalls gestrichen, da davon auszugehen ist, daß keine Subsysteme gebildet werden.

Bei *kleinen administrativen Entwicklungsprojekten* werden zusätzlich zu den bei
mittleren Projekten erwähnten Streichungen folgende Teilaktivitäten gestrichen: die
Teilaktivitäten der Aktivität SWE 1, die sich mit dem technischen Entwurf, der
Realisierbarkeit und der Integration auf Systemebene beschäftigen, die Teilaktivitäten der Aktivität SWE 3, in denen Anforderungen an die SWKE-Qualität sowie an

die Ziel- und Entwicklungsumgebung definiert werden, und die Teilaktivität der Aktivität SWE 5, in der Betriebsmittel und Zeitbedarf analysiert werden.

Große SWPÄ-Projekte beziehen sich auf Änderungen der Systemebene und sollten wie *große administrative Entwicklungsprojekte* durchgeführt werden. *Mittlere SWPÄ-Projekte* beziehen sich auf Änderungen auf Segmentebene, was bedeutet, daß die Aktivitäten SWE 1 und SWE 9, die sich auf das System beziehen, gestrichen werden. *Kleine SWPÄ-Projekte* beziehen sich auf Änderungen auf SWKE-Ebene, was bedeutet, daß die Aktivitäten SWE 1, SWE 2, SWE 8 und SWE 9, die sich auf das zugehörige System bzw. Segment beziehen, gestrichen werden.

Beim Projekttyp *Auswahl, Beschaffung und Anpassung von Fremdprodukten/Standardsoftware* können alle Aktivitäten bis auf fallspezifische Ausnahmen gestrichen werden. Durchzuführen sind lediglich die Teilaktivitäten der Aktivität SWE 1, in der die Systemanforderungen festgelegt werden, die Teilaktivität, in der der System-Integrationsplan erstellt wird, sowie die Teilaktivitäten in SWE 8 und SWE 9, in denen die Handbuchinformationen auf die eigenen Belange zuzuschneiden und die Integration durchzuführen ist.

Durch die Möglichkeit des projektspezifischen Tailoring entsteht eine dreistufige Tailoring-Hierarchie (Basismodell, Projekttypmodell, Projektmodell), die durch entsprechende Prozeßmanagement-Werkzeuge maschinell im Hinblick auf ihre Konsistenz unterstützt werden kann (vgl. Teil III, Kapitel 3). Dabei ist zu beachten, daß das V-Modell auch während des Projektverlaufs auf der Ebene der Ausprägungen von Aktivitäten und Produkten Tailoringmaßnahmen ("technisches Tailoring") vorsieht, die ebenfalls werkzeugmäßig unterstützt werden können.

5.2. Isotec und der Methodenstandard

Nachfolgend wird dargestellt, inwieweit die marktgängige komplexe Methode Isotec der Firma Ploenzke den Anforderungen des Methodenstandards genügt.

Bei den folgenden Zuordnungen der Komponenten von Isotec zu den Elementarmethoden des Methodenstandards werden die Seitenangaben der Isotec-Handbücher /Ploenzke, 91/ herangezogen.

5.2.1. Die komplexe Methode Isotec

Isotec ist ein Verbund von Konzepten und Methoden für die integrierte Softwareentwicklung im kommerziellen Bereich. Zielsetzung ist die Modellierung von Informationssystemen, die typischerweise auf Datenbanksystemen implementiert werden.

Isotec unterstützt die Entwicklung von Anwendungen und die Integration von Standardsoftware über den gesamten Software Life Cycle durch phasenübergreifende Konzepte und phasenspezifische Methoden wie folgt:

Phasenübergreifende Konzepte:

- Das Vorgehenskonzept (VGK) bietet verschiedene Vorgehensmodelle für unterschiedliche Projekttypen an.
- Das Projektmanagementkonzept (PMK) dient der Planung, Steuerung und Kontrolle von personellen und materiellen Ressourcen in der Projektabwicklung.
- Das Administrationskonzept (ADMIN) regelt die Handhabung und Verwaltung von Entwicklungsergebnissen auf der Basis einer zentralen Entwicklungsdatenbank.
- Maßnahmen der Qualitätssicherung (QS), die in einem QS-Handbuch beschrieben sind, begleiten die Aktivitäten der Softwareentwicklung.

Phasenspezifische Methoden:

- Die Informationsstrukturanalyse (ISA) basiert auf dem E/R-Modell von Chen, das um übergeordnete semantische Konzepte erweitert wurde.
- Mit der Funktionsstrukturanalyse (FSA) wird ein Modell der betrieblichen Funktionen erstellt. Sie beschreibt die hierarchische Zerlegung der betrieblichen Funktionen in Teilfunktionen, die zeitliche Abhängigkeit der Funktionen sowie die Kommunikation der Funktionen untereinander und mit der Außenwelt des Systems.
- Die Strukturierung und Spezifikation von Systemfunktionen (SSF) regelt, wie die durch die FSA ermittelten betrieblichen Funktionen durch ein Softwaresystem realisiert werden sollen. Sie unterstützt die Standardisierung und Wiederverwendung fachlicher und technischer Bausteine.
- Der Dialogentwurf (DIA) bietet die Grundlage für die Gestaltung und Steuerung von Dialogen im Rahmen der Bestimmung der Benutzerschnittstelle.
- Mit dem Systemspezifischen Datenstrukturentwurf (SDS) wird aus einem mit Hilfe der ISA entwickelten Anwendungsmodell ein spezifisches Datenbankschema abgeleitet.

5.2.2.   SWE-Methoden und ihre Entsprechung in Isotec

- Die Methode *Data Navigation Modeling* findet keine Entsprechung in Isotec. Datennavigationsdiagramme werden bei der Ableitung einer hierarchischen oder netzartigen Datenbankstruktur aus einem E/R-Modell benötigt. Die Isotec-Methode SDS (Systemspezifischer Datenstrukturentwurf) unterstützt nur noch die Ableitung relationaler Datenbanksysteme. Hierarchische Datenbanksysteme wurden jedoch in früheren Versionen unterstützt.
- Der Methode der *Datenflußmodellierung* entspricht in Isotec ein Teil des Konzepts FSA (vgl. Abschnitt 4.4, S. 67). Die dort erläuterte Kommunikationsstruktur beschreibt, welche Datengruppen zwischen Funktionen des Systems und externen Partnern, zwischen Funktionen und Informationsobjekten und zwischen zwei Funktionen ausgetauscht werden. Darstellungsmittel ist ein Kommunikationsdiagramm. Die Elemente der Kommunikationsstruktur entsprechen

denen der Datenflußmodellierung. Lediglich Datenspeicher werden nicht benötigt, da Isotec für diese Zwecke die Informationsstruktur verwendet.

– Die *Dialog-Design-Modellierung* findet sich in der Isotec-Methode SSF (Anhang A, "Dialogentwurf") wieder. Gegenstand der Methode ist der Entwurf der Benutzerschnittstelle eines Anwendungssystems. Es wird der Dialog des Anwenders mit dem System modelliert. Dabei wird die Verwendung verschiedener Techniken (Fenster, Masken, Menüs, Funktionstasten, Dialogabläufe, ...) beschrieben. Ergebnis des Modells sind Kommunikationsdiagramme oder Dialogabläufe.

– Eine Entsprechung der *Entity-Life-History-Methode* findet sich in Isotec durch einen Teil der Methode ISA (Abschnitt 4.3.4, S.73). Zustandsbedingungen und Übergangsbedingungen kontrollieren die Integrität einer Informationsstruktur. Es werden die zulässigen Zustände, die eine Entität einnehmen kann, sowie die Operationen, die in bestimmten Zuständen zulässig sind, festgelegt. Das Ergebnis wird in einem Zustandsdiagramm festgehalten.

– Für die *Entscheidungstabellentechnik* gibt es in Isotec keine Entsprechung, da diese Technik hier nur als Teil der komplexen Methode Ursache-Wirkungs-Graph verwendet wird, die für Qualitätssicherungsmaßnahmen eingesetzt wird.

– Als Isotec-Äquivalent der *E/R-Modellierung* kann ein Teil der Methode ISA (Abschnitt 4.2, S. 31) angesehen werden. Ziel der Informationsstrukturanalyse in Isotec ist die Erstellung eines konzeptionellen Datenmodells, der Informationsstruktur. Dieses Datenmodell enthält Objekte, die Informationen und ihre Beziehungen untereinander repräsentieren. Grundlage der Methode ist der Entity-Relationship-Ansatz von Chen, der erweitert wurde um

  – zusätzliche semantische Konzepte (Spezialisierung und Aggregation),
  – ein Typkonzept für Datenstrukturen,
  – Integritätsbedingungen,
  – Normalisierungsregeln,
  – Integration der anderen Komponenten von Isotec.

– Die *Funktionale Dekomposition* findet sich als wesentliches Element in der Isotec-Methode FSA (Abschnitt 3.4, S.38) wieder. Die Funktionsstrukturanalyse führt zu einer Funktionsstruktur, die das Gesamtsystem top-down in funktional überschaubare Funktionen aufteilt. Ergebnis der Strukturierung ist ein Funktionsbaum.

– Ein Teil der Isotec-Methode FSA (Abschnitt 4.2, S.52) kann als Entsprechung der SWE-Methode *Funktionsnetzmodellierung* betrachtet werden. Neben den bei der statischen Funktionsstruktur beschriebenen Funktionen bilden hierbei Abläufe, Bedingungen, Auslöser, Verteiler, zeitliche Rahmenbedingungen und Marken die wesentlichen Elemente der Ablaufstruktur. Ergebnis ist ein Ablaufdiagramm in Form eines erweiterten N2-Diagramms.

– Die Methode *Kontrollflußmodellierung* ist in Isotec nicht vertreten.

– Eine Entsprechung für die *Logische DB-Modellierung* ist die Isotec-Methode SDS. Der Systemspezifische Datenstrukturentwurf, d.h. die Ableitung eines technischen Datenmodells aus der Informationsstruktur, ist Gegenstand einer eigenen Isotec-Methode. SDS beschreibt die Abbildung auf die Zielsysteme ADABAS und DB2.

– Die *Normalisierung* wird durch einen Teil der Isotec-Methode ISA (Abschnitt 5.3, S.102) abgedeckt. Ein Anwendungsmodell wird hier in einer Folge von Schritten von einer nicht normalisierten Form in die 3. Normalform überführt. Dabei werden multiple Eigenschaften aufgelöst und partielle sowie transitive Abhängigkeiten beseitigt.

– Für die *Objektentwurfstechnik* gibt es in Isotec keine Entsprechung. In der derzeit aktuellen Version enthält Isotec zwar singuläre objektorientierte Entwurfskonzepte, jedoch nicht die objektorientierte Entwicklung, wie sie im Methodenstandard gefordert wird.

– Auch die *Prozeßinteraktionsmodellierung* hat in Isotec kein Äquivalent.

– Die Methode *Pseudocode* findet sich in einem Teil der Methode SSF (Abschnitt 3.6.3, S.67) wieder. Als Spezifikationsmittel für die innere Struktur von Systemfunktionen werden dort Textdarstellungen (formalisierte natürliche Sprache, Pseudocode) oder grafische Beschreibungsmittel (Struktogramme, Ablaufpläne) verwendet. Zum Einsatz kommen Sequenz, Iteration und Selektion.

– Als Entsprechung für die Methode *Structured Design* kann ein Teil der Isotec-Methode SSF (Abschnitt 3.2, S.48) gelten. Das Anwendungsmodell wird auf der Funktionsseite in Systemfunktionen (Module) zerlegt. Als Spezifikationsmittel für Systemfunktionen kann Pseudocode verwendet werden. Die Systemfunktionen stehen zueinander in einer Aufruf- oder Anstoßbeziehung. Als Darstellungsmittel werden Structure Charts verwendet, die neben den Kontrollflüssen auch die Informationsflüsse zwischen den Systemfunktionen darstellen.

– *Systemverhaltensmodelle* finden sich in Isotec nicht.

– Auch für die *Zustandsübergangsmodellierung* gibt es in Isotec keine Entsprechung.

5.2.3. QS-Methoden und ihre Entsprechung in Isotec

– Die Methode *Audit* wird von Isotec nicht abgedeckt.

– Eine Entsprechung für den *Blackbox-Testfallentwurf* ist in Isotec der Blackbox-Test des QS-Konzeptes (Abschnitt 2.2.3, S.43). Beim Blackbox-Test wird die Struktur eines Programms und die Programmlogik nicht berücksichtigt, d.h. das Programm ist die Blackbox. Zentrale Bedeutung haben die Testdaten und die erwarteten Ergebnisse. Die Komponenten von Isotec decken den Bereich der Äquivalenzklassenbildung und der Grenzwertanalyse ab.

– Für die Methode *Failure Mode Effect Analysis* findet sich keine entsprechende Isotec-Methode.

– Der Methode *Inspektion* entspricht in Isotec die Code-Inspektion (Abschnitt 2.3.1.1, S.40). Bei der Code-Inspektion soll ein Testteam durch gemeinsames Lesen des Programmcodes Fehler finden, d.h. Abweichungen von der Programmiernorm ermitteln und Situationen aufdecken, bei denen sich das Programm nicht gemäß der Spezifikation verhält. Die Methode wird bei Isotec für den Spezialfall Code-Inspektion beschrieben, läßt sich aber ebenfalls auf die übrigen V-Modell-Produkte anwenden.

– Die QS-Methode *Review* gibt es auch in Isotec (Abschnitt 2.2.2.5.2, S.38). Der Review dient in erste Linie dazu, einen erarbeiteten Lösungsweg von einem Expertenkreis beurteilen zu lassen.

– Für die *Simulationsmodelle* gibt es in Isotec keine Entsprechung.

– Die *Statische Analyse* wird in den Isotec-Handbüchern als Methode nicht explizit beschrieben. Ziel der Statischen Analyse ist die Bewertung von Prüfgegenständen anhand vorgegebener Kriterien. Dies wird jedoch durch das QS-Konzept von Isotec für alle bei der Methodenanwendung entstehenden Ergebnisse vorgeschrieben. Aus diesem Grund werden in den Anhängen A2 bis A5 ausführliche Checklisten für die Überprüfung der bei der Anwendung von Isotec entstehenden Modelle angegeben. Die Statische Analyse ist quasi "fest in Isotec verankert".

– Die QS-Methoden Blackbox-Test (Abschnitt 2.3.2, S.43) und Whitebox-Test (Abschnitt 2.3.2, S.53) von Isotec decken einen Teil der Methode *Testen* ab.

– Die Methode *Walkthrough* ist auch in Isotec vorhanden (Abschnitt 2.3.1.2, S.42). Beim Walkthrough wird der Computer in einer Gruppensitzung auf der Basis des Programmcodes und mit zuvor ermittelten Testfällen "simuliert".

– In bezug auf den *Whitebox-Testfallentwurf* decken die Whitebox-Testmethoden in Isotec (Abschnitt 2.3.3, S.53) die Bereiche Statement Coverage, Decision- und Branch Coverage und Condition Coverage ab.

– Für *Zuverlässigkeitsmodelle* gibt es in Isotec keine entsprechende Methode.

5.2.4. PM-Methoden und ihre Entsprechung in Isotec

– Die *Balkenplanmethode* findet in Isotec keine Entsprechung. In Isotec wird nur der Durchführungsplan als Balkenplan dargestellt und der zeitliche Projektverlauf skizziert. Der Durchführungsplan enthält neben der Darstellung der zeitlichen Abfolge der Aktivitäten Aussagen über den geplanten Aufwand, über Mitarbeiterqualifikation, Anzahl der eingesetzten Mitarbeiter und die geplante Dauer.

– Das *Baumdiagramm* findet sich in Isotec nicht als eigene Methode wieder. Es wird bei Isotec nur als Ergebnis der Strukturierung komplexer Projekte verwendet.

– *Earned-Value-Verfahren* kommen in Isotec nicht vor.

– Für die *Netzplan-Technik* gibt es eine entsprechende Isotec-Methode (Abschnitt H11, S.142). Sie dient der Projektstrukturierung auf Aktivitätenebene. Mit ihrem Einsatz läßt sich der zeitliche und logische Projektverlauf modellieren, optimieren und grafisch mit einem Netzplan darstellen.

– Die *Nutzwertanalyse* wird in den Isotec-Handbüchern als Methode nicht explizit beschrieben. Sie findet jedoch bei den Aktivitäten V211 "Wirtschaftlichkeit des Systems ermitteln" und V433 "Auswahlverfahren einleiten" des Isotec-Vorgehenskonzeptes Verwendung.

– In Isotec wird das *Organigramm* nur für die Beschreibung der internen Aufbaustruktur eines Projektes sowie seiner Beziehungen zu den übergeordneten Gremien verwendet. Es veranschaulicht Berichtswege, Weisungsbefugnisse und Verantwortungsbereiche.

– Ein Äquivalent zu den *Schätzmodellen* stellt die Schätzmethode IFA (Isotec basierte Function-Point-orientierte Aufwandsschätzung) in Isotec dar. Diese funktionsorientierte Aufwandsschätzung erstellt eine Prognose des zu erwartenden Ressourcenbedarfs zur Anforderungserfüllung, gemessen in einer zur jeweiligen Ressourcenart passenden Maßeinheit (z.B. Mannmonate für den Personalbedarf). Diese Schätzung bildet die Basis der Kapazitäts-, Termin- und Kostenplanung. Eine Aufwandsschätzung ist unter Nutzung des jeweiligen Kenntnisstandes zu mehreren Zeitpunkten im Projektverlauf durchzuführen. Die Methode unterstellt eine Projektabwicklung nach Isotec.

– Die *Trend-Analyse* ist Teil des Isotec-Konzepts PM und wird im Managementbericht verwendet (Abschnitt D53, S. 88). Die Aussagen des Managementberichtes zur terminlichen Situation des Projektes sowie zum Verhältnis von Plan- zu Ist-Aufwand werden in einer Trend-Analyse veranschaulicht. Die Aussagen zur Trend-Analyse wurden direkt aus den Isotec-Handbüchern übernommen.

5.2.5. Zusammenfassung

Es ist festzustellen, daß durch Isotec in bezug auf das Submodell SWE bis auf

– Data Navigation Modeling,
– Entscheidungstabellentechnik,
– Kontrollflußmodellierung,
– Objektentwurfstechnik,
– Prozeßinteraktionsmodellierung,
– Systemverhaltensmodelle und
– Zustandsübergangsmodellierung

die im Standard geforderten Elementarmethoden abgedeckt sind. Die nicht abgedeckten Elementarmethoden sind mit Ausnahme der beiden erstgenannten in erster Linie für realzeitorientierte oder technische Systementwicklung relevant. Da die Objektentwurfstechnik auch für die Entwicklung von Informationssystemen zunehmend an Bedeutung gewinnt, ist die Integration in Isotec geplant. Für den Bereich der Informationssysteme ist die Methode Isotec für das Submodell SWE daher im wesentlichen als standardkonform anzusehen.

Größere Defizite existieren zur Zeit noch in den Submodellen QS und PM. Die folgende Aufstellung listet die nicht abgedeckten Methoden dieser Submodelle noch einmal auf:

– Audit
– Failure Mode Effect Analysis
– Simulationsmodelle
– Statische Analyse
– Zuverlässigkeitsmodelle
– Balkenplan
– Baumdiagramm

- Earned-Value-Verfahren
- Nutzwertanalyse
- Organigramm

Nach Aussagen der Firma Ploenzke ist geplant, diese Elementarmethoden in den folgenden Versionen der Methode Isotec weitgehend zu integrieren.

5.3. Der Werkzeugstandard und AD/Cycle im Vergleich

Nachfolgend wird dargestellt, inwieweit die integrierte CASE-Umgebung AD/Cycle der Firma IBM den Anforderungen des Werkzeugstandards entspricht. Dabei steht nicht der derzeitige Verfügbarkeitsstand der einzelnen Tools im Vordergrund, sondern es wird ermittelt bzw. abgeschätzt, wie der Standard durch die AD/Cycle-Tools in ihrer Endausbaustufe voraussichtlich erfüllt werden wird.

5.3.1. Die integrierte CASE-Umgebung AD/Cycle

AD/Cycle ist das strategische Konzept der Firma IBM auf dem Sektor der Anwendungsentwicklung im Rahmen ihrer Systemanwendungsarchitektur (SAA). Die Konzeption umfaßt im wesentlichen eine als Referenzarchitektur zu bezeichnende Beschreibung der strukturellen Gemeinsamkeiten einer offenen, erweiterbaren SEU und eine Beschreibung der wichtigsten Komponenten (Abb.5.1).

Zentraler Bestandteil von AD/Cycle ist das "Repository" als Entwicklungsdatenbank, über die verschiedene Werkzeuge integriert werden sollen.

Bei diesem Anspruch und der zentralen Bedeutung kommt der Standardisierung auf diesem Sektor eine große Bedeutung zu. Es gibt zwar verschiedene Standardisierungsbemühungen (vgl. auch Kapitel 1.1), die jedoch noch im Stadium der Entwicklung sind und somit noch geringe Marktrelevanz besitzen.

Das Problem der Integration besteht nicht in der Festlegung der technischen Schnittstellen zwischen Repository und den darauf operierenden Werkzeugen, sondern in der Standardisierung des Metamodells des Repositories, d.h. in der Festschreibung der logischen Strukturen und Formate für die Daten, die im Repository abgelegt werden sollen.

Bei der Festlegung dieses Metamodells (auch Informationsmodell genannt) hat die Firma IBM schon intern viele Schwierigkeiten in der Abstimmung mit der "International Alliance for AD/Cycle", den Kooperationspartnern der IBM, z.B. mit den Firmen KnowledgeWare, Sapiens oder Softlab zu überwinden.

Bei den ca. 100 Firmen weltweit, die sich auf das Konzept festgelegt haben, wird dieses Problem noch schwieriger zu lösen sein, da die einzelnen Tools der Hersteller eigene Metamodelle besitzen, die überwiegend nicht identisch mit dem Informationsmodell des Repository sind. Da es sich bei der Festlegung dieser Firmen auf AD/Cycle um einseitige Absichtserklärungen handelt (im Gegensatz zu den beiderseitigen Vereinbarungen der International Alliance), wird abzuwarten sein, ob die Metamodelle der Tools angepaßt werden oder ob diese Tools zwar SAA-konform sind und die Dienste des Repositories nutzen, jedoch eigene Metaobjekte im Repository definieren. In diesem Fall werden die Tools zwar das Repository als Ablage benutzen, das Ziel der Integration mit anderen Tools wird jedoch nur bedingt erreicht werden können.

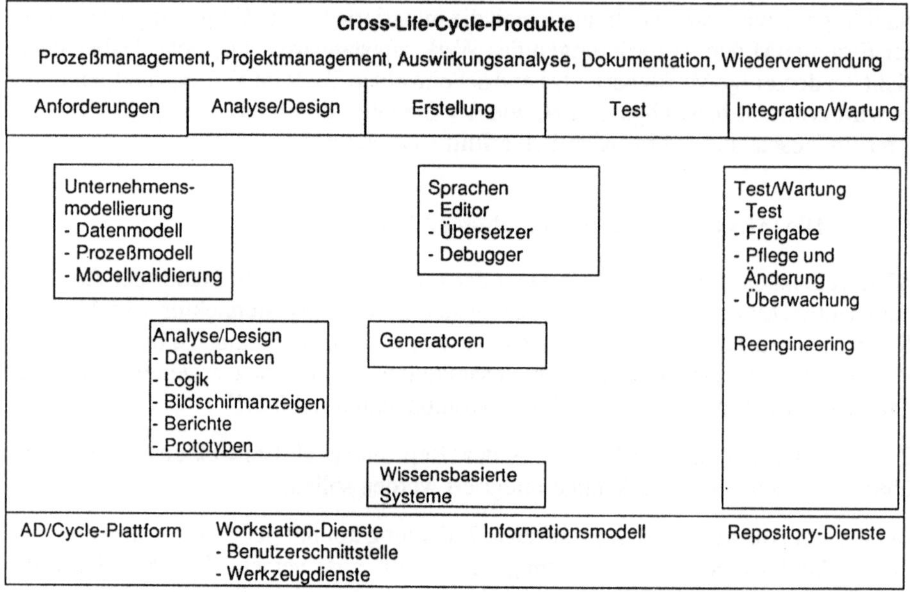

Abb.5.1   AD/Cycle

Derzeit wird das AD/Cycle Konzept aufgrund der Anforderungen der Nutzer insofern erweitert, als daß die SAA- und AIX-Plattform zusammengeführt werden und ein LAN-basiertes Repository entwickelt wird, das integraler Bestandteil eines Gesamt-Repository-Konzepts sein wird (vgl. III.2.5).

Das Informationsmodell ist von der Firma IBM in PCTE (vgl. 1.1.2) eingebracht worden und wird voraussichtlich auch bei diesen Standardisierungsansätzen berücksichtigt.

Trotz mancher Schwierigkeiten wird AD/Cycle zukunftsweisend für die CASE-Welt (zumindest im Bereich der datenbankorientierten Systementwicklung) sein. Abb.5.2 zeigt das Konzept mit der Einordnung der entsprechenden Werkzeuge, wie es momentan von Seiten der Firma IBM dargestellt wird.

Eine ausführliche Beschreibung des AD/Cycle-Konzepts und der darin enthaltenen Werkzeuge findet sich in /AD/Cycle, 92/.

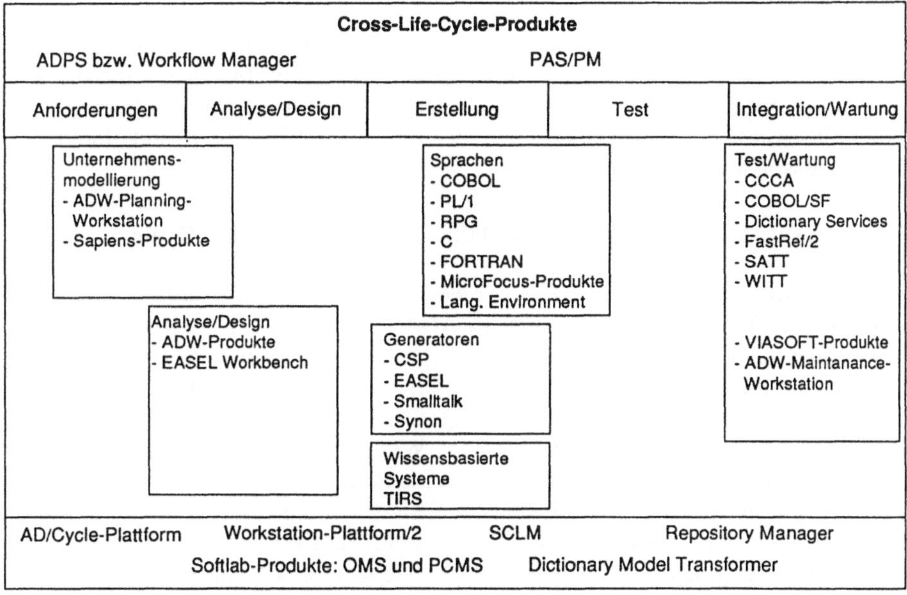

Abb.5.2   AD/Cycle mit Werkzeugen

5.3.2.   Allgemeine Leistungseinheiten und ihre Realisierung in AD/Cycle

Die Leistungseinheit *Datenstrukturen und Daten der SEU erstellen, speichern, verwalten* des Komplexes "Objektverwaltung" wird von AD/Cycle durch Repository Manager, Dictionary Services und entsprechende Abfragesprachen (QMF) erfüllt. Die Einheit *Datenstrukturen und Daten der SEU auswerten, abfragen* wird ebenfalls durch Repository Manager und QMF abgedeckt. Der *Export und Import von Daten und Datenstrukturen* geschieht durch den Repository Manager und bestimmte Schnittstellenprogramme zu anderen Werkzeugen. *Versionen* werden in AD/Cycle durch SCLM verwaltet. Die Produktpalette der Firma Softlab bietet mit OMS und PCMS eine vergleichbare Funktionalität auf der UNIX-Plattform.

Die Leistungseinheiten *Funktionen der Benutzeroberfläche, Benutzerprofil festlegen, Online-Hilfefunktionen, Dokumentation aufbereiten, Texte und Grafiken editieren* des Leistungsskomplexes "Benutzerschnittstelle" werden überwiegend erfüllt durch die Bestandteile der einzelnen Werkzeuge im AD/Cycle. In Zukunft sind z.B. auf dem Gebiet der Dokumentation neue Werkzeuge (Druckmanager und Dokumentenmanager der Firma IBM) zu erwarten.

Die Anforderungen des Leistungskomplexes "Softwareentwicklung steuern" werden durch ADPS bzw. durch das Nachfolgeprodukt "Workflow Manager" und die des Leistungskomplexes "Sicherheits- und Integritätsanforderungen" überwiegend durch die Autorisierungsmechanismen der einzelnen Werkzeuge und durch die Sicherheitssoftware RACF erfüllt.

5.3.3.   SWE-Leistungseinheiten und ihre Realisierung in AD/Cycle

Mit Ausnahme von *Prozeßmodellierung unterstützen* und *Zeitverhalten simulieren* werden alle SWE-Leistungseinheiten in AD/Cyle erfüllt zum größten Teil durch ADW, aber auch durch ADW in Verbindung mit CSP (*Komponenten oder Module generieren*), durch ADW in Verbindung mit CSP oder SDFII/EASEL (*Schnittstellenformate generieren*), durch CSP bzw. Drittgenerattionssprachen wie COBOL, PL/1, C (*Kompilieren, Binden*), durch CSP bzw. WITT (*Debuggen*), rudimentär durch SATT (*Leistungen abschätzen*), durch COBOL/SF und die VIASOFT-Produkte für die Programmiersprache COBOL und für CSP durch die CSP-ADW-Schnittstelle (*Code rückwärts transformieren*). Für spezielle Plattformen und Anwendungen bieten Synon, Digitalk und Sapiens eine vergleichbare bzw. ergänzende Funktionalität.

5.3.4.   QS-Leistungseinheiten und ihre Realisierung in AD/Cycle

Die QS-Leistungseinheiten, die die Prüfungen von SWE-Leistungseinheiten unterstützen, werden in AD/Cycle im wesentlichen von ADW erfüllt. Die Erfüllung der Leistungseinheit *Code statisch prüfen* ist bei einer Generierung nicht nötig, wird hier aber möglicherweise durch SATT unterstützt. Die Leistungseinheit *Text statisch prüfen* ist dann erfüllbar, wenn Texte mit PC-Textverarbeitung erstellt wurden. Die Leistungseinheiten, die die dynamische Prüfung von SWE-Leistungseinheiten unterstützen, werden in eingeschränktem Umfang durch die ADW unterstützt mit Ausnahme der Leistungseinheit *Code dynamisch prüfen*, die in AD/Cycle nicht erfüllt wird. Die Konsistenz des ausschreibungsrelevanten Tailoring wird durch ADPS bzw. durch den Workflow Manager unterstützt.

Die Prüfung der PM-Leistungseinheiten kann momentan nur rudimentär in PAS durchgeführt werden.

5.3.5. KM-Leistungseinheiten und ihre Realisierung in AD/Cycle

Die Anforderungen an die Unterstützung der Konfigurationsplanung und -kontrolle werden durch den Repository Manager und SCLM erfüllt. Hierbei bleibt abzuwarten, ob SCLM im Rahmen der Realisierung des Repository Managers auf der UNIX-Plattform weiter strategisches Produkt im Rahmen von AD/Cycle bleibt oder durch ein entsprechendes neues UNIX-basiertes Produkt abgelöst wird, was dann eine vergleichbare Funktionalität bietet. Verfügbar ist momentan die Softlab-Produktpalette, die im wesentlichen die Anforderungen der KM-Leistungseinheiten erfüllt.

5.3.6. PM-Leistungseinheiten und ihre Realisierung in AD/Cycle

Die Anforderungen der PM-Leistungseinheiten werden momentan nur in sehr geringem Umfang durch PAS erfüllt. Eine Ausnahme bildet das *Ausschreibungsrelevante Tailoring*, das durch ADPS bzw. durch den Workflow Manager unterstützt wird.

5.3.7. Zusammenfassung

Die globale Abbildung von AD/Cycle auf das SEU-Referenzmodell zeigt vor allem im SWE-Bereich eine weitgehende Abdeckung der im Standard geforderten Anforderungen.

Die nicht bzw. nur teilweise erfüllten Anforderungen der Leistungseinheiten des Modells können in der Endausbaustufe einer SEU durch den Einsatz von Werkzeugen der auf das Konzept festgelegten Hersteller abgedeckt werden. Die fehlende Abdeckung des Werkzeugstandards in Teilbereichen ist sicherlich zu vertreten, da in der Praxis nicht mit einer vollständigen SEU begonnen werden kann, sondern die Auswahl und die Einführung einer SEU nur sukzessive durchgeführt werden kann.

Da fälschlicherweise das AD/Cycle-Konzept oftmals mit der technischen Implementierung des Repository Managers gleichgesetzt wird und die MVS-basierte Repository-Lösung gescheitert ist, ist zur Zeit eine Verunsicherung der Anwender im AD/Cycle-Umfeld festzustellen. Ob der von der Firma IBM angekündigte AIX-basierte Repository Manager erfolgreich sein wird, bleibt abzuwarten. Der konzeptionelle Ansatz von AD/Cycle, der sich auch in abgewandelter Form in anderen herstellerspezifischen integrierten Ansätzen wie "Cohesion" von der Firma Digital oder "Domino" von der Firma Siemens wiederfindet, wird jedoch Bestand haben, so daß zu erwarten ist, daß Softwareentwicklungsumgebungen in der Zukunft existieren werden, die die Anforderungen des Werkzeugstandards weitgehend erfüllen.

Teil III

Softwareentwicklungsumgebungen bei der Bundeswehr

Erfahrungen bei Informationssystemen

Parallel zu den in Teil II beschriebenen Standardisierungsaktivitäten wurden im Bundesamt für Wehrverwaltung (BAWV) Erfahrungen mit Methoden und Werkzeugen einer SEU gesammelt, die einerseits eine Prototypingfunktion bei der Erarbeitung des Standards hatten und andererseits bereits zu konkreten Ergebnissen in der Projektarbeit geführt haben.

Grundsätzlich kann festgestellt werden, daß der erfolgreiche Einsatz einer SEU nur dadurch zu gewährleisten ist, daß die Auswahl, Einführung und der Betrieb einer SEU ein Projekt für die "DV-Fachabteilung" darstellt und somit gleiche oder ähnliche Vorgehensweisen sowie organisatorische Entscheidungen erfordert wie die mit einer SEU zu entwickelnden Systeme selbst.

In Kapitel 1 werden auf der Basis dieser Erkenntnisse zunächst generelle Hinweise zum Auswahlprozeß sowie zu den erforderlichen Voraussetzungen für die Einführung einer SEU gegeben, bevor in den weiteren Kapiteln näher auf Einzelheiten und Erfahrungen eingegangen wird, die sich bei der Unterstützung der Submodelle SWE und PM sowie des V-Modells ergeben haben.

1. Auswahl und Einführung

1.1. Auswahlfaktoren und Vorgehensweise

Bei der Auswahl einer SEU sind im wesentlichen folgende Einflußfaktoren zu berücksichtigen:

Eine entscheidende Rolle spielen die Methoden und Techniken, die durch ein Werkzeug (Tool) unterstützt werden sollen. Orientiert man sich dann an den Anforderungen der SEU-Architektur der funktionalen Leistungseinheiten (vgl. Teil II, Kapitel 4), so werden vor allem die CASE-Werkzeuge im Bereich der Softwareentwicklung, der Qualitätssicherung und des Projektmanagements von den methodischen Festlegungen betroffen. Daher sollte die Methodenfestlegung immer vor der Auswahl der Tools erfolgen.

Eine zentrale Rolle spielen auch die technisch-organisatorischen Anforderungen, wie z.B die Hardware-/Software-Infrastruktur der Anwendungsentwicklung (Entwicklungssystem) und die strategische Ausrichtung auf die Zielsysteme. Diesen Gegebenheiten muß bei der Definition der Auswahlkriterien Rechnung getragen werden.

Mit entscheidend ist auch die Frage, ob die SEU komponentenweise zusammengesetzt werden soll oder ob eine integrierte Umgebung (aus einer Hand) erworben werden soll. Die Vor- und Nachteile liegen auf der Hand: Eine offene, komponentenorientierte SEU ermöglicht die Auswahl der jeweils besten Komponenten verschiedener Hersteller, bringt jedoch oftmals hohen Aufwand für Schnittstellenprogramme und Integration mit sich. Eine geschlossene, integrierte Umgebung eines Anbieters minimiert diesen Aufwand, ist jedoch meistens nicht so flexibel und birgt eine große Gefahr der Abhängigkeit von diesem Anbieter in sich.

Bei diesen sogenannten integrierten Umgebungen muß jedoch berücksichtigt werden, daß alle bisher auf dem Markt angebotenen Lösungen nicht den gesamten Umfang einer SEU abdecken, wie er in der SEU-Architektur für alle Submodelle gefordert wird. Sie müssen daher zwangsläufig um weitere Werkzeuge ergänzt, synchronisiert und zusammen mit den integrierten Werkzeugen in die jeweilige Umwelt eingepaßt werden.

Grundsätzlich kann festgestellt werden: Je mehr Standards oder "Quasistandards", wie z.B. PCTE oder AD/Cycle existieren, um so gefahrloser kann sich der Anwender einer Komponentenlösung zuwenden, die wahrscheinlich zukunftsträchtiger ist.

Dies zeigt sich exemplarisch an dem Konzept von AD/Cycle, das als offenes System Raum für eine optimale Komponentenauswahl läßt. Auch wenn noch nicht alle Fragen hinsichtlich der Zusammenarbeitsfähigkeit von Werkzeugen gelöst sind (vgl. Teil II, Kapitel 5), so deutet doch die große Zahl der Werkzeuganbieter, die AD/Cycle unterstützen wollen, auf die oben angesprochene Zukunftssicherheit und die Perspektiven hin.

Der Integration von Werkzeugen kommt aber in jedem Fall eine große Bedeutung zu. Sie ist unter den Aspekten der logischen und der physischen Integration zu betrachten.

Die logische Integration setzt die Synchronisation der zugrundeliegenden Methoden voraus und läßt sich an den Metadatenmodellen der Tools nachvollziehen. Diese Metadatenmodelle -oft auch Informationsmodelle genannt- bestimmen den logischen Inhalt (Strukturen und Formate) der im Tool abgelegten Informationen, die von einem anderen Tool weiterverwendet werden können. Heute existiert auf dem Markt eine große Anzahl von fertigen Schnittstellenprogrammen auf diesem Gebiet. So haben sich auf dem Markt Firmen, wie z.B. "Software One", auf die Konvertierung von Metamodellen spezialisiert und bieten Lösungen für die verschiedenen Verbindungen von Tools an.

Die physische Integration ist gegenüber der logischen Integration meist unproblematisch, da fast alle auf dem Markt verfügbaren Tools eine Import-/Export-Schnittstelle anbieten, die für die direkte Tool-zu-Tool-Verbindung, zumindest auf einheitlichen Systemplattformen, genutzt werden kann. So werden im Rahmen von AD/Cycle über das External Source Format (ESF) direkte Schnittstellen zwischen IBM-eigenen Tools und denen von Partnern der International Alliance for AD/Cycle angeboten.

Zukunftsträchtige Konzepte sehen die logische und die physische Integration über eine Entwicklungsdatenbank vor, so daß direkte Tool-zu-Tool-Verbindungen überflüssig werden.

Bei der Werkzeugauswahl empfiehlt sich aufgrund der Vielzahl der auf dem Markt angebotenen Produkte folgende Vorgehensweise:

Zunächst sollte eine Vorauswahl anhand eines Grobkriterienkataloges getroffen werden, um die in Frage kommende Zahl von Tools einzuschränken. Entsprechende Beispiele für solche Grobkriterienkataloge finden sich in den Kapiteln 2 und 3. Für diese Vorauswahl reicht es nach den im BAWV gemachten Erfahrungen aus, die in Frage kommenden Hersteller/Vertreiber der Werkzeuge anzuschreiben und um Beantwortung der Fragen des Grobkriterienkatalogs zu bitten.

Als Hilfsmittel für die Endauswahl, für die sich nach Sichtung der beantworteten Fragen erfahrungsgemäß eine deutlich geringere Zahl von Kandidaten qualifizieren, bietet sich die Erarbeitung eines Feinkriterienkatalogs nach UFAB (Unterlagen für die Ausschreibung und Bewertung von DV-Leistungen) an /BMI UFAB, 88/ (Abb.1.1).

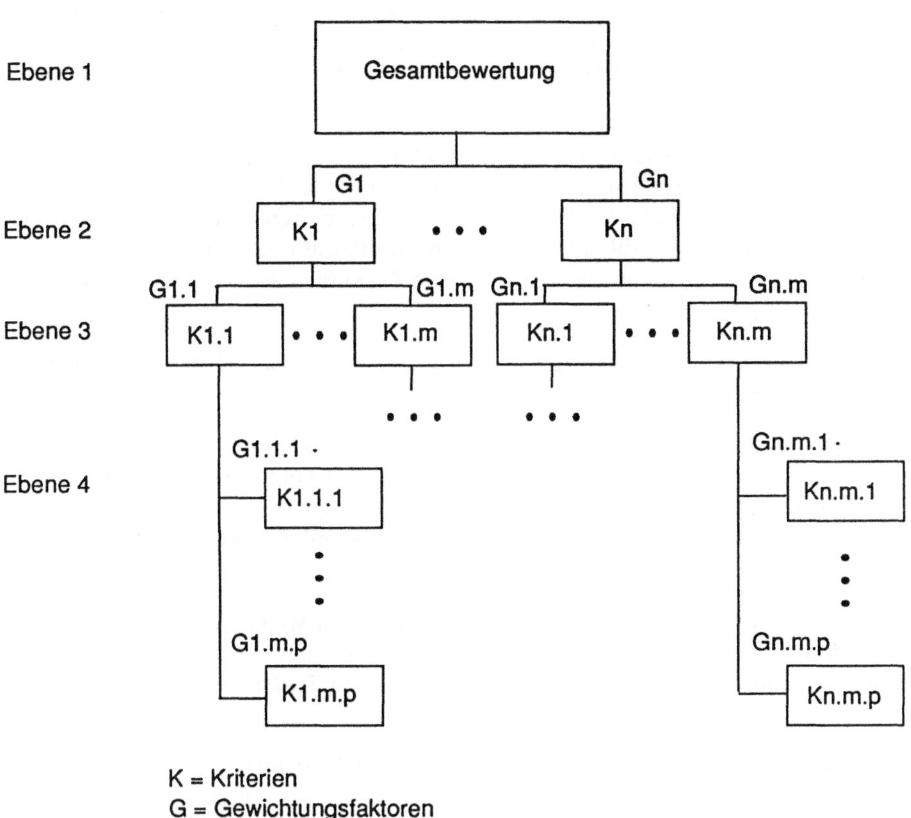

Abb.1.1   Der UFAB-Baum

Zur Bewertung der Toolleistungen werden dabei die Kriterien in einem UFAB-Baum strukturiert, der über die Angabe von Gewichtungsfaktoren auf verschiedenen Ebenen eine objektive, nachvollziehbare Bewertung von Tools erlaubt. Der UFAB-Baum beinhaltet 4 Ebenen. Auf der untersten Ebene können je nach Leistung des Tools 0-10 Punkte vergeben werden, die multipliziert mit den Gewichtungsfaktoren jeder Ebene das Gesamtergebnis in Punkten je Tool ergeben. Die Summe der Gewichtungsfaktoren eines Astes auf jeweils einer Ebene ist auf 10 normiert. Die maximal erreichbare Punktzahl ist somit 10 000.

Die Kriterien mitsamt den Gewichtungsfaktoren sollten den Anbietern vor der Bewertung offengelegt werden, um den Verdacht einer nachträglichen Manipulation auszuschließen. Die Wahl der Gewichtungsfaktoren entscheidet über die zu erreichende Punktzahl. Es empfiehlt sich, pro Blattkriterium die maximal erreichbare Punktzahl auszurechnen, um ein Gefühl für die Bedeutung der Gewichtungsfaktoren zu bekommen.

Zur Unterstützung der Punktvergabe auf der untersten Ebene können die Kriterien nochmals verfeinert und näher erläutert werden.

Im Anhang sind die ausführlichen Kriterienkataloge aufgeführt, die für die Auswahl von Analyse-/Design- und PM-Werkzeugen im BAWV benutzt wurden. Die Kataloge können grundsätzlich mit spezifischen Ergänzungen bzw. Veränderungen der Gewichtungsfaktoren in einer IBM-Entwicklungs- und Zielumgebung verwendet werden.

Wem diese Vorgehensweise für eine Toolsichtung zu aufwendig ist, der kann die auf dem Markt existierenden verschiedensten Tool-Studien zur Grundlage einer Toolauswahl heranziehen, indem die dort durchgeführten Toolsichtungen firmenspezifisch ausgewertet werden.

Wichtiger noch als die Auswahl von Werkzeugen ist die richtige Vorgehensweise zur Einführung einer SEU. Da eine SEU aus vielen Komponenten besteht und hohe Investitionen erfordert, bedarf es der Einrichtung eines "Managements zur Einführung einer SEU".

Die Hauptaufgabe dieses SEU-Managements liegt darin, das DV- und Fachbereichsmanagement von den Vorteilen einer SEU zu überzeugen und die Einführung mit deren Unterstützung gegenüber Kollegen und Mitarbeitern durchzusetzen. Dabei spielt das "mind set mapping" eine sehr große Rolle, nämlich die Veränderung der Denkweise vor allem der "gestandenen" Mitarbeiter im Hinblick auf die Anwendung neuer Methoden und Tools.

Darüber hinaus hat dieses "Management zur Einführung einer SEU" folgende Aufgaben zu lösen:

–   Schaffung der personellen und organisatorischen Voraussetzungen
–   Erarbeitung einer Einführungsstrategie mit stufenweiser Einführung
–   Erarbeitung eines Schulungskonzeptes und Sicherstellung des
    Know-How-Transfers

- Bereitstellung der erforderlichen Hardware/Software sowie der Dokumentation und anderer Hilfsmittel

1.2. Personelle und organisatorische Aspekte

Bei der Diskussion über die Auswirkungen der Einführung einer SEU werden oft die folgenden Fragen gestellt:

- Verändern sich die Anforderungen an die Mitarbeiter und somit an die Stellenprofile?
- Verändert sich die Aufbauorganisation?
- Verändert sich die Ablauforganisation bei der Realisierung neuer Projekte?
- Welche Folgen hat eine SEU-basierte Softwareentwicklung für das Unternehmen?

Karer stellt die These auf, daß bestehende Organisationsstrukturen durch die Einführung einer SEU dann nachhaltig verändert werden, wenn diese operativ auf breiter Front eingesetzt wird /Karer, 92/. Dabei ist die SEU nach der dort geäußerten Expertenmeinung meistens nur der Auslöser des notwendigen Änderungsprozesses. Die Ursache liegt vielmehr im Wandel der Datenverarbeitung zur Informationsverarbeitung mit grundlegend veränderten Anforderungen an die professionelle Datenverarbeitungorganisation (vgl. auch Teil I), die dort aber oftmals nicht verkraftet werden können.

Die damit einhergehenden personellen und organisatorischen Probleme werden dann gerne dem Auslöser "SEU" angelastet, obwohl gerade diese oft der einzige konstruktive Ausweg aus dem Dilemma ist.

Da eine SEU den veränderten Anforderungen mit generellen und ganzheitlichen neuen Lösungsansätzen (Organisation, Vorgehensmodellen, Methoden, Techniken, Verfahren, Werkzeugen, Personal) begegnet, ist nicht zu vermeiden, daß der größte Teil der heutigen Anwendungsentwickler häufig erstmals mit völlig neuen Anforderungen konfrontiert wird. Der Schwerpunkt der Arbeiten verlagert sich von der technischen Realisierung zu konzeptionellen, fachlichen Entwurfsaktivitäten. Der Spitzenprogrammierer als Einzelkämpfer ist nicht mehr gefragt; Teamfähigkeit, Kommunikation und abstraktes Denken sind gefordert.

Betrachtet man z.B. die im V-Modell beschriebenen Rollen, so lassen sich allein für das Submodell SWE völlig neue Berufsbilder ableiten. Benötigt werden Analytiker/Designer auf den verschiedenen Ebenen, die als "Architekten der Anwendung" fungieren. Dabei ist auf der Ebene der fachlichen Modellierung kein DV-technisches Spezialwissen erforderlich, sondern eher -wie die Erfahrung zeigt- hinderlich.

Selbst die SEU-Entwickler, die die fachlichen Modelle in die Datenverarbeitung umsetzen müssen, benötigen mehr methodisches Wissen, z.B. über Generatoren, als technische Programmierkenntnisse.

Ferner wird zunehmend auch Personal für projektübergreifende Rollen benötigt, wie z.B. Betreuer des SEU-Instrumentariums, Datenadministratoren und Datenbankverwalter.

Diese Rollen sind nur schwer mit dem bisher anders ausgerichteten DV-Personal zu besetzen.

Karer bezeichnet die Masse der heutigen Softwareentwickler als "Altlastenspezialisten", die die bestehenden Systeme unter Beibehaltung des Status quo mit ihrem "Alt-DV-Wissen" betreuen. Hierfür werden diese Mitarbeiter solange benötigt, wie die alten Systeme gepflegt und geändert werden müssen. Mittelfristig wird bei vielen Entwicklern eine Umorientierung stattfinden müssen. *Harry Sneed* spricht in diesem Zusammenhang sehr provokativ vom "Reengineering des Menschen" (vgl. /Sneed, 92/).

Da die personellen Voraussetzungen oftmals nicht geschaffen werden können und das SEU-Instrumentarium zudem teuer ist, wird zunehmend über neue organisatorische Modelle nachgedacht. Dabei gewinnen Überlegungen zum "Outsourcing" (Auslagerung) im Bereich der Anwendungsentwicklung und zum Kauf fertiger Standardlösungen an Bedeutung.

Barthel stellt in seinem Vortrag "CASE und Outsourcing" /Barthel, 92/ folgende Thesen auf:

–   Die SEU ist ein konstitutives Element zur Wertschöpfung externer Entwicklung und Wartung.
–   Jedes Unternehmen mit Bedarf an individuellen Anwendungslösungen muß sich unabhängig von der Größe der eigenen Entwicklungsmannschaften um eine klare SEU bemühen.
–   Eine SEU besteht nicht zwingend aus einer geschlossenen Lösung. Sie kann abhängig von den tatsächlichen Integrationsanforderungen mehrschichtig sein und konkret aus verschiedenen technischen, verfahrenstechnologischen, personellen und organisatorischen Strängen bestehen.
–   Je detaillierter die SEU und die Rahmenwerke sind, in die "hereinentwickelt" werden soll, um so effektiver und effizienter kann eine externe Entwicklung sein.

Im Fazit stellt er fest, daß die Einführung einer SEU eine der Grundvoraussetzungen für Outsourcing ist, da nur die Vorgabe einer SEU die Projektverfolgung kalkulierbar für Auftraggeber und Auftragnehmer macht.

In jedem Fall aber muß die Frage nach einem Outsourcing auf dem Gebiet der Anwendungsentwicklung sorgsam unter unternehmenspolitischen, wirtschaftlichen und personellen Aspekten betrachtet werden.

Vor dem Hintergrund, daß die Ressource "Information", d.h. das Wissen über Informationsinhalte, -beziehungen und -flüsse als kritischer Erfolgsfaktor für ein Unternehmen bewertet wird (gilt analog für den öffentlichen Bereich) und nach vielen Expertenmeinungen einen gleichrangigen Stellenwert wie die klassischen Produktionsfaktoren besitzt, ist es sicher kritisch, die Anwendungsentwicklung komplett aus der Hand zu geben. In diesem Fall geht nämlich das gesamte Know-how über die Organisation des Informationswesens verloren. Darüber hinaus begibt sich das Unternehmen dann in eine extreme Abhängigkeit von den Firmen, welche die Software entwickeln, pflegen und ändern, was auf Dauer letztendlich auch das Selbstverständnis eines Unternehmens tangieren wird.

Erfahrungen haben gezeigt, daß ein erfolgreicher Lösungsansatz in der Einrichtung von gemischt besetzten Projektteams mit eigenen Mitarbeitern (Fachbereich- und DV-Personal) und Mitarbeitern der Auftragnehmer liegt.

Bei einem wie immer gearteten Outsourcing sollte stets sichergestellt werden, daß eine SEU für die auftragnehmenden Firmen vorgegeben wird und zumindest die drei "C-Funktionen", nämlich "Coordination", "Consulting" und "Controlling" durch eigenes Personal wahrgenommen werden, da das Outsourcing anderenfalls unweigerlich aus der Kontrolle gerät.

Beim Kauf von Standardlösungen muß davon ausgegangen werden, daß auf dem Markt nur Produkte für diejenigen Anwendungsfelder angeboten werden, die einen kommerziellen Erfolg versprechen. Dies bedeutet, daß sich die Frage nach dem "Make or Buy" in der Regel nur für oftmals nachgefragte DV-Unterstützungen von unternehmensübergreifend ähnlichen Fachaufgaben stellt. Die Erfahrung hat gezeigt, daß der unternehmensspezifische Anpassungsaufwand selbst in diesem Fall sehr hoch sein kann. Die Anbieter von Standardsoftwarelösungen gehen daher verstärkt dazu über, diese Produkte zusammen mit einer Dokumentation (z.B. mit einem Daten- und Prozeßmodell) auszuliefern, die mit Hilfe von SEU-Werkzeugen erstellt worden ist. Dies ermöglicht dem Käufer, diese Standardlösung gemäß einer eigenen Analyse zu beurteilen, sie leichter anzupassen und in die projektübergreifende Entwicklungsumgebung (z.B. in das Daten- und Konfigurationsmanagement) zu integrieren. Dadurch ist - falls gewollt - eine eigene Softwarepflege- und -änderung möglich.

Die "strategischen Systeme", die in ihrer unterschiedlichen Realisierung im industriellen Bereich entsprechende Wettbewerbsvorteile oder -nachteile implizieren, sind sicherlich keine Kandidaten für den Kauf von Standardlösungen und werden daher auch in Zukunft selber entwickelt werden müssen.

Nach diesen generellen Überlegungen zum Outsourcing und zum Kauf von Standardlösungen wird im folgenden die Grundsatzfrage beantwortet, wie sich die Organisation der Datenverarbeitung am besten auf die Einführung einer SEU einstellt.

1.2.1. Aufbauorganisation

In fast allen aufbauorganisatorischen Modellen der DV, die momentan in der Industrie und im öffentlichen Bereich zu finden sind, sind die Komponenten Anwendungsentwicklung, Rz-Betrieb inklusive der Betriebssteuerung und anwendungsbezogener Querschnitt (AE-Querschnitt) in verschiedenen Kombinationen und Ausprägungen zu finden.

Während sich die Aufgaben der Anwendungsentwicklung und des Rz-Betriebs im Regelfall in getrennten Org-Bereichen wiederfinden, existiert der AE-Querschnitt in verschiedenen Organisationsformen. Zum AE-Querschnitt zählen Aufgabengebiete wie

- Erarbeitung von Standards und Richtlinien
- Einführung einer SEU
- Qualitätssicherung (projektübergreifend im Sinne einer Qualitätskontrolle)
- Datenadministration, Konfigurationsmanagement und Datenmanagement
- Datenbankadministration
- Information-Center
- Software-Technologie
- Systemintegration

Für die aufbauorganisatorische Lösung gibt es grundsätzlich drei Modelle:

- Aufbau einer oder mehrerer eigenständiger Org-Elemente mit den vorgenannten Aufgaben des AE-Querschnitts als weitere Säule neben der Anwendungsentwicklung und dem Rz-Betrieb
- Integration des AE-Querschnitts in die Anwendungsentwicklung
- Integration des AE-Querschnitts in den Rz-Betrieb im Sinne von "Service für die Anwendungsentwicklung"

Die im BAWV mit dem letztgenannten Modell gemachten Erfahrungen zeigen, daß sich diese Aufbauorganisation für die Bereitstellung einer SEU-Plattform durchaus bewährt hat, jedoch die Umsetzung und Einführung der SEU Probleme bereitete, weil in der Anwendungsentwicklung einerseits Vorbehalte gegenüber Lösungen bestanden, die in einem nicht originär zuständigen Bereich erarbeitet wurden, und andererseits keine eigenen Kapazitäten in der Anwendungsentwicklung für projektübergreifende Aufgabengebiete zur Verfügung standen.

Im Rahmen einer anstehenden Umorganisation wird nunmehr versucht, den eng mit der Anwendungsentwicklung verbundenen querschnittlichen Aufgaben eine organisatorische Entsprechung in der Anwendungsentwicklung gemäß dem zweiten Modell zu geben.

Der Aufbau eines eigenen Org-Elementes mit den Aufgaben des AE-Querschnitts wurde nicht gewählt, um die querschnittlichen Aufgaben verantwortungsmäßig nicht vom Rz-Betrieb und von der Anwendungsentwicklung zu trennen, da die Gefahr einer zu großen Verselbständigung mit zusätzlichem Aufwand und Praxisferne gesehen wurde.

1.2.2. Projektorganisation

Die Erfahrungen haben gezeigt, daß für die Projektabwicklung unter Einsatz einer SEU eine Organisationsform gefunden werden muß, die einerseits sehr flexibel und andererseits noch "managebar" ist.

Im BAWV wurde ein Lösungsansatz gewählt, der einen Kompromiß zwischen Linien- und Matrixorganisation darstellt. Dabei sind großen Organisationseinheiten aufgabenbezogen Projekte zugeordnet, für die der Linienverantwortliche auf Anforderung des jeweiligen Projektes personelle Kapazitäten aus einem "Mitarbeiter-Pool" temporär in der erforderlichen Zahl und Qualifikation/Spezialisierung zur Verfügung stellt. Hinzu kommen im Sinne einer Matrix-Organisation Mitarbeiter aus dem jeweiligen Fachbereich.

Weiterhin sollte in jedem Projekt, das erstmals auf SEU-Basis durchgeführt wird, ein Methoden/Tool-Spezialist eingesetzt werden, der die Aufgabe hat, das Wissen über den Einsatz der SEU im Sinne von "Training on the Job" in das Projektteam einzubringen. Er übernimmt ebenfalls eine neutrale Moderator-/Vermittlerrolle zwischen DV- und Fachbereich, für deren Mitarbeiter die Teamarbeit oftmals ungewohnt und mit Interessenkonflikten verbunden ist (Abb.1.2).

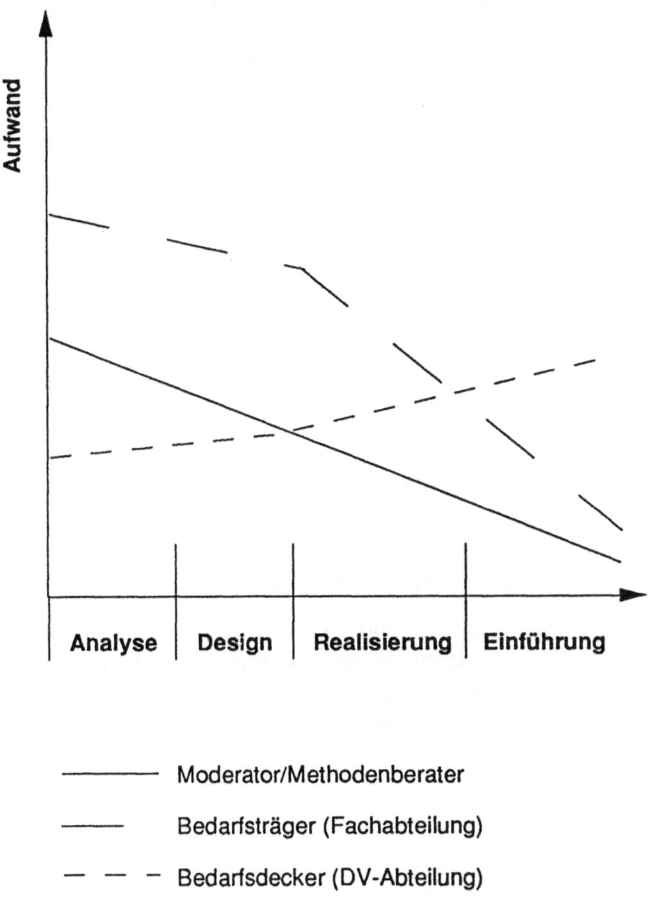

Abb.1.2   Zusammensetzung des Projektteams

Dem Projektleiter kommt in der Projektorganisation eine besondere Bedeutung zu. Er muß mit allen Vollmachten und Kompetenzen ausgestattet sein, sein Projekt eigenverantwortlich zu führen und seine Ressourcen optimal einzusetzen.

Seine Aufgabe hinsichtlich der Projektorganisation besteht darin, die im V-Modell beschriebenen Rollen innerhalb der Submodelle (vgl. Teil II, Kapitel 2) den Mitarbeitern seines Projektes zuzuordnen bzw. Anforderungen an das Ressourcenmanagement zu stellen. Im Gegensatz zum Linienmanagement, welches auch Kapazitätsausgleiche und Prioritäten berücksichtigen muß, muß er "Projektegoist " sein, um seine Projektziele zu erreichen. Er hat auch das projektinterne Berichtswesen zu organisieren und ist die Kommunikationsschnittstelle zu den relevanten projektexternen Stellen.

In den Phasen der Anwendungsentwicklung kann die Projektleiterfunktion durchaus wechseln, z.B. von einem Mitarbeiter der Fachabteilung zu einem Mitarbeiter der DV-Abteilung. Es muß jedoch sichergestellt sein, daß eine frühzeitige Einbindung des Nachfolgers gewährleistet ist und die Verantwortung für die erstellten Produkte erhalten bleibt, damit nicht das "Nach mir die Sintflut"-Syndrom eintritt.

1.2.3.   Ablauforganisation

Bei der Einführung einer SEU spielt als weiteres die Ablauforganisation eine große Rolle, d.h. die Organisation des Zusammenspiels der organisatorischen Einheiten.

Dabei sind insbesondere die Formalbeziehungen zwischen Projekt und Entscheidungsebenen sowie die Berichtswege zu definieren. Es muß geregelt sein, welche Projektdokumentation in Form und Inhalt den Entscheidungsträgern vorzulegen ist.

Außerdem muß festgelegt werden, wie die Übergabe der Produkte, z.B. Programme, Rz-Anweisung, gemäß einer definierten Schnittstelle in den Rz-Betrieb zu erfolgen hat.

Daneben ist es für die Erreichung der beabsichtigten Qualität der Produkte und für den Projektfortschritt sehr wichtig, die Kommunikation und den Know-how-Transfer zweckmäßig und zielgerichtet zu organisieren. Hierfür bieten sich Fachkollege, Qualitätszirkel und regelmäßige Zusammenkünfte auf verschiedenen Ebenen an.

Gegebenenfalls muß auch eine organisationsübergreifende Regelung über den interdisziplinären Einsatz von Mitarbeitern mit speziellen Kenntnissen und Erfahrungen getroffen werden. Nicht vergessen werden darf die Organisation eines sachgerechten Projektmarketings, das viel zum besseren Verständnis der Projektergebnisse und zur Akzeptanz beitragen kann.

1.3. Einführungsstrategie

Die Einführung einer SEU ist mit folgenden Problemkreisen verbunden:

- Es entstehen hohe Kosten für die Arbeitsplatzausstattung der Anwendungsentwickler.
- Der "Return on Investment" ist nur über den gesamten Life Cycle einer Anwendung nachzuweisen.
- Das Instrumentarium ist komplex und besteht aus vielen verschiedenen Komponenten.
- Die neuen Methoden und Denkweisen stellen erhöhte Anforderungen an die Anwendungsentwickler.
- Bisherige eingefahrene Vorgehensweisen werden verändert.
- Die Ergebnisse werden transparenter und damit besser nachvollziehbar.

Dies zeigt, daß die Einführung einer SEU sehr sorgsam vorbereitet werden muß und eine Einführungsstrategie unumgänglich ist. Zu einer erfolgreichen Einführungsstrategie gehört auch die Berücksichtigung der "Human Factors", die sich in Ansätzen widerspiegeln, die dem "Not invented here"-Gefühl vorbeugen und nach dem Grundsatz vorgehen, "Betroffene zu Beteiligten" zu machen.

Die folgenden Punkte stellen einige wesentliche Grundsätze dar, die bei der Erarbeitung einer Einführungsstrategie berücksichtigt werden sollten:

Informationspolititk

Alle Ebenen eines Unternehmens bzw. eines öffentliches Bereiches müssen mit einer offenen Informationspolitik konfrontiert werden, die durchaus auch bestehende Schwächen nicht verschweigt und realistische Ziele beschreibt.

Stufenkonzept

Es muß ein Sollkonzept für eine integrierte SEU entwickelt werden, das jedoch schrittweise umgesetzt werden sollte. Dabei müssen die bisherigen Schwachpunkte aufgezeigt und Prioritäten gesetzt werden. Im BAWV wurde z.B. das größte Defizit in dem Fehlen einer gemeinsamen Sprache an der Schnittstelle Fachabteilung/DV-Abteilung gesehen und deshalb mit der Einführung von Methoden/Tools zur Analyse begonnen.

Personalentwicklung

Neben den organisatorischen Überlegungen müssen auch Programme und Perspektiven für das Personal unterbreitet bzw. eröffnet werden, um die Mitarbeiter an die neue Materie heranzuführen. Hierbei muß bestimmt nicht jeder ein SEU-Spezialist werden - der, wie schon erwähnt, auch von außen in das Projekt kommen kann -, sondern es muß die Bereitschaft vorhanden sein, Neues zu lernen und im Team Aufgaben gemeinschaftlich zu lösen. Für Mitarbeiter, die nicht bereit oder in der

Lage sind, die neuen Vorgehensweisen zu verstehen und umzusetzen, muß eine andere akzeptable Verwendung gefunden werden.

Aufgabenverteilung

Es muß eine Aufgabenteilung zwischen den Entwicklern einer SEU, die auch die Betreuung und Pflege des Instrumentariums übernehmen, und den Anwendungsentwicklern als Benutzern einer SEU vorgenommen werden. Dies minimiert den Aufwand für die Einführung, da das interne Wissen über Metamodelle, Schnittstellen, Technik und Weiterentwicklung des Instrumentariums nicht bei den Anwendungsentwicklern vorhanden sein muß.

Management Commitment

Die Einführung einer SEU steht und fällt mit dem Commitment des Managements. Gelingt es nicht, die entscheidenden DV- und Fachbereichsleiter hinter die Idee einer SEU zu bringen, ist die Einführung einer SEU sicherlich zum Scheitern verursacht. Bei Skepsis und Ablehnung hilft meistens eine einfache Frage: "Was ist eigentlich die Alternative zur Einführung einer SEU?"

Pilotprojekt

Vor Einführung einer SEU in größerem Rahmen ist die Auswahl einer geeigneten Fachaufgabe für die Durchführung eines Pilotprojektes erforderlich. Dieses Pilotprojekt sollte so geartet sein, daß es die Erprobung der einzuführenden Tools in vollem Funktionsumfang erlaubt. Ferner sollte es auf den Zeitraum von maximal einem Jahr terminiert sein. Die Art der Aufgabe und die Zusammensetzung des Erprobungsteams sollten charakteristisch für die Anwendungsentwicklung sein, also keine "Exoten" und nicht nur die "Besten". Wichtig ist nur, daß die Mitarbeiter motiviert sind, mit den neuen Methoden und Tools zu arbeiten. Es können durchaus für verschiedene Teilgebiete einer SEU unterschiedliche Pilotprojekte parallel durchgeführt werden. Die Erkenntnisse und Erfahrungen aus diesen Projekten sollten dokumentiert und für weitere Entwicklungen verwendet werden.

1.4. Schulungskonzept und Know-how-Transfer

Der Wissensvermittlung kommt im Rahmen der Einführung einer SEU eine besondere Bedeutung zu. Dabei geht es nicht nur um die Vermittlung reinen Fachwissens, sondern um den Aufbau einer neuen "DV-Kultur".

Ganz wesentlich ist die Aus-/Fortbildung der Projektleiter, die neben den Kenntnissen über Projektorganisation, Vorgehensmodelle, Methoden und Tools die Fähigkeiten erlangen müssen, ein Team zu führen, Konflikte zu lösen und gruppendynamische Synergieeffekte für die Projektarbeit zu nutzen. Daher werden auf dem Markt zunehmend Seminare und Workshops angeboten, die neben Fachwissen über Pro-

jektmanagement auch verhaltenspsychologische und rhetorische Inhalte mit abdek-
ken. Solchen integrierten Schulungskonzepten gehört sicherlich die Zukunft.

Im Bereich der Schulung wurden im BAWV auch die Erfahrungen gemacht, daß sich
das "Gießkannenprinzip", d.h. alle auf den gleichen Wissensstand zu bringen, ohne
die Gewährleistung zu haben, daß das Wissen auch anschließend angewendet wird,
nur bei Überblickslehrgängen bewährt hat.

Die SEU-Schulung wird daher inzwischen projektspezifisch durchgeführt, wobei das
ganze Projektteam, inkl. des beteiligten Managements für bestimmte Fragestellungen, gemeinsam geschult wird. Hierbei wird auf die Motivation großen Wert gelegt.

Das umfassende Schulungskonzept im BAWV basiert auf dem Entwurf einer Ausbildungsrichtlinie für den zivilen Geschäftsbereich des Bundesministers der Verteidigung. In dieser Richtlinie wird von Zielgruppen und Berufsbildern bzw. Personen
zunächst abstrahiert und ein funktionaler Ansatz gewählt.

Es werden zunächst die Fachtätigkeiten definiert, die in der DV anfallen. Jeder
Fachtätigkeit werden Wissensanforderungen zugeordnet, die für die Durchführung
dieser Tätigkeit benötigt werden. Diese Wissensanforderungen ergeben die Grundlage für die Definition von Lehreinheiten. Über die Zuordnung von Fachtätigkeiten
zu den Wissensanforderungen ist die Zuordnung von Fachtätigkeiten zu Lehreinheiten ableitbar. Zum besseren Verständnis sind die Fachtätigkeiten zu Fachtätigkeits-
gruppen und die Lehreinheiten zu Wissensgebieten zusammengefaßt (Abb.1.3).

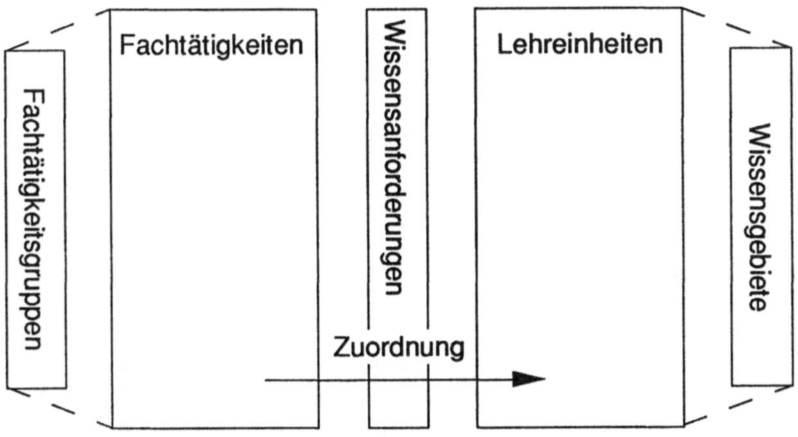

Abb.1.3   Konzeption der Ausbildungsrichtlinie

Im Fall der SEU-Ausbildung wurden die Aktivitäten des V-Modells als Fachtätigkeiten definiert und anschließend Lehreinheiten über die Wissensanforderungen zugeordnet. Über das im V-Modell verankerte Rollenprinzip können dann Zielgruppen definiert werden, die bestimmte Fachtätigkeiten durchführen sollen. Daraus ergibt sich der Ausbildungsbedarf zunächst an Lehreinheiten, die wiederum zu zielgruppenbezogenen Lehrgängen zusammengefaßt werden (Abb.1.4).

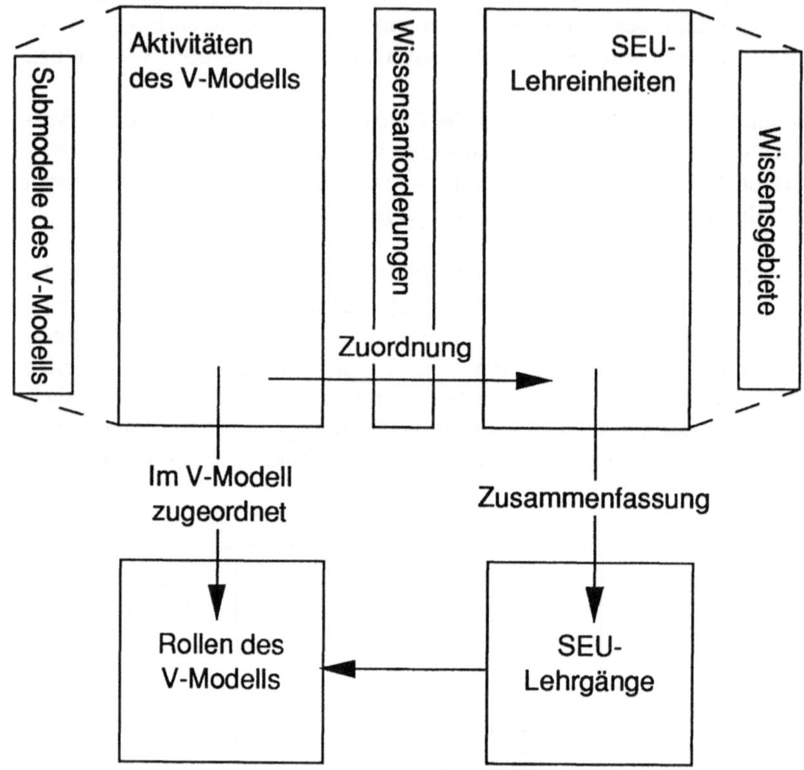

Abb.1.4   Ableitung der SEU-Lehrgänge

Neben der Schulung ist das "Training on the Job" unerläßlich, welches durch den schon erwähnten Methoden/Tool-Spezialisten im Projektteam durchgeführt werden kann.

Weiterhin muß mit zunehmendem Einsatz einer SEU sichergestellt werden, daß die gemachten Erfahrungen als Input für die Erweiterung und Korrektur von Standards und Richtlinien dienen und des weiteren als Information für nachfolgende Projekte zur Verfügung stehen.

Ferner bietet sich die Einrichtung von Nutzergruppen an, die sich regelmäßig treffen, um Erfahrungen auszutauschen, an denen dann auch die Mitarbeiter des AE-Querschnitts partizipieren können. Auch die Herausgabe einer "SEU-News" eignet sich vorzüglich für einen breiten Know-how-Transfer. Informationsveranstaltungen mit anderen Institutionen und Herstellern bzw. Softwarehäusern runden die Informationspolitik ab.

1.5. Technische Ausstattung/Arbeitsumgebung

Die Bereitstellung eines SEU-Arbeitsplatzes ist mit relativ hohen Kosten verbunden und muß dementsprechend geplant werden. Wegen der hohen Kosten ist im Regelfall eine Stufenlösung zu bevorzugen. Dabei sind die gestaffelten Preisangebote der Toolhersteller zu berücksichtigen, die bei Rahmenverträgen zum Teil erhebliche Preisnachlässe anbieten. In diesem Zusammenhang muß darüber nachgedacht werden, ob wirklich jeder Mitarbeiter einen vollausgestatteten SEU-Arbeitsplatz benötigt und ob nach Beendigung eines Projektes nicht zumindest Teile der Software, die nicht für Pflege und Wartung benötigt werden, an andere Projekte weitergegeben werden können.

Besonders für die PC-Ausstattung muß ein geeignetes Konfigurationsmanagement aufgebaut werden, welches sicherstellt, daß gleiche Versionen und Releases der Softwareprodukte an den verschiedenen Arbeitsplätzen vorhanden und auf die Hardware abgestimmt sind. Hierbei muß über ein geeignetes Verteilungskonzept nachgedacht werden. Auch die organisatorischen Zuständigkeiten für das Konfigurationsmanagement müssen geklärt sein. Entsprechend den neuen Konfigurationen am Arbeitsplatz muß die Funktionalität der kooperierenden SEU-Werkzeuge auf Host-Systemen und Servern ebenso angepaßt werden wie die betreffenden Schulungs- und Einweisungsgrundlagen.

Zur Arbeitsumgebung gehört auch die Bereitstellung entsprechender aktueller Dokumentationen, wie z.B. Methodenhandbücher und Bedienungsmanuals, die - falls nicht auf dem Markt vorhanden - selber entwickelt oder zumindest auf die speziellen Belange hin angepaßt werden müssen. Im BAWV werden darüber hinaus momentan Ausführungsbestimmungen für das V-Modell entwickelt, die neben der Festlegung des Geltungsbereichs u.a. Hinweise zur Anwendung des V-Modells zusammen mit Methoden und Werkzeugen enthalten (Abb.1.5).

Oftmals macht die Bereitstellung einfacher Hilfsmittel - gerade im öffentlichen Bereich - große Schwierigkeiten, z.B. die Beschaffung einer zweckmäßigen Ausstattung eines Projektarbeitsraumes mit Metaplanhilfsmitteln, Projektoren u.ä., die für die Erarbeitung von gemeinsamen Ergebnissen in der Gruppe zumindest noch solange sehr wichtig sind, bis entsprechende andere technische Möglichkeiten zur Verfügung stehen. Die dafür entstehenden Kosten müssen daher rechtzeitig mit in die Projektressourcenplanung aufgenommen werden.

1. Geltungsbereich
2. Aufbau und Zielsetzung
3. Anwendung des V-Modells im BAWV
   - Erläuterungen
   - Empfehlungen
   - Kritikalität
   - Rollenkonzept

   • • •

 4. Projektablauf für ein großes Entwicklungsprojekt
   - Projektvorlauf
   - Projektstart
   • • •
   - Projektende

5. Leitfaden für die Anwendung von Methoden und Werkzeugen

6. Referenzen
   - Ansprechpartner
   - Bezugsliteratur

   • • •

7. Anhang
   - Glossar
   - Produktmuster
   - Beispiele

   • • •

Abb.1.5   Ausführungsbestimmungen

2. Softwareerstellung

Im BAWV wurde - wie bereits erwähnt - als größtes Problem das Fehlen von Methoden und Tools zur Beschreibung des Fachkonzeptes an der Schnittstelle Fachabteilung/DV-Abteilung angesehen. Es wurden daher zunächst Methoden und Tools gesucht, welche die Analyse-/Designaktivitäten möglichst optimal unterstützen sollten.

Im folgenden werden die Auswahl sowie die Erfahrungen beschrieben, die mit Methoden und Tools in diesem Bereich der SWE gemacht wurden.

2.1. Werkzeugauswahl für Analyse und Design

Die Auswahl von Werkzeugen für die Unterstützung der Analyse-/Designaktivitäten wurde gemäß der in Kapitel 1 beschriebenen Vorgehensweise im Jahre 1987 durchgeführt.

Nach Festlegung auf die komplexe, für die Softwareerstellung im Bereich der Informationssysteme weitgehend standardkonforme Methode Isotec (vgl. Teil II, Kapitel 5), wurde diese als Basis für die Auswahl von Werkzeugen definiert.

Da die Entwicklungs- und Zielumgebung IBM-orientiert ist, wurde unter Berücksichtigung dieser DV-Infrastrukturbedingung und der methodischen Festlegung zunächst folgender Grobkriterienkatalog entwickelt:

- Das Produkt muß bis zu einem bestimmten Termin im Entwicklungs-Rz installierbar und in vollem Umfang testbar sein.
- Das Produkt verfügt über eine eigene Entwicklungsdatenbank (EDB) mit allen Funktionen eines Data Dictionaries (DD) oder bietet Schnittstellen zu bestehenden DD an. EDB bzw. DD werden als zentrale Ablage für die Entwicklungsdaten benutzt.
- Das Produkt unterstützt die Informationsstrukturanalyse auf Basis des E/R-Modells mit Entitäten, Beziehungen und Attributen/Schlüsseln.
- Das Produkt unterstützt die statische Zerlegung von Funktionen sowie die Darstellung von Datenflüssen.
- Das Produkt bietet die Möglichkeit, Ergebnisse der Informationsstrukturanalyse und der Funktionsstrukturanalyse auf verschiedenen Ebenen abgleichen und konsistent halten zu können.

- Das Produkt bietet die Möglichkeit, jede Funktion auf der untersten Ebene (Elementarfunktion) mit den Ablaufkonstrukten der "Strukturierten Programmierung" zu beschreiben.
- Das Produkt unterstützt den Entwurf des Dialogablaufs, der Masken und Listen und gewährleistet die Konsistenz zur EDB.
- Das Produkt ist Multi-Projekt- und Multi-User-fähig und sichert eine automatische Verwaltung der Ergebnisse mit projektübergreifender Referenzierung der zentralen Entwicklungsdaten.
- Das Produkt stellt für die Programmrealisierung

  - die oben erwähnte Ablaufbeschreibung der Elementarfunktion,
  - die für ein spezielles Programm ausgewählten Nutzersichten,
  - die für ein spezielles Programm notwendigen Erstellungsregeln für die Datenelemente und
  - die Zuordnung der ausgewählten Datenelemente sowie der Erstellungsregeln zu den Konstrukten der Strukturierten Programmierung

  weiterverarbeitbar bereit.

- Die zentrale Komponente des Produkts ist ablauffähig unter

  - IBM MVS oder
  - SIEMENS BS 2000.

- Das Produkt beinhaltet eine Workstationkomponente mit grafischer Eingabe für Informationsstruktur- und Funktionsstrukturanalyse.

Mit diesem Grobkriterienkatalog wurden aufgrund von Analysen aus Fachkatalogen bzw. von Toolstudien sowie aufgrund von Marktkenntnissen 144 Firmen mit der Bitte angeschrieben, die Fragen hinsichtlich ihrer Tools zu beantworten. Die ca. 60 Rückläufe wurden vom SEU-Team gesichtet und ausgewertet. Dabei kamen 12 Produkte in die nähere Auswahl.

Für die weitere Sichtung wurde ein Feinkriterienkatalog nach dem in Kapitel 1 beschriebenen UFAB-Verfahren erarbeitet (siehe Anhang).

Auf Basis dieses Kriterienkataloges wurde dann ein Anwendungsbeispiel entwickelt, welches in das angebotene Produkt bei jedem Toolhersteller/-vertreiber vor Ort eingegeben wurde. Damit konnte ein Teil der Feinkriterien verifiziert werden. Die Verifikation der anderen Kriterien hinsichtlich ihres Erfüllungsgrades wurde gemeinsam mit den betreffenden Firmenvertretern durchgeführt.

Aufgrund der unterschiedlichen Besetzung der einzelnen Teams, die vor Ort die Verifikation der Kriterien durchführten, sowie einer gewissen Interpretationsmöglichkeit einiger Kriterien wurde vorweg vereinbart, daß diejenigen Tools als funktional gleichwertig angesehen werden sollten, die eine Punktzahl in einer Spanne von 10% zu der maximal erreichten Punktzahl aufwiesen.

Als potentielle Kandidaten für eine Erprobung qualifizierten sich die bestplazierten vier Produkte, von denen zwei überwiegend PC-orientiert und zwei überwiegend Host-orientiert waren /Bröhl, 90/.

Nach Befragung der vertreibenden Firmen bzgl. Konditionen und strategischer Ausrichtung wurde aus der Klasse der Host-orientierten Werkzeuge "EPOS" und aus der Klasse der PC-orientierten Werkzeuge die "IEW" für die Toolerprobung ausgewählt. Im folgenden werden diese Tools kurz mit dem Stand beschrieben, den sie bei der Erprobung 1988/89 im BAWV hatten:

EPOS (Entwicklungs- und Projektmanagement-orientiertes Spezifikationssystem) wurde am Institut für Regelungstechnik und Prozeßautomation der Universität Stuttgart entwickelt. Die Implementierung und industrielle Anpassung für unterschiedliche Zielrechner, die Weiterentwicklung sowie die Unterstützung/Beratung beim praktischen Einsatz wird seit 1980 von der Firma GPP (Gesellschaft für Prozeßrechnerprogrammierung mbH) durchgeführt. Mittlerweile liegt die Entwicklung und der Vertrieb ausschließlich bei der Firma GPP.

EPOS hat bis auf die grafische Eingabe und den Maskenmodus die gleiche Funktionalität auf dem Host wie auf dem PC. Das EPOS-System besteht aus sieben Komponenten:

EPOS-R beinhaltet eine Spezifikationssprache zur Beschreibung der Aufgabenstellung, der fachtechnischen Lösungskonzeption und der Requirements. Die halbformale Spezifikationssprache läßt als Beschreibungsmittel sowohl verbale Beschreibungen als auch Entscheidungstabellen und formale Einschübe zu.

EPOS-S ist die Spezifikationssprache zur Beschreibung der Systemstrukturierung und des Systementwurfs nach dem Prinzip der schrittweisen Verfeinerung. EPOS-S stellt eine Reihe von Entwurfsobjekten zur Verfügung, die in Verbindung mit gängigen Entwurfsmethoden verwendet werden können.

EPOS-P beinhaltet eine Spezifikationssprache zur Beschreibung von Informationen, die das Projektmanagement und die Produktverwaltung betreffen.

EPOS-A ist ein Programmsystem zur Analyse und Überprüfung der mit EPOS-R/S beschriebenen Sachverhalte sowie zur Erstellung von Prüfberichten.

EPOS-M unterstützt die Managementtätigkeiten bei der Projektführung und der Produktverwaltung (nur auf VAX).

EPOS-D ist ein Programmsystem zur Erstellung von Dokumenten (Texte und grafische Darstellungen) auf der Basis der mit EPOS beschriebenen Sachverhalte.

EPOS-C stellt die Kommunikation zwischen Benutzer und PC her.

Für bestimmte Programmiersprachen, wie z.B. PASCAL und FORTRAN, besteht in EPOS die Möglichkeit, automatisch Programme zu generieren.

Das Werkzeug IEW (Information Engineering Workbench) wurde von der amerikanischen Firma KnowledgeWare (früher Database Design, gegründet 1979 von *James Martin*, nach der Fusion mit Tarkinton Software im Jahr 1986 in KnowledgeWare umbenannt) entwickelt und beruht auf der Methode "Information Engineering". Das erste Release der IEW, das jedoch nur einen Teilumfang der Funktionalität des erprobten Tools besaß, kam 1985 auf den Markt.

Auf dem PC laufen neben der nicht weiter untersuchten Construction-Workstation drei Komponenten, die Planning-, Analysis- und Design-Workstation.

Die Planning-Workstation unterstützt die strategische Informationsplanung, die Analysis-Workstation den fachlichen Entwurf und die Design-Workstation den Übergang vom fachlichen Entwurf zur physischen Realisierung.

Eingaben, die in diesen Werkzeugen erfolgen, werden in einer Enzyklopädie abgespeichert, auf die alle drei Workstations zugreifen. Hierin sind nicht nur der Name und die Beschreibung von Objekten enthalten, sondern auch deren Beziehungen untereinander. Damit verbunden ist ein sogenannter Wissenskoordinator, ein Regelwerk, das die Eingaben innerhalb der Workstation und übergreifend auf Konsistenz prüft. Über Filetransfer kann der Inhalt einer PC-Enzyklopädie auf eine zentrale Enzyklopädie auf dem Großrechner übertragen und somit die Sicherheit und Geschwindigkeit einer Großrechnerumgebung für das Zusammenführen von Ergebnissen unterschiedlicher Entwickler und für größere Auswertungen genutzt werden.

Es wurde beschlossen, die Werkzeuge EPOS und IEW an einem operationellen DV-Vorhaben zu erproben.

2.2.   Erste Piloterprobung

Ziel der Erprobung war es, die Funktionalität der beiden Werkzeuge in Abhängigkeit von der ausgewählten Methode Isotec zu testen und Teile des ausgewählten Pilotvorhabens vom Entwurf bis zur Realisierung von Datenbanken, Dialogen und Programmen zu erstellen. Bezüglich der IEW wurden im wesentlichen die Analysis-Workstation sowie in Teilen die Design-Workstation und bei EPOS ein bei einem Kreditinstitut implementierter Isotec-konformer Teil von EPOS-S getestet.

Weiterhin sollte als Programmgenerator das Produkt MOSES (Methodenorientiertes Softwareentwicklungssystem) der Firma IABG (Industrieanlagen Betriebsgesellschft), das als PL/1-Generator bereits eingesetzt wurde, verwendet und die entsprechende Schnittstelle zu den Analyse-/ Designwerkzeugen getestet werden. Außerdem sollten beide Werkzeuge miteinander verglichen und eine Empfehlung für eines der beiden Tools ausgesprochen werden.

Des weiteren sollten die in der Erprobung gewonnenen Erkenntnisse aus der praktischen Anwendung in die Definition der funktionalen Werkzeuganforderungen im Sinne der Standardisierungsaktivitäten einfließen.

Als Pilotvorhaben wurde ein in der Konzeptphase befindliches Vorhaben aus dem Bereich der Organisationsgrundlagen ausgewählt. Als Zielsprache war PL/1 und als Datenbanksystem DB2 mit dem Monitor IMS-DC vorgegeben. Der Zeitrahmen der Piloterprobung erstreckte sich auf die Dauer von neun Monaten. In diesem Zeitraum wurden die beiden Tools parallel verwendet. Das Team bestand aus sechs bis acht Mitarbeitern, davon zwei Methoden-/Toolspezialisten aus dem SEU-Team und ein

Vertreter der Fachabteilung. Die Toolerprobung wurde im April 1989 abgeschlossen. Bei der Piloterprobung wurden folgende Erfahrungen gemacht:

Einsatz der Methode

Der Einsatz der Methode Isotec für die Anforderungsanalyse des DV-Systems wurde sowohl von Seiten der Fachabteilung als auch von der DV-Seite begrüßt. Vor allem die grafischen Modelle führen zu einem gemeinsamen Verständnis des Problems und bilden als Abbild der fachlichen Gegebenheiten die Grundlage für das spätere DV-System. Da sehr viel in die frühe Phase der Analyse investiert wird, kann davon ausgegangen werden, daß das Endprodukt den Vorstellungen des Nutzers entspricht. Neben der Schulung wurde als unbedingt notwendig empfunden, daß ein Methoden-/ Toolspezialist mit im Team eingesetzt war, der außer seiner Aufgabe, Know-how über Methoden und Tool zu transferieren, die Rolle eines Moderators übernahm. Diese Moderatortätigkeit hatte im Spannungsfeld von Fach- und DV-Abteilung einen sehr hohen Stellenwert.

Weiterhin wurde festgestellt, daß die Integration der Fachabteilung in das Team unbedingt nötig ist oder zumindest ein Ansprechpartner jederzeit zur Verfügung stehen muß.

Die Erlernbarkeit der Methode wurde als gut bezeichnet.

Einsatz der Werkzeuge

Es hat sich herausgestellt, daß die Anwendung der komplexen Methode Isotec ohne Werkzeugunterstützung praktisch nicht durchführbar ist, da hierbei ein Informationsvolumen entsteht, das ohne DV-Unterstützung nicht mehr gehandhabt werden kann. Die Änderungen, vor allem der verschiedenen grafischen Modelle, können mit vertretbarem Aufwand nur noch mit einem entsprechenden CASE-Tool durchgeführt werden. Daneben müssen die Werkzeuge die Konsistenz der eingegebenen Daten gewährleisten, was letztendlich zu qualitativ besseren Ergebnissen führt. Nicht zuletzt besteht eine wesentliche Funktion der Entwurfstools darin, daß die im Fachkonzept eingegebenen Informationen in der physischen Realisierung, z.B. bei der Implementierung der Datenbanken, weiterverwendet werden können.

Ferner hat sich gezeigt, daß die Speicherungsmöglichkeiten beider getesteten Tools ein Data Dictionary nicht ersetzen können.

Arbeiten im Team

Es hat sich gezeigt, daß Ergebnisse zweckmäßigerweise erst dann in die Tools eingegeben werden sollten, wenn sie einen ersten gesicherten Stand aufweisen, da die maschinellen Abbildungen für die Herstellung eines globalen Überblicks in der Phase kreativ-konzeptioneller Arbeit mit ständigen Iterationen wenig geeignet sind und der Eingabe-/Korrekturaufwand sehr hoch ist. Die Erarbeitung der ersten Ergebnisse wurde daher mit Metaplantechnik und anderen geeigneten herkömmlichen Hilfsmitteln durchgeführt. So konnte das gesamte Team gerade in der Anfangsphase auf einen gemeinsamen Wissensstand gebracht und die Ergebnisse mit übergeordneten Entscheidungsträgern abgestimmt werden. Hierbei wurde großer Wert auf Gruppenarbeit und die damit verbundenen gruppendynamischen Aspekte gelegt. Der Moderator spielte in diesem Zusammenhang wieder eine wichtige Rolle.

Im weiteren Verlauf des Projektes und bei Änderungen wurden dann zunehmend die Dokumentationen der Tools auch für Abstimmungen verwendet.

Datenadministration im Projekt

Falls mehr als eine PC-Konfiguration in einem Projekt genutzt wird, was sicherlich der Normalfall ist, muß sichergestellt werden, daß die Ergebnisse auf den verschiedenen Konfigurationen konsistent gehalten werden. Die Gewährleistung der Konsistenz ist nicht nur ein technisches Problem, welches durch Netzwerkfähigkeit und verteilte Datenbanken gelöst werden kann, sondern erfordert auch organisatorische Maßnahmen. Dies gilt um so mehr bei den getesteten Tools, die "stand-alone" eingesetzt wurden (die Synchronisationsmöglichkeit über den Host wurde noch nicht erprobt).

Im Projekt muß daher eine Datenadministration bereits für die Verwendung der fachlichen Begriffe eingerichtet werden, welche dafür sorgt, daß bei der Eingabe in die Tools keine Homonym- und Synonymprobleme auftreten und die Projektstandards eingehalten werden. Dieser Aufwand wird um so größer, je mehr verschiedene Konfigurationen eingesetzt werden. Man sollte diese Anzahl daher minimieren. Im Pilotprojekt wurden aus diesem Grunde nur jeweils zwei Konfigurationen eingesetzt, wobei die Ergebnisse beider Entwicklungsdatenbanken jeweils abends zusammengespielt wurden.

Weiterverwendung der Ergebnisse

Im Rahmen der Piloterprobung wurde festgestellt, daß wesentliche Ergebnisse aus der Analyse-/Designphase als Eingabe für einen Generator weiterverwendet werden konnten. Die Schnittstelle zum Generator MOSES wurde mit einem manuellen Übergang erfolgreich getestet, jedoch nicht weiter verfolgt, da die Firma IABG die Entwicklung von MOSES inzwischen eingestellt hatte und für weitere Projekte das Produkt CSP geplant war, das mittlerweile im Einsatz ist.

IEW und EPOS im Vergleich

Im Vergleich von IEW und EPOS ergaben sich unter den gegebenen Bedingungen folgende Vorteile für die IEW:

–   Die IEW ist an der Methode "Information Engineering" von James Martin orientiert, die in wesentlichen Teilen mit Isotec übereinstimmt. In EPOS war eine Implementierung dieser Methode nur durch zusätzlichen Aufwand möglich, da dort mehrere alternative Ansätze unterstützt werden.
–   Die Nutzeroberfläche der IEW war komfortabler.
–   Die grafische Darstellung der IEW war komfortabler und die grafische Eingabemöglichkeit führte im Gegensatz zu EPOS zur direkten Aktualisierung der Daten in der Entwicklungsdatenbasis.

- Durch das hinterlegte Regelwerk ermöglichte die IEW eine konsistente Entwicklung und konstruktive Qualitätssicherung, während EPOS keine vergleichbare Einrichtung besaß.
- Mit der IEW als "offenem System" wurden Schnittstellen zu anderen Werkzeugen wie Generatoren und Data Dictionaries angeboten, was bei EPOS als "geschlossenem System" nicht vorgesehen war.

2.3. Erfahrungen mit IEW/ADW

Aufgrund der Ergebnisse im Pilotprojekt wurde die Entscheidung getroffen, in neuen Projekten das Werkzeug IEW zur Unterstützung der Analyse-/Designphase zu empfehlen.

Das Werkzeug IEW hat inzwischen eine Alternative auf anderer Betriebssystemplattform erhalten. Die Application Development Workbench (ADW) ist die OS/2-Version der auf DOS basierenden IEW und damit strategisches Produkt der Firma KnowledgeWare im Rahmen von AD/Cycle.

Im folgenden werden zunächst diese Werkzeuge näher beschrieben. Im Anschluß daran wird auf weitere Einsatzerfahrungen eingegangen.

2.3.1. Funktionsumfang und Supportstruktur

Der Funktionsumfang der verschiedenen ADW-Workstations ist momentan fast identisch mit dem der IEW-Workstation:

Die Planning-Workstation unterstützt die strategische Informationsplanung. In Hierarchiediagrammen können Ziele, Funktionen, Probleme, Projekte, kritische Erfolgsfaktoren und die Organisation des Unternehmens dargestellt werden. Die Erstellung eines groben Datenmodells mit Entitäten und Beziehungen ist ebenfalls möglich. Die Informationen können mit Hilfe von Matrizen in Beziehung gesetzt werden.

Die Analysis-Workstation unterstützt die Entwicklung des fachlichen Entwurfs. Dazu gehört die Erarbeitung eines Datenmodells (Entity-Relationship-Modell) und die Dekomposition der Funktionen. Mittels Datenflußdiagrammen wird die Kommunikation des zu entwickelnden Systems mit seiner Umgebung (externe Partner) dargestellt. Ebenso beschreiben die Datenflüsse die Kommunikation zwischen den Funktionen innerhalb eines Systems. Die Interaktion von Daten und Funktionen wird durch die Beschreibung jedes Datenflusses bzw. der Funktionen mit Hilfe eines Entity-Relationship-Diagramms verdeutlicht. Diese "lokalen" Modelle sind Ausschnitte aus dem gesamten Datenmodell und zeigen die spezifische Sicht eines Datenflusses bzw. einer Funktion auf das Gesamtmodell. Die Funktionen, die nicht weiter verfeinert werden, können mit Pseudocode näher beschrieben werden.

In der Design-Workstation wird der Übergang von der fachlichen Beschreibung zur DV-technischen Implementierung vollzogen. Hierzu gehören Masken-Layout, Programmstruktur, Logik der Funktionen sowie Datenbank- und Dateistrukturen. Ein in der Analysis-Workstation abgelegtes Entity-Relationship-Modell läßt sich automatisch in einen Vorschlag für ein relationales Datenbanksystem umwandeln.

Hinsichtlich der prozeduralen Beschreibung der Funktionen sollte die Implementierung nach den Prinzipien der Modulfindung mit hilfe der Methode Structured Design erfolgen. Der Pseudocode aus der Analysis-Workstation kann weiterverwendet werden; es wird jedoch keine Referenz darüber geführt.

Die Benutzeroberfläche nutzt die Fähigkeiten moderner PC aus, ist mausgesteuert und arbeitet mit Fenstertechnik. Pull Down Menüs zeigen die Auswahl von Kommandos, die in dem jeweiligen Kontext möglich sind. Mehrere Fenster können gleichzeitig geöffnet sein und spezialisierte Grafikeditoren erlauben die schnelle Erstellung und Veränderung von Diagrammen.

Die ADW-Workbench bietet gegenüber der IEW einige Vorteile, die im Betriebssystem begründet sind und besitzt neue Komponenten wie die RAD (Rapid Application Development)-Workstation und die DOC (Documentation)-Workstation. Die RAD-Workstation unterstützt den objektorientierten Entwurf im Sinne von Klassenhierarchien und Vererbungsprinzipien sowie das Prototyping. Die DOC-Workstation ermöglicht den grafischen Entwurf von Dokumenten unter Einbeziehung von Ergebnissen aus der Enzyklopädie und externen Textfiles. Neu angekündigt ist eine Unterstützung des Entwurfs und der Generierung von grafischen Benutzeroberflächen durch die Komponente GUI (Graphical User Interface).

Die Firmen- und Supportstrukturen der Produkthersteller/-vertreiber stellen sich wie folgt dar: Die Firma KnowledgeWare ist mit 4 300 Kunden und 85 000 installierten Produkten heute weltweit Marktführer auf dem Sektor CASE im IBM-Umfeld. Außer in USA, wo die Firma KnowledgeWare den Vertrieb selber ausübt, besitzt die Firma Ernst & Young die internationalen Vertriebsrechte für die IEW/ADW-Produktpalette.

Ernst & Young ist nach dem 1989 erfolgten Zusammenschluß von Arthur Young und Ernst & Winney mit ca. 70 000 Mitarbeitern in 112 Ländern eine der weltweit größten Wirtschaftsprüfungs- und Beratungsgesellschaften. Bei der Firma Arthur Young war die Unternehmens- und EDV-Beratung traditionell ein starker Geschäftszweig. Das im Laufe der Jahre dadurch erworbene Know-how schlug sich in dem Methodenwerk "Navigator Systems Series" nieder. Es wurde bald erkannt, daß diese Methode ohne maschinelle Unterstützung nicht mehr sinnvoll einsetzbar war. Daher wurde zusammen mit dem MIT (Massachusetts Institute of Technology) nach einer Unterstützungssoftware auf dem Markt gesucht.

Im Jahr 1985 beteiligte sich Arthur Young an der Firma Database Design (heute KnowledgeWare) und brachte das zusammen mit dem MIT erworbene Wissen in Bezug auf eine Werkzeugunterstützung und die eigenen Erfahrungen über die Navigator-Methode mit ein.

Seit 1988 ist die Firma IBM ebenfalls an der Firma KnowledgeWare beteiligt. Im Rahmen von AD/Cycle existiert ein gemeinsames Entwicklungsabkommen als International Alliance for AD/Cycle.

2.3.2. Bewährung in der Projektarbeit

Mittlerweile wird die IEW bzw. die ADW zusammen mit der Methode Isotec in 18 verschiedenen Projekten im Bereich des BAWV eingesetzt.

Die folgenden Ausführungen stellen eine Zusammenfassung der Aussagen dar, die in Form von Erfahrungsberichten von den einzelnen Projektverantwortlichen verfaßt wurden. In einigen Fällen bestätigen sie die Erkenntnisse aus der Piloterprobung, geben aber auch neue Erfahrungen mit dem Einsatz von Isotec und IEW/ADW wieder.

Einsatz der Methode

Bestätigt wird, daß der Einsatz der Methode Isotec eine sehr gute Kommunikationsbasis zwischen Fachabteilung und DV-Abteilung darstellt und die ständige Mitarbeit der Fachabteilung während des gesamten Entwicklungsprozesses erforderlich ist. Da die neue Vorgehensweise mehr Zeit für das Fachkonzept als Grundlage für eine bessere Produktqualität erfordert, muß dies bei den Planungen entsprechend berücksichtigt werden.

Funktionalität der Werkzeuge

Der Analyse-/Designteil der Methode Isotec läßt sich fast vollständig durch IEW/ADW unterstützen, wobei die Existenz des hinterlegten Regelwerkes zur Gewährleistung der konsistenten Entwicklung und als konstruktive Qualitätssicherung nochmals hervorgehoben wird. Positiv wird auch vermerkt, daß der Nutzer Modelländerungen durch die interaktive Arbeitsmöglichkeit mit den Modellen sofort erfährt.

Bemängelt wird, daß durch die IEW keine Kommunikations-/Dialogfolgediagramme unterstützt werden. In der neuen Komponente ADW-RAD können die Abläufe der Dialoge beschrieben und als Prototyp getestet werden.

Weiterhin wird festgestellt, daß die Unterstützung der Objektorientierung offen ist. Hierzu ist anzumerken, daß im Hinblick auf den Entwurf objektorientierter Oberflächen erste Ansätze in der ADW-RAD und der ADW-GUI zu finden sind. Weitergehende Unterstützungen, auch des objektorientierten Entwurfs und der objektorientierten Programmierung, hat die Firma KnowledgeWare in den neuen Versionen der ADW angekündigt.

Ein weiteres Problem stellen die nicht präsentationsfähigen Ausgaben der IEW dar, die mit erheblichem Aufwand z.B. zum Zweck der Entscheidungsdokumentation nachbearbeitet werden müssen. Auch hier hat die Firma KnowledgeWare mit der ADW-DOC Verbesserungen angekündigt.

Technische Basis

Die Tatsache, daß die Werkzeuge IEW/ADW momentan als Single-User-Systeme eingesetzt werden, macht die Konsolidierungsprozesse im Projekt oftmals sehr aufwendig. Die langwierigen Konsolidierungsläufe und die Notwendigkeit der projektübergreifenden Zusammenführung der Daten haben zu der Forderung nach der Hostkomponente der IEW/ADW geführt. Das Produkt ist mittlerweile beschafft und wird ebenso wie die angekündigte mehrplatzfähige Version der ADW zum Einsatz kommen. Die ADW wird nach der Aussage der Firma KnowledgeWare künftig auch auf verschiedenen Plattformen, z.B. auch auf UNIX (AIX) ablauffähig sein.

Bedienung der Werkzeuge

Die Nutzeroberfläche der IEW wird zwar als gut bezeichnet, jedoch eine Empfehlung für die noch komfortablere ADW gegeben. Die Erlernbarkeit der Bedienung der IEW/ADW wird als gut empfunden. Der Aufwand beim Einsatz liegt nicht in der Bedienung, sondern in der richtigen methodischen Anwendung der einzelnen Komponenten begründet. Der Aufbau der Tool-Handbücher wird mit gut beurteilt.

Nutzen des Einsatzes

Die Erwartung, daß die methodischen Regeln die Qualität der Produkte verbessern, wird von den Projektleitern bestätigt. Nach deren Einschätzung werden die Verfahren transparenter, Redundanzen vermieden und die Konsistenz der Daten erreicht.

Die Dokumentation nach Isotec mit Hilfe der IEW/ADW ist gut und nachvollziehbar, so daß die Projektarbeit erleichtert wird und die Einweisung neuer Mitarbeiter umfassender und in kürzerer Zeit möglich ist.

Die neue Vorgehensweise zwingt zu unverzüglichen Entscheidungen im Projektverlauf, was als sehr positiv angesehen wird. Allerdings wird darauf hingewiesen, daß zu starker Termindruck im Projekt oftmals zu einem Rückfall in alte, gewohnte Vorgehensweisen führt.

Es wird prognostiziert, daß sich der Pflegeaufwand der erstellten Software drastisch gegenüber herkömmlich erstellten Produkten verringern wird.

Organisation des Einsatzes

Die Vorgehensweise, die die Anwendung der neuen Methoden und Werkzeuge mit sich bringt, muß entweder in die bestehenden Regelungen eingepaßt oder die Richtlinien und Regelungen müssen geändert werden. Dieser Forderung wird durch die Standardisierung und Operationalisierung der Standards im BAWV Rechnung getragen.

Weiterhin wird festgestellt, daß das existierende Angebot an SEU-Lehrgängen den Bedürfnissen nicht gerecht wird und daß Durchführungsbestimmungen und Erfahrungswerte fehlen. Das schon erwähnte SEU-Ausbildungskonzept und die in Arbeit befindlichen Durchführungsbestimmungen des BAWV für den Einsatz des V-Modells zusammen mit Isotec und ADW tragen diesem Kritikpunkt Rechnung.

Es wird davor gewarnt, ohne Not zu einem "besseren" Tool überzugehen. Bei dieser Aussage spielen sicherlich die hohen Investitionen ebenso eine Rolle wie die Tatsache, daß es "das beste Tool" auf dem Markt derzeit nicht gibt. So haben die verschiedenen Tools auf den verschiedenen Teilgebieten jeweils ihre Stärken und Schwächen, die sich - wie die Erfahrung mit IEW/ADW zeigt - oftmals erst in der praktischen Anwendung herausstellen.

2.4. Erfahrungen mit dem Systems Engineer Toolset

Das BAWV hat in seiner Außenstelle in Dresden, die am 1. Januar 1991 errichtet wurde, ein anderes SEU-Instrumentarium als in seinem übrigen Bereich wegen der dort gegebenen Bedingungen zum Einsatz gebracht, über das nunmehr ebenfalls erste Erfahrungen vorliegen.

Hinsichtlich der Zielumgebung für die zu entwickelnden Anwendungen ist die Außenstelle primär auf eine Client/Server-Architektur mit grafischer Benutzeroberfläche ausgerichtet. Als Clients kommen hierbei PC gemäß Industriestandard mit MS-Windows und als Server Unix-oder PC-Server unter MS-DOS oder OS/2 zum Einsatz. Die Entwicklung von Mainframe-Applikationen gehört momentan nicht zum Auftrag der Außenstelle. Um schnell Erfahrungen mit der oben beschriebenen Zielumgebung zu gewinnen, wurde eine DV-Infrastruktur in der Außenstelle aufgebaut, die dieser Zielumgebung entspricht. Als Standardsoftware werden die Produkte WinWord, Excel, Lotus Notes und MS-Project genutzt. Unter Beachtung der weiteren Randbedingungen, nämlich Nutzung des V-Modells als Vorgehensstandard und Anwendung der Elementarmethoden gemäß Methodenstandard wurde entschieden, parallel zu den Aktivitäten im BAWV eine SEU zu erproben, die möglichst optimal die gegebene Entwicklungs- und Zielumgebung unterstützt. Die Entscheidung fiel auf das Systems Engineer Toolset des englischen Herstellers LBMS.

2.4.1. Funktionsumfang und Supportstruktur

Die englische Firma LBMS, Learmonth & Burchett Management Systems, ist einer der führenden europäischen CASE-Anbieter. Sie kann auf eine längere, erfolgreiche Arbeit auf dem Gebiet der Methoden- und CASE-Tool-Entwicklung zurückblicken.

Im Auftrag der britischen Regierung entwickelte LBMS zusammen mit der Central Computer Telecommunication Agency (CCTA) die Methode SSADM (Structured Systems Analysis & Design Method). SSADM wurde 1980 als Standard für DV-Entwicklungsprojekte der öffentlichen Hand in Großbritannien eingeführt. Diese komplexe Methode und deren LBMS-eigene Weiterentwicklung LSDM (LBMS Structured Design Methodology) wurden in Großbritannien bald als Industriestandard im Bereich kaufmännisch-administrativer Systementwicklung akzeptiert. Zur Unterstützung von LSDM und SSADM bot LBMS das CASE-Tool AUTO-MATE an. Im Jahre 1989 wurde eine neue Version von LSDM unter dem Namen LBMS Systems Engineering veröffentlicht. Ein Jahr später erfolgte die Freigabe der Grundkomponente des Systems Engineer Toolsets zur Unterstützung dieser Methode.

SSADM und LBMS Systems Engineering bzw. LSDM sind komplexe Methoden, die analog zu Isotec jeweils einen Verbund von Phasenmodell, Vorgehensmodell und anzuwendenden Elementarmethoden darstellen.

LBMS war einer der ursprünglich 32 "enabled vendors" im Rahmen von AD/Cycle. Demgemäß wurde das Systems Engineer Toolset mit einer CUA(Common User Architecture)-konformen Benutzeroberfläche versehen und eine Absichtserklärung zur Unterstützung des Repository Managers MVS, von CSP und anderen AD/Cycle-Komponenten abgegeben.

LBMS Systems Engineering

Die komplexe Methode LBMS Systems Engineering deckt den ganzen Projekt-Lebenszyklus von der Projektinitiierung bis zur Einführung sowie den Betrieb eines Anwendungssystems ab. Zielsetzung ist die Entwicklung von Informationssystemen, die typischerweise überwiegend im Dialogbetrieb laufen und auf einem Datenbanksystem basieren.

Im Rahmen der Methode werden neben dem Standard-Phasenmodell Varianten für kleine Projekte, Wartungsprojekte und Projekte zur Auswahl und Anpassung von Standardsoftware angeboten.

Die folgenden SWE-Methoden des Methodenstandards (vgl. Teil II, Kapitel 3) finden eine Entsprechung im LBMS Systems Engineering (in Klammern ist die LBMS-Bezeichnung der jeweiligen Methode angegeben):

- Data Navigation Method   (First Cut Physical Data Design)
- Datenflußmodellierung   (Dataflow Diagramms)
- Dialog-Design-Modellierung   (Dialog Design)
- Entity Life History   (Entity Life Histories)
- E/R-Modellierung   (Data Modelling)
- Logische DB-Modellierung   (Composite Logical Data Design)
- Normalisierung   (Teil der Relational Data Analysis)
- Pseudocode   (Process Design)
- Structured Design   (Process Design, Batch System Design)

Darüber hinaus umfaßt das LBMS Systems Engineering folgende weitere SWE-Methoden:

- Critical Requirements Analysis
- Functional Analysis
- Joint Application Development
- Relational Data Analysis
- Physical Design Tuning

Es ist festzustellen, daß durch LBMS Systems Engineering in bezug auf das Submodell SWE bis auf

- Entscheidungstabellentechnik,
- Funktionale Dekomposition,

- Funktionsnetzmodellierung,
- Kontrollflußmodellierung,
- Objektentwurfstechnik,
- Prozeßinteraktionsmodellierung,
- Systemverhaltensmodelle,
- Zustandsübergangsmodellierung

die im Methodenstandard geforderten Elementarmethoden abgedeckt sind. Gewisse Überschneidungen bestehen darüberhinaus zwischen der Funktionsnetzmodellierung und der LBMS-Methode Functional Analysis. Die nicht abgedeckten Elementarmethoden sind mit Ausnahme der drei erstgenannten in erster Linie für eine realzeitorientierte oder technische Systementwicklung relevant.

Die aktuellen Erweiterungen zum LBMS Systems Engineering liefern die Basis für den Einsatz der jüngsten Komponenten des Toolset. Sie beinhalten Methoden zur Entwicklung ergonomisch gestalteter grafischer Oberflächen (Graphical User Interface - GUI) für kommerzielle Anwendungen und zur Konzeption und Realisierung von Client/Server-Lösungen für solche Anwendungen. Die Methodenarbeit der nächsten Zukunft ist bei LBMS vor allem auf die Entwicklung eines objektorientierten Ansatzes für den kommerziellen Bereich und dessen Einbettung in das Vorgehensmodell des LBMS Systems Engineering gerichtet.

Das I-CASE-Konzept von LBMS

LBMS verfolgt die Realisierung eines integrierten CASE-Tool-Konzeptes (I-CASE) und hat sich zu einer offenen Architektur in der CASE-Tool-Entwicklung verpflichtet. Diese soll einen optimalen Übergang zu anderen Produkten der Entwicklungs- und der Zielumgebung sicherstellen. Das Systems Engineer Toolset fügt sich in dieses Konzept ein und bietet auf der Entwicklungsplattform MS-Windows Möglichkeiten zur Integration einer Fülle anderer Standardsoftwareprodukte. Daneben werden Schnittstellen zu Zielumgebungen im Unix- und Mainframebereich angeboten, u.a. zu Datenbanksystemen, Data-Dictionaries und Applikationsgeneratoren.

Neben der Grundkomponente des Toolset, dem CASE-Tool Systems Engineer, werden mit weiteren Tools alle Phasen eines Software-Lebenszyklus von der strategischen Planung bis hin zum Reengineering basierend auf einem eigenen Repository unterstützt.

Das Systems Engineer Toolset umfaßt die Lifecycle-Tools Systems Engineer, SE/GUI Designer, SE/Open und SE/Construction. Als Cross Lifecycle-Produkte werden Project Engineer, SE/Workplace und Methods On-line angeboten. Darüber hinaus wird über den Information Manager ein Repository-Service zur Verfügung gestellt (Abb.2.1). Für Komponenten des Toolsets mit direktem Methodenbezug wird eine SSADM-Variante angeboten, so zu Systems Engineer die Variante SSADM Engineer.

Alle Werkzeuge laufen auf PC gemäß Industriestandard in lokalen Netzen. Als einheitliche grafische Benutzeroberfläche kommt MS-Windows zur Anwendung. Die Basis des Systems Engineer Toolset bildet ein Multi-User-SQL-Datenbanksy-

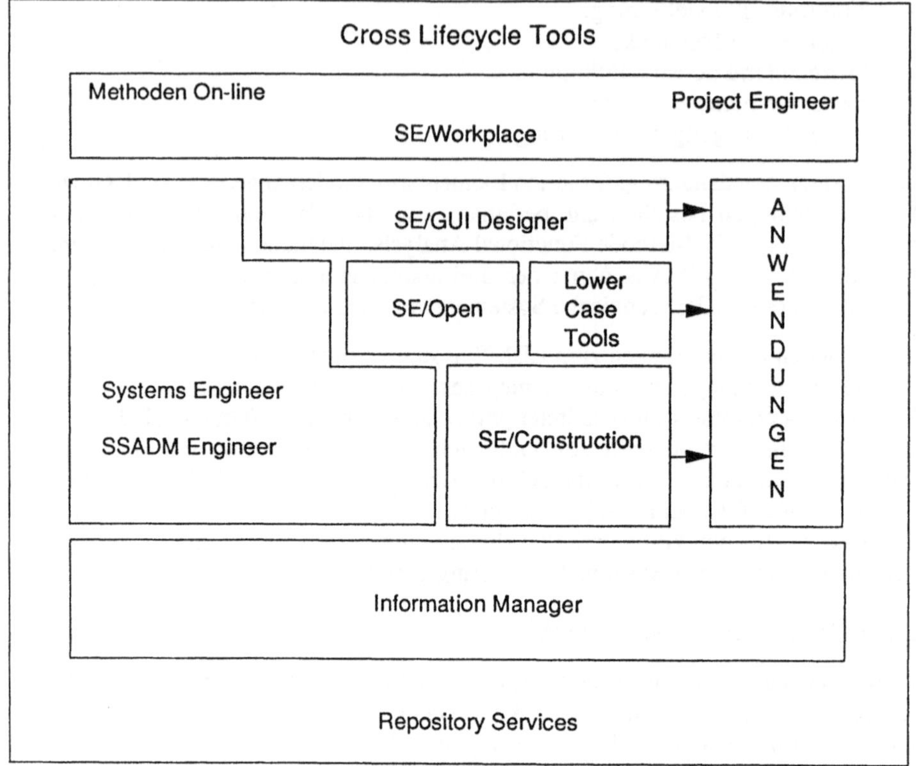

Abb.2.1   Das System Engineer Toolset

stem in Client/Server-Architektur. Die Server-Komponente kann dabei auf einem dedizierten PC-Datenbankserver, einem Fileserver unter Novell oder einem Unix-Server installiert werden (Abb.2.2).

Die Nutzung von MS-Windows im Rahmen des Systems Engineer Toolset beschränkt sich nicht auf die Bereitstellung einer grafischen Benutzeroberfläche. Vielmehr werden eine Reihe von im MS-Windows-Umfeld gebräuchlichen Schnittstellen zum Datenaustausch mit anderen Windows-Applikationen genutzt. Eine besonders elegante Form der Integration ist über die Komponente SE/Workplace durch die Nutzung der Windows-Datenaustauschstandards DDE (Dynamic Data Exchange) und OLE (Object Linking Embedded) möglich. Nicht zuletzt werden in der Single-User-Version des Produkts sowohl die Client- als auch die Server-Komponente auf ein und demselben PC im Rahmen des Multi-Tasking unter MS-Windows betrieben (Abb.2.3).

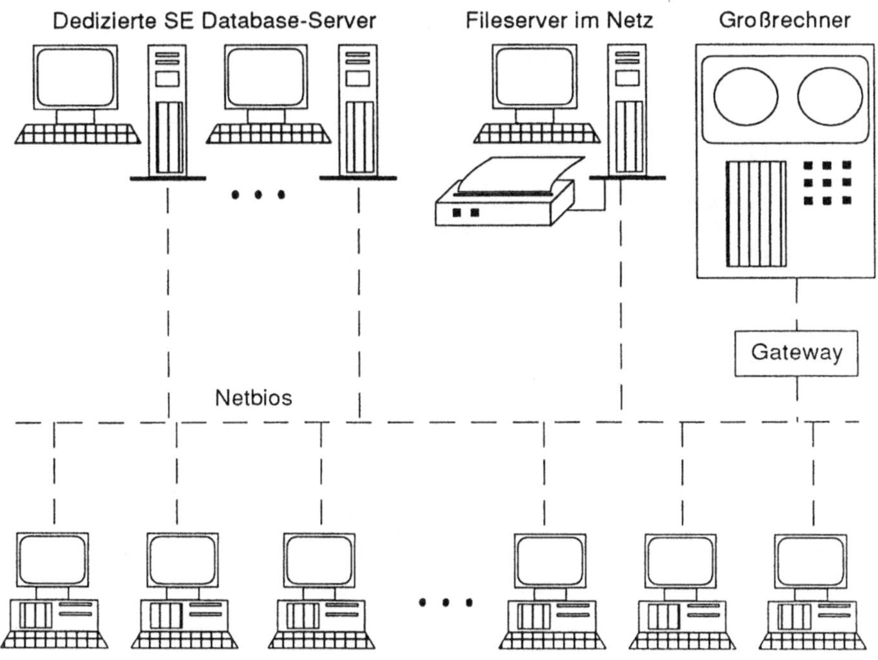

Abb.2.2   Client/Server Architektur der Werkzeuge

Die Grundkomponente Systems Engineer ist sowohl als Single- als auch Multi-User-Version erhältlich. In der Multi-User-Version können Entwicklungsteams mit einer einheitlichen Datenbasis im Client/Serverbetrieb arbeiten. Der Zugriff auf die Projektdatenbank wird durch einen Locking-Mechanismus auf Objektebene geregelt. Beim Editieren von Objekten erfolgt unmittelbar eine Aktualisierung der Projektdatenbank und eine Konsistenzprüfung der Daten.

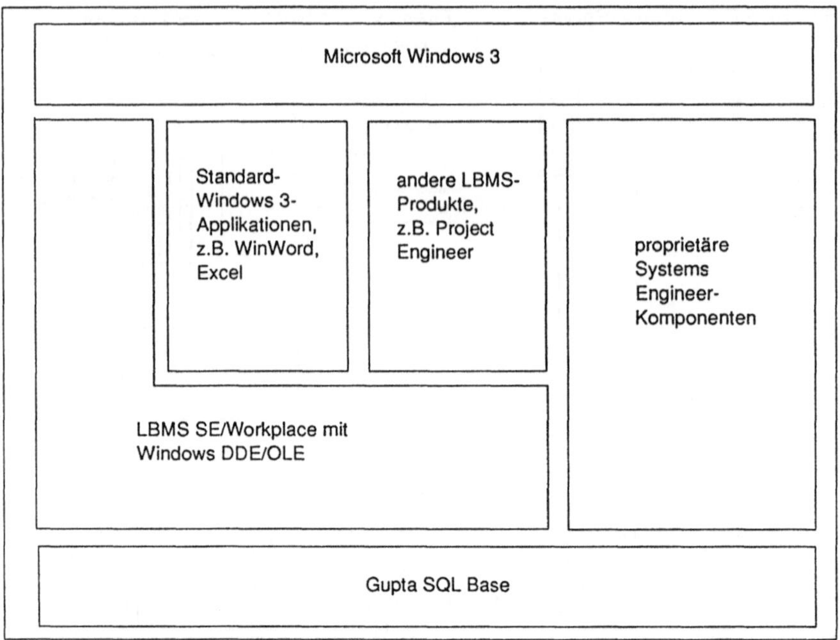

Abb.2.3   Integration der Tools

Systems Engineer

Die von Systems Engineer angebotenen Unterstützungsfunktionen beginnen bei der Projektinitiierung und gehen bis zum Pseudocode. Zunächst können Business-Grafiken erstellt werden, die einen ersten Überblick über ein zukünftiges Anwendungssystem bieten. Danach erfolgt der fachliche Entwurf mit der Entwicklung eines Datenmodells (E/R-Modell) und eines Prozeßmodells (Datenflußdiagramme). Innerhalb einer Projektdatenbank können hierbei mehrere Modelle jeden Typs abgelegt werden, z.B. Modelle, die aus einer Ist-Aufnahme des abzulösenden Systems resultieren und solche, die im Zusammenhang mit der Entwicklung mehrerer alternativer grober Soll-Konzepte entstehen. Zur weiteren Detaillierung des fachlichen Entwurfs werden Geschäftsvorfälle und andere Auslöser als "Events" dokumentiert.

Der Übergang von der fachlichen Beschreibung zur DV-technischen Implementierung erfolgt mittels sogenannter Business-Transaktionen, die als Batch- oder Dialogkomponenten aus dem Prozeßmodell hergeleitet werden. Sie werden von den Events angestoßen und um weitere Transaktionen ergänzt, die aus DV-technischer Sicht erforderlich sind.

Die Auswirkungen von Transaktionen auf das Datenmodell werden in Matrixform auf der Ebene von Entitäten dokumentiert. Von dieser Transaktion/Entität-Matrix aus können die Grundstrukturen der Entity-Life-History-Diagramme zu den jeweiligen

Entitäten automatisch erzeugt werden. In der zugehörigen Applikation werden diese Diagramme weiter verfeinert.

Im Rahmen des Dialogentwurfs wird nun der Zusammenhang zwischen den einzelnen Transaktionen in Diagrammform beschrieben. Damit sind Menühierarchie und globale Dialogstandards (Globals) eines Anwendungssystems dokumentiert. Pro Dialog-Transaktion erfolgt die Spezifikation des detaillierten Dialogablaufs in grafischer Form. Nach Abschluß des Maskenentwurfs ist ein Prototyping der Dialoganwendung möglich, wobei der Dialogablauf aus den entsprechenden grafischen Darstellungen interpretiert wird.

Jede im DV-technischen Entwurf festgelegte Transaktion bildet die Basis für den Entwurf eines Batch-Programms bzw. -Ablaufs oder eines Steuer-Moduls für eine Dialog-Transaktion. Diese werden nach den Prinzipien des Structured Design und weiteren von LBMS aufgestellten Regeln für den Entwurf von Dialogprogrammen modularisiert und in Form von Pseudocode beschrieben.

Eine zentrale Funktion von Systems Engineer ist der Datenkatalog, in dem alle innerhalb einer Projektdatenbank verwendeten Attribute und Datenelemente in einheitlicher Form beschrieben werden. Datenmodelle, Datenflußdiagramme, Masken und Module enthalten also jeweils lediglich Referenzen auf die Elemente dieses Datenkatalogs. Dies ermöglicht es beispielsweise, ein neues Projekt mit dem Import eines an anderer Stelle definierten Datenkatalogs zu konzipieren.

Ein Assoziationsmenü zu jedem Design-Objekt wird benutzt, um beliebige Referenzen zwischen den Objekten herzustellen. Über eine Referenzliste der mit einem Objekt assoziierten Objekte ist eine recht komfortable Navigation durch das komplexe System gegeben. Diese Referenzen werden auch bei den Reports zu den jeweiligen Objekten ausgewiesen.

Neben der oben erwähnten Transaktion/Entität-Matrix bilden Assoziationen die Basis für den Abgleich verschiedener Modelle.

SE/GUI Designer

SE/GUI Designer (Systems Engineer/Graphical User Interface) ist der Arbeitstitel einer Komponente, die es gestattet, auf der Basis von Systems Engineer Client/Server-Anwendungen mit grafischer Bentzeroberfläche zu entwerfen, zu testen und zu erzeugen. Für SE/GUI-Designer wird die Projektdatenbank von Systems Engineer um die Designobjekte Window-Klasse und Window erweitert. Neue Diagrammtypen dienen zur Definition der Window- Klassenhierarchie, die die Vererbung von Eigenschaften zwischen Window-Klassen dokumentiert, und zur Definition der Navigationsmöglichkeiten zwischen Windows. Bei der Gestaltung von Windows und Window-Klassen wird analog zur Definition von Masken auf die im zentralen Datenkatalog von Systems Engineer abgelegten Eigenschaften von Datenelementen zugegriffen.

Die mit SE/GUI Designer generierten Anwendungen sind lauffähig unter MS-Windows und OS/2 Presentation Manager. Die Generierung des physischen Datenbankentwurfs wird ermöglicht für Sybase und andere SQL-Datenbanksysteme.

SE/Open

SE/Open ist ein universelles Interface zu anderen Entwicklungsumgebungen. Es enthält Einrichtungen zur Transformation von Systementwürfen, die mit Systems Engineer erstellt wurden, in andere Produkte, z.B. Data Dictionaries, Repositories, Datenbanksysteme und Code-Generatoren. Beispiele für verfügbare Interfaces sind Predict, INGRES, ORACLE, DEC Cohesion und UNISYS LINC II.

SE/Construction

SE/Construction, der Anwendungsgenerator im Systems Engineer-Toolset, greift auf die zentrale Projektdatenbank zu und generiert Anwendungen automatisch aus den hier abgespeicherten Designobjekten, wie Datenmodellen, Datenelementdefinitionen, Menühierarchien, Masken oder Pseudocode.

Vom Tool wird eine Schnittstelle zur Micro Focus COBOL/2 Workbench geboten, so daß die generierten Programme direkt auf dem PC kompiliert und getestet werden können. Zur Zeit wird als Zielumgebung COBOL mit DB2 und CICS bzw. IMS/DC für IBM-Mainframes unterstützt.

Project Engineer

Project Engineer unterstützt vor allem Projektplanung und Aufwandsschätzung. Er gestattet das projektspezifische Tailoring eines Vorgehensmodells und der zugehörigen Schätzmodelle.

Im Gegensatz zu dem Werkzeug ADPS (vgl. 4.2) ist Project Engineer kein Vorgehensmodelltreiber. Das Tool unterstützt z.Z. nur die Projektleitung und -administration.

Der Einsatz von Project Engineer erfolgt typischerweise in folgenden Schritten: Vor der Nutzung von Project Engineer in konkreten Projekten wird entschieden, ob eines der als Template mitgelieferten Vorgehensmodelle zum Einsatz kommen soll oder ein unternehmensspezifisches Template erforderlich ist. Ein solches Template umfaßt Vorgehensmodell und ein oder mehrere Schätzmodelle.

Die Erstellung oder Bearbeitung eines Templates erfolgt im sogenannten Process Mode. Dabei wird eine Aktivitätenstruktur als Baumstruktur definiert. Übersichtsdarstellungen der Aktivitätenstruktur sind als Tabelle oder Grafik möglich. Von dieser Darstellung kann direkt in den Aktivitäteneditor verzweigt und auf die detaillierten Informationen zur jeweiligen Aktivität zugegriffen werden. Weiterhin werden Rollen, Produkte und Elementarmethoden definiert und den Aktivitäten zugeordnet.

Mit der Estimator-Komponente werden Schätzmodelle zu den jeweiligen Vorgehensmodellen verwaltet. Zu einem Schätzmodell gehört eine Liste von Schätzfaktoren sowie Formeln zur Ermittlung der Aufwände für die einzelnen Aktivitäten des

Vorgehensmodells. Schätzfaktoren können als Default festgelegt, von anderen Schätzfaktoren abgeleitet oder auch als Ergebnis einer Anfrage an die Systems Engineer-Projektdatenbank gewonnen werden. Als verbindendes Element wird dabei SE/Workplace benutzt. Somit ist es möglich, in einem konkreten Projekt entsprechend dem Analysefortschritt des Gesamtsystems eine begleitende Aufwandsschätzung, z.B. auf der Basis der Anzahl schon definierter Entitäten, vorzunehmen.

Das projektspezifische Tailoring erfolgt bei Anwendung von Project Engineer über zwei Stufen. Zunächst wird eine der von LBMS Systems Engineering angebotenen Vorgehensmodellvarianten ausgewählt. Danach werden die in diesem Projekt nicht durchzuführenden Aktivitäten gestrichen. Eine weitere Aufgabe der Projektplanung, die von Project Engineer unterstützt wird, ist die Festlegung der im Projekt eingeplanten Ressourcen und deren Zuordnung zu den einzelnen Aktivitäten.

Im Project Mode werden nun auf der Basis eines der Schätzmodelle Aufwandsschätzungen für das konkrete Projekt vorgenommen. Zur Projektüberwachung und -steuerung können Aktivitätenstruktur und geschätzte Aufwände exportiert und anderen PM-Tools, z.B. MS-Project oder PMW zur Verfügung gestellt werden. Dort können auch die Abhängigkeiten zwischen den zuvor festgelegten Aktivitäten als Netzplan definiert werden, so daß eine Ermittlung von Beginn- und Endterminen für die einzelnen Aktivitäten und der Ressourcenbelastung möglich ist. Diese Ergebnisse werden nach Import in Project Engineer in den verschiedenen Übersichten und Auswertungen dargestellt.

SE/ Workplace

SE/Workplace integriert das Systems Engineer Toolset mit anderen Windows-Applikationen zu einem umfassenden Systementwickler-Arbeitsplatz.

Mit Hilfe eines Query-Tools können auch ohne SQL-Kenntnisse eigene SQL-Abfragen auf die Systems Engineer-Projektdatenbank formuliert werden. Deren Ergebnisse werden entweder direkt angezeigt oder über den integrierten DDE/OLE-Server anderen (DDE-/OLE-fähigen) Windows-Anwendungen, wie z.B. WinWord, EXCEL oder DaVinci E-mail zur Verfügung gestellt. Damit ist es möglich, beispielsweise mit WinWord eine Projektdokumentation mit individuellem Layout zu gestalten, deren Inhalte auf Wunsch beim Öffnen des Dokuments aus der Projektdatenbank aktualisiert werden.

Eine Alternative hierzu stellt der ebenfalls zu SE/Workplace gehörende Report Formatter dar, der es erlaubt, die Zusammensetzung umfangreicher Dokumente grafisch zu definieren und in der Mischung Grafik/Text im Rich Text Format (RTF) zu erzeugen.

Methods On-line

Methods On-line ist ein Hypertext-Dokument des Methodenhandbuches von LBMS. Es erlaubt einen direkten Zugriff auf Informationen zu den Vorgehensmodellen und Methoden des LBMS Systems Engineering aus Systems Engineer und Project

Engineer heraus und unterstützt somit eine einheitliche methodische Vorgehensweise. Der Zugriff auf das Dokument ist auch über WinHelp direkt möglich.

Information Manager

Information Manager erweitert Systems Engineer um Repository-Service-Funktio-
nen. Somit wird für Systems Engineer die Möglichkeit zur Verwaltung von Nutzergruppen und ihrer Rechte in Bezug auf Designobjekte, aber auch von Versionen von
Designobjekten bereitgestellt. Die Definition von Baselines ist ebenfalls möglich.

Client/Server-Architektur

Seit seiner Freigabe im ersten Quartal 1990 hat Systems Engineer eine Client/Serv-
er-Architektur auf PC-LAN-Basis. Hierbei kommunizieren die PC-Clients über
Remote Procedure Calls mit einem PC-Server über das Protokoll NETBIOS. Systems
Engineer nutzt hierzu das Datenbanksystem SQLBase von Gupta Technologies,
USA, das im Lieferumfang des Produkts enthalten ist. Bei dieser Architektur werden
auf dem individuellen Entwicklerarbeitsplatz, dem Client, keine Entwicklungsergebnisse gehalten - auch nicht temporär. Vielmehr arbeiten alle Entwickler eines Teams
online mit gleichzeitigem Zugriff auf der Systems Engineer-Projektdatenbank, dem
LAN-Repository. Locking-Techniken auf mehreren Ebenen stellen dabei die Konsistenz der Projektdaten sicher. Der wesentliche Vorteil einer solchen Architektur
gegenüber Single-User-Tools besteht darin, daß eine Konsolidierung der Projektergebnisse der einzelnen Entwicklerarbeitsplätze nicht erforderlich ist, da alle Ergebnisse direkt zentral abgelegt werden und alle Entwickler permanent die gleiche
konsistente Sicht auf die Projektdaten haben. Die Nutzung des praxiserprobten
Datenbanksystems SQLBase für die Projektdatenbank liefert darüber hinaus eine
Reihe von Funktionen, wie z. B. den geregelten Wiederanlauf von Datenbankserver
und einzelnen Clients, die in summa zu einer hohen Verfügbarkeit des Gesamtsystems führen.

Supportstruktur

LBMS hat ca. 400 Mitarbeiter, davon 100 in Forschung und Entwicklung. Im
englischsprachigen Raum ist LBMS mit eigenen Gesellschaften vertreten (Großbritannien, USA, Australien), in den übrigen Ländern Europas erfolgt der Vertrieb in
der Regel über einen lokalen Distributor. In Deutschland und Österreich werden die
LBMS-Produkte und Methoden von der Firma ExperTeam in Köln angeboten.

2.4.2. Einsatzerfahrungen

In der Außenstelle des BAWV wird die Grundkomponente Systems Engineer seit
Anfang 1991 eingesetzt. Die Komponenten SE/Workplace, Methods On-line, Project
Engineer und SE/Open wurden schrittweise getestet und eingeführt.

Als Pilotprojekt für die Anwendung des CASE-Tools wurde ein Datenbank-Projekt
mittlerer Größenordnung ausgewählt. In einem insgesamt 9-tägigen Lehrgang wurden die Projektteam-Mitglieder in den durch das Werkzeug unterstützten Methoden

des LBMS Systems Engineering und der Handhabung des Produktes geschult. In der folgenden Zeit wurde in noch zwei weiteren Projekten zur Nutzung von Systems Engineer übergegangen. Die bei der Initialisierung sowie bei der System-Anforderungsanalyse und dem -Entwurf gesammelten Erfahrungen werden im folgenden dargestellt.

Unterstützung von Teamarbeit

In der Außenstelle ist ein PC als dedizierter Systems Engineer-Datenbankserver mit insgesamt 12 Clients installiert. Auf dem Server liegen mehrere Projektdatenbanken. An den einzelnen Projekten sind jeweils zwischen zwei und fünf Mitarbeiter mit einer entsprechenden Anzahl PC-Clients beteiligt.

Neben der Multi-User-Version von Systems Engineer wurde auch die Single-User-Version des Tools erprobt. Dabei zeigte die Multi-User-Version eine etwas bessere Performance - durchschnittliche Belastung des Datenbankservers vorausgesetzt. Insgesamt wird das Zeitverhalten des Systems als gut eingeschätzt. Checks, Löschoperationen und die Reportgenerierung dauerten jedoch zum Teil recht lange, da hierfür Zugriffe bzw. Prüfungen über die gesamte Projektdatenbank erforderlich sind.

Mit der Single-User-Version bearbeitete Projektdatenbanken konnten problemlos auf die Multi-User-Version übernommen werden - und umgekehrt.

Bei der parallelen Arbeit mehrerer Entwickler am selben Projekt zeigte sich, daß ein Multi-User-CASE-Tool wie Systems Engineer zwar keine saubere Projektorganisation und -planung ersetzen kann, aber dennoch eine wertvolle Hilfe zu deren Umsetzung darstellt. Bei der Parallelarbeit ergaben sich selten Kollisionen und dort wo sie auftraten, wurden sie durch die Locking-Mechanismen des Werkzeugs abgefangen. Versehentliches Ändern von Design-Objekten wurde durch das abgestufte Berechtigungssystem des Werkzeugs und die Vergabe von Update-Rechten an Designobjekten an einzelne Entwickler vermieden. Die explizite Weitergabe der Update-Rechte an andere Entwickler durch den System-Administrator erwies sich als unproblematisch.

Bei der Entwicklung des Prozeßmodells mit Hilfe von Datenflußdiagrammen war eine sinnvolle Parallelarbeit erst ab der dritten Diagrammebene möglich. Da bei der Entwicklung eines Datenflußdiagramms relativ häufig ein Wechsel zur Vater-Ebene erforderlich war, kam es häufiger vor, daß das Top-Diagramm nur im Browse-Modus geöffnet werden konnte, da es zur Zeit von einem anderen Arbeitsplatz aus editiert wurde.

Bemerkenswert ist, daß bei der Bearbeitung eines Diagramms durch einen Entwickler nur dieses Diagramm selbst für die Bearbeitung durch andere Entwickler gesperrt ist. Die im Diagramm abgebildeten Design-Objekte können zur gleichen Zeit an anderen Arbeitsplätzen bearbeitet werden. Dabei kann das gesperrte Diagramm im Browse-Mode zur Navigation zu diesen Designobjekten genutzt werden.

Insgesamt zeigte sich, daß durch die Parallelarbeit an einer Projektdatenbank ein
erheblicher Zeitgewinn möglich wurde. Dies resultiert vor allem aus dem Wegfall
der bei Single-User-Tools erforderlichen Konsolidierungsprozesse.

Integration unter MS-Windows

Wie schon oben erwähnt, kommen in der Außenstelle neben dem Systems Engineer
Toolset eine Reihe weiterer Windows-Applikationen zum Einsatz. Hier zeigten sich
die Möglichkeiten, die die Nutzung von MS-Windows und der zu Windows gehörenden Schnittstellen bei der Integration verschiedener Applikationen eröffnen. Da
die Standard-Reports von Systems Engineer vom Layout her nicht sehr ansprechend
sind, wurde nahezu die gesamte Dokumentation mit Hilfe der Kombination von
WinWord und SE/Workplace erstellt. Im Interesse der Schaffung von standardisierten
Reports erwies es sich dabei als vorteilhaft, daß die dazu notwendigen SQL-Queries
ebenfalls in der Projektdatenbank abgelegt werden und ihr Aufruf z.B. in einem
WinWord-Makro erfolgen kann.

Als Demonstration des Datenaustauschstandards DDE von Windows wurde eine
Kette von Dokumenten geschaffen, die es erlaubte, auf der Basis einer Business-
Grafik in Systems Engineer eine Kostenaufstellung für eine Hardware-Konfiguration
in Entwicklung befindlicher Anwendungssysteme in einem WinWord-Dokument zu
aktualisieren.

Funktionalität

Systems Engineer deckt die Methode LBMS Systems Engineering weitgehend ab.
Leider fehlt z.Z. eine Unterstützung bei der Normalisierung, wie sie vom Vorgänger-
produkt AUTO-MATE angeboten wurde.

Als besonders wertvoll bei der praktischen Arbeit erwiesen sich diejenigen Elemente
des Werkzeugs, die zur konstruktiven Qualitätssicherung dienen. Da jedes Dia-
grammelement beim Anlegen unmittelbar als Designobjekt in die Projektdatenbank
eingefügt wird, ist eine permanente Konsistenz von Diagrammen und sonstigen
Projektdatenbankinhalten gegeben. Im System findet eine zweistufige Konsistenzprüfung statt. Einmal ständig beim Einfügen, Editieren oder Löschen von Objekten
und eine erweiterte Konsistenzprüfung nach entsprechendem Funktionsaufruf
(Check). Bei dieser Checkfunktion wird die Ursache von Fehlern allerdings teilweise
nicht deutlich lokalisiert.

Während die Standard-Reports von Systems Engineer nicht besonders gefielen, ist
die Qualität grafischer Druckausgaben hervorragend. Darüber hinaus können alle
Diagramme als Ganzes oder in Teilen via Zwischenablage, z.B. in WinWord-Doku-
mente, übernommen werden.

Anhand eines Prototyps wurde die Eignung von Project Engineer zur Abbildung des
V-Modells untersucht. Dazu wurde zunächst im Process Mode der Wertevorrat für
Aktivitätenart, Ressourcen- und Produkt-Typ entsprechend dem V-Modell definiert.
Danach wurden Rollen, Produkte und zusätzlich Methoden vollständig aufgenom-
men. Informationen zum Inhalt der Aktivität, die Zuordnung der erforderlichen

Rollen, sowie die Definition der Ein- und Ausgangsprodukte ermöglichten eine vollständige Darstellung entsprechend der Beschreibungen des V-Modells. Lediglich die durch die Ausführung einer Aktivität hervorgerufene Statusänderung der Produkte ließ sich nur indirekt darstellen.

Beim Austausch von Daten zwischen Project Engineer und dem entsprechenden Werkzeug der Firma Microsoft, MS-Project, das ebenfalls unter Ms-Windows verfügbar ist, trat kein Datenverlust auf. Somit war es möglich, in Project Engineer die Aktivitätenstruktur zu erstellen und die Projektbegleitung mit MS-Project vorzunehmen. Auf diese Art konnten die jeweiligen Stärken der Tools genutzt werden.

Bedienung der Tools

Alle Komponenten des Systems Engineer Toolsets verfügen über eine durchgängige, konsistente Benutzerschnittstelle. Dies ist einerseits durch die Oberfläche von Windows gegeben. Andererseits sind bei den verschiedenen Applikationen von Systems Engineer immer wieder dieselben Standardtastenkombinationen, Menüstrukturen und -punkte, Auswahlfenster etc. verfügbar.

Für alle grafischen Aufgaben wird ein und derselbe Design-Editor verwandt. Entsprechend der Art der zu erzeugenden Grafik wird ein Satz an grafischen Objekten angeboten. Die Bedienung des Editors folgt dem Windows Style Guide, so daß sich z.B. hinsichtlich der Erzeugung, Verschiebung und Selektion von Grafikobjekten, aber auch bei den verschiedenen Zoomfunktionen große Ähnlichkeiten mit dem "look and feel" anderer Grafiktools wie z.B. Designer erkennen lassen.

Diese beiden Aspekte tragen wesentlich zur Verkürzung der Einarbeitungszeit bei der Nutzung des Produkts bei.

Die Aussagefähigkeit der Handbücher und der Online-Hilfen ist gut. Als besonders hilfreich im Umgang mit der Methode LBMS Systems Engineering wird die Zusatzkomponente Methods On-line eingeschätzt, die von Systems Engineer aus als kontextsensitive Methodenhilfe genutzt wird. Während Vorgehensmodell- und Methodenbeschreibungen in Handbuchform nur allzuoft in Regalen vor sich hinschlummern, wird hier eine attraktive Form der Aufbereitung entsprechender Informationen angeboten, die zur Nutzung animiert.

Nutzen des Einsatzes

Die Aussagen in Kapitel 2.3.2 zu IEW/ADW bzgl. der Verbesserung der Qualität der Produkte, der Dokumentation, der Vorteile einer gemeinsamen Verständigungsbasis usw. lassen sich auch für den Einsatz von Systems Engineer nur nachdrücklich bestätigen. Eine Reihe von Nutzenaspekten wurden jedoch als spezifisch für den Einsatz des Systems Engineer Toolsets angesehen.

Der Einsatz einer SEU in einer Entwicklungsumgebung, die weitgehend mit der Zielumgebung identisch ist, bietet Zeitersparnisse bei der Einarbeitung in diese Umgebung sowie Test und Einführung der zu erstellenden Anwendungssysteme. Dies gilt um so mehr, als auch die Anwendungssysteme Windows-Standardapplikationen wie WinWord und Excel nutzen werden.

Die Entscheidung für eine SEU in Client/Server-Architektur hat sich als richtig erwiesen. Den Vorteilen bei der Teamarbeit stehen keine erkennbaren Nachteile gegenüber. Die Tatsache, daß der einzelne PC eben nicht mehr "personal" ist, sondern die Entwickler auch datenmäßig an einer gemeinsamen "Sache" arbeiten, stärkt den Teamgeist.

Beim Einsatz von Methoden bei der Softwareentwicklung muß jedoch trotz Einsatz von CASE nach wie vor davon ausgegangen werden, daß wenigstens für das erste Projekt keine Aufwandssenkung zu verzeichnen ist, sondern eher das Gegenteil eintritt, was aber angesichts der qualitätsverbessernden Effekte und der übrigen Vorteile in Kauf genommen werden muß.

2.5. Zusammenfassung und Ausblick

Die Erfahrungen im Bereich der SWE zeigen, daß auf diesem Teilgebiet Methoden und Werkzeuge zur Verfügung stehen, die die Anforderungen der Anwendungsentwicklung weitgehend abdecken. Die oben erwähnten Kritikpunkte weisen jedoch daraufhin, daß sowohl die Methoden als auch die Werkzeugunterstützung verifiziert und eventuell ergänzt werden müssen.

Methodeneinsatz

Aufgrund der zunehmenden Bedeutung von objektorientierten Ansätzen und Lösungen in Computersystemen (u.a. objektorientierte Benutzeroberflächen und objektorientierte Datenbanken) sowie bestimmter grundsätzlicher Vorteile dieser Ansätze für den Entwicklungsprozeß von Software wird derzeit geprüft, inwieweit objektorientierte Entwurfsprinzipien genutzt werden können. Dabei ist vor allem das Prinzip der Vererbung bei der evolutionären Entwicklung von Software relevant. Es erlaubt die Trennung spezieller von allgemeiner Leistung. Die allgemeine Leistung kann im objektorientierten System mit wiederverwendbarer Software unterstützt werden. Dabei müssen die wiederverwendbaren Variablendeklarationen und die Methoden so formuliert werden, daß sie genau die allgemeine und keine objektspezifische Leistung unterstützen. Vererbungshierarchien können nur in Verbindung mit "intelligenten" programmtechnischen Lösungen ausgenutzt werden.

Bevor der objektorientierte Ansatz jedoch für die Entwicklung von Informationssystemen genutzt werden kann, sind folgende Aspekte zu klären:

–   Welche Methode gibt es, um "wohldefinierte" Objekte zu kreieren?
    Von der Güte der Objektspezifikation hängen die Möglichkeiten zu Wiederverwendung von Objekten bzw. zur Ableitung von Vererbungshierarchien ab.
–   Wie kann die Übersichtlichkeit der Analyse und des Designs in komplizierten Aufgabenstellungen gewährleistet werden?
–   Wie kann die Konfigurationskontrolle in komplexen Objektstrukturen und unter Berücksichtigung der auch im objektorientierten Ansatz auftretenden Wartungsproblematik von Software gewährleistet werden?

- Ist die Verständlichkeit und damit einhergehend die Akzeptanz der objektorientierten Ergebnisse auf der Fachseite höher als bei der bisherigen SEU-Vorgehensweise?
- Welche Möglichkeiten existieren, um objektorientierte Programme auf einer herkömmlichen Datenbank, wie z.B. DB2, einzusetzen?
- Welche Werkzeugunterstützung ist bei der objektorientierten Analyse und beim objektorientierten Design möglich?

Erst wenn diese Fragen geklärt sind und die Entwickler der Methoden wie z.B. die Firma Ploenzke bereit sind, diesen Ansatz in ihre Lösung zu integrieren, erscheint der praktische Einsatz der objektorientierten Methodik sinnvoll zu sein.

Werkzeugunterstützung

Im Zusammenhang mit dem Kauf der ADW-Hostkomponente sowie der entsprechenden Erarbeitung von Konzepten zum Datenmanagement ist die Erprobung der Host-Workstation-Kommunikation zwischen den ADW-Produkten geplant.

Ferner ist das BAWV Pilotkunde für die Beta-Version der neuen ADW 2.7, die wesentliche Neuerungen und Verbesserungen beinhaltet. Durch das Ergebnis des Tests kann auf die Weiterentwicklung des Produktes mit Einfluß genommen werden, z.B. im Bezug auf Fehlererkennung.

Der in einem Projekt erprobte Übergang von ADW zu CSP wird dokumentiert und das Ergebnis als Handbuch weiteren Anwendern zur Verfügung gestellt. Hierbei sollen auch die in CSP erstellten Standards zum Zweck der Wiederverwendung beschrieben werden.

In einem weiteren Projekt wird derzeit unter Einsatz der ADW-GUI der Übergang zur Micro Focus COBOL Workbench erprobt.

Mit der bisher kaum eingesetzten "Planning Workbench" der ADW werden momentan erste Erfahrungen in mehreren übergreifenden Projekten mit strategischer Informationsplanung und übergreifender Datenmodellierung gemacht.

Harmonisierung der SEU-Landschaft im BAWV

In der Außenstelle des BAWV hat sich unter Berücksichtigung der dort gegebenen Randbedingungen die Entscheidung für das Systems Engineer Toolset als richtig erwiesen. Damit sind im Bereich der Bundeswehr momentan zwei konkrete SEU im Einsatz, wobei jeweils Schwächen und Stärken in den unterschiedlichen Funktionsbereichen festzustellen sind. Die Entscheidung darüber, ob beide SEU in Zukunft weiter genutzt werden oder ob nur eine SEU generell als Standard betrieben wird, steht noch aus. Dabei muß die bisherige Zielumgebung der administrativen Informationssysteme in bezug auf Programmiersprachen, Monitore und verteilte Systeme aufgrund der Marktentwicklung überdacht und es müssen neue strategische Entscheidungen getroffen werden. Diese strategischen Überlegungen werden wiederum Einfluß auf die Gestaltung und Ausrichtung der Entwicklungumgebung haben, die sich jedoch nach wie vor im Rahmen von AD/Cycle bewegen wird.

Sollen beide Werkzeuge parallel weiterverwendet werden, stellt sich die Frage nach dem Austausch von Entwicklungs(teil)ergebnissen zwischen diesen CASE-Tools. Es gibt einige Anbieter, die sich speziell auf diese Problematik spezialisiert haben, so z.B. die Firma Software One mit ihrem Produkt Exchange und die Firma Reischmann Informatik mit ihrem Toolbus. Daneben stellen einige CASE-Anbieter selbst entsprechende Transformationshilfen zur Verfügung.

Neben den in Teil II, Kapitel 1 beschriebenen internationalen Normungsbemühungen auf diesem Gebiet wird auch ein CDIF-Standard (CASE Data Interchange Format) unter Beteiligung einer Reihe von CASE-Herstellern entwickelt. LBMS ist durch Stellung des CDIF-Vice-Chairman an dieser Entwicklung maßgeblich beteiligt.

In Zukunft ist jedoch der schon erwähnte Austausch von Entwicklungsergebnissen verschiedener CASE-Tools über ein zentrales Repository zu erwarten. Dieses zentrale Repository hat seinen Platz im Rahmen eines 2-Ebenen Repository-Konzeptes.

Dabei fungieren LAN-Repositories, die oftmals Bestandteil der jeweiligen CASE-Tools sind, als Projekt- und/oder Abteilungs-Repository. Über sie können sowohl die Entwicklungsergebnisse von (Teil-)Projekten verwaltet wie auch das Aufsetzen neuer Projekte unterstützt werden, indem bestehende Datenmodelle, Datenkataloge und ähnliches mehr aus dem zentralen Repository abgerufen und lokal für die weitere Bearbeitung bereitgehalten werden.

Im zentralen Repository dagegen müssen die unternehmenswichtigen Daten unter der Steuerung einer zentralen Datenadministration geführt und die für die Produktion relevanten Objekte gehalten werden. Ferner muß auf dieser Basis die Harmonisierung und Konsolidierung der Daten im Sinne unternehmensweiter Modelle herbeigeführt werden.

3. Projektmanagement

In diesem Kapitel wird beschrieben, wie das Thema "Projektmanagement (PM)" im BAWV mit einer entsprechenden maschinellen Unterstützung angegangen wurde. Dabei gehen die Anforderungen an ein unterstützendes Werkzeug über die im Standard (vgl. Teil II) beschriebenen Anforderungen insofern hinaus, als daß nicht nur das Projektmanagement, sondern auch übergreifende Steuerungsaktivitäten im Sinne eines Ressourcenmanagements unterstützt werden sollen.

Bei der Spezifikation der Anforderungen spielte die geplante Umorganisation des Amtes die wesentliche Rolle. Im Rahmen der neuen Organisation ist aufgrund größerer Organisationseinheiten, eines Ressourcenpools und der damit verbundenen Steuerungsanforderungen sowie des insgesamt höheren Flexibilitätsanspruches in der Projektabwicklung ein Instrumentarium sowohl für das Projekt- als auch für das Ressourcenmanagement unbedingt erforderlich.

Dieses Instrumentarium wird im folgenden als Projektabwicklungs- und -steuerungssystem (PASS) bezeichnet. Dabei wird der projektspezifische Teil " Projektmanagement (PM)" und der übergreifende Teil "Kapazitätsmanagement (KapM)" genannt. Das PASS soll neben dem Projektleiter auch den DV-Verfahrensleiter (Leiter der Verfahrenspflege und Änderung von im Betrieb befindlichen DV-Verfahren) in seinen Managementaufgaben unterstützen. Wenn im folgenden vom "Management von Projekten" die Rede ist, ist das "Management der Verfahrenspflege und -änderung" mit eingeschlossen.

3.1. Werkzeugauswahl

Für die maschinelle Unterstützung des PM und des KapM wurde ein anpaßbares Werkzeug benötigt, das eine Eingrenzung auf die im BAWV benötigten Teile zuläßt, eine spezielle Nutzeroberfläche mit der Verwendung von amtsspezifischen Begriffen und einer differenzierten Zuordnung von Funktionen zu Nutzerkreisen bietet, die Anpassung der Standardauswertungen an die Anforderungen der verschiedenen Managementebenen erlaubt sowie die Anforderungen der Personalvertretung hinsichtlich der Verwendung personenbezogener Daten im Sinne des Bundesdatenschutzgesetzes erfüllt.

Als Hardware-Konfiguration kam aufgrund der DV-infrastrukturellen Gegebenheiten und der hohen Leistungsanforderungen des KapM nur eine PC/Host-Lösung in Frage.

Im August/September 1989 wurde eine Marktsichtung der Projektmanagement-Tools durchgeführt /Bröhl, 91/. Analog der in Kapitel 2 beschriebenen Vorgehensweise bzgl. der Auswahl eines Analyse-/Designtools wurden zunächst die folgenden Grobkriterien definiert:

- Das Produkt muß bis zu einem bestimmten Termin im Entwicklungs-Rz installierbar und in vollem Umfang testbar sein.
- Das Produkt ist Multi-projekt-fähig.
- Das Produkt verfügt über eine Hostkomponente und eine Workstationkomponente.
- Die Hostkomponente erlaubt projektübergreifende Auswertungen der Daten aus verschiedenen Projekten und dient der Erhaltung konsistenter Datenbestände.
- Das Produkt enthält Import- und Export-Funktionen für alle gespeicherten Daten.
- Es besteht die Möglichkeit, in der Hostkomponente den Zugang zum Produkt mit abgestuften Berechtigungen nach Nutzerprofilen zu regeln.
- Das Produkt erlaubt die Abbildung eines eigendefinierten Vorgehensmodells.
- Das Produkt bietet die Möglichkeit, Ressourcen mit Kalendern projektbezogen und projektübergreifend zu verwalten.
- Das Produkt ermöglicht die Planung, Kontrolle und Steuerung von Ressourcen auf verschiedenen Aggregationsstufen.
- Mit dem Produkt können logische Abhängigkeiten von Aktivitäten mit Netzplantechnik und zeitliche Abhängigkeiten von Aktivitäten mit Balkendiagrammen geplant werden.

Nach der Vorauswahl anhand des Grobkriterienkataloges wurde anschließend die endgültige Toolauswahl mit einem gewichteten UFAB-Baum durchgeführt, wobei auch hier die unterste Ebene des Baumes nochmals in mehrere Einzelkriterien unterteilt wurde (siehe Anhang).

Als Ergebnis der Toolsichtung ergab sich eine "Hitliste" mit drei funktional gleichwertigen Lösungen an der Spitze. Aus diesen in Frage kommenden Lösungen wurden aufgrund von Integrations-/Kostenaspekten die Produkte "QWIKNET" als PC-Komponente und "PROJECT/2" als Host-Komponente ausgewählt, die von der Firma PSDI in Boston entwickelt und von der deutschen Tochtergesellschaft in München vertrieben werden, die dort ebenfalls Unterstützung und Hotline-Service anbietet.

Beide Produkte wurden getestet und in einem ersten Pilotprojekt für die Unterstützung des PM-Teils eingesetzt, wobei Probleme in der Interkommunikation und in der Zusammenarbeit zwischen dem Host- und dem PC-Produkt auftraten.

Zwischenzeitlich bot die Firma PSDI das neue Produkt "PGI" (PROJECT/2 Graphic Interface) an, das für die Host-Komponente eine PC-Oberfläche bietet. Durch den Einsatz eines zentralen Host-Produktes mit einer PC-Oberfläche können die Möglichkeiten des Datenschutzes und der Datensicherheit des Großrechners voll genutzt werden.

Weiterhin kann die PC-Oberfläche an die Nutzerbelange angepaßt und der Funktionsumfang des Host-Produktes auf die für DV-Projekte notwendigen Funktionen eingeschränkt werden. Die Großrechner-Lösung bietet zudem den Vorteil, daß ein V-Modell-Treiber wie ADPS (vgl. Kapitel 4) über eine DB2-Schnittstelle anschließbar ist.

Nachteilig bei dieser Lösung ist, daß die grafische Eingabe von Daten wie bei einem reinen PC-Produkt trotz der Window-ähnlichen PC-Oberfläche nicht möglich und die Anwendung abhängig von der Performance des Großrechners ist.

Da die Vorteile dieser Lösung jedoch überwiegen, wurde entschieden, PASS auf Basis von PGI zu entwickeln. Der Einsatz von QWIKNET wurde dadurch überflüssig.

3.2. Strukturen und technische Beschreibung

Der PM-Teil von PASS unterstützt den Projektleiter bei seinen Hauptaufgaben, nämlich der Planung, Steuerung und Kontrolle von Terminen, Kapazitäten und Kosten mit den erforderlichen PM-Funktionen wie folgt:

Die in einem Projekt durchzuführenden Aktivitäten müssen festgelegt, miteinander als Netzplan verbunden und in das System eingegeben werden. Den einzelnen Aktivitäten/Vorgängen können Einsatzmittel (Mitarbeiter bzw. Ausstattung und Verbrauchsmaterial) zugewiesen und der Aufwand für die Durchführung der Aktivitäten geschätzt werden. Auf der Basis der eingegebenen Daten erhält der Projektleiter Auswertungen über die Termine und die Dauer des Projektes. Dabei liegt ein Kalender mit Arbeitszeiten und Feiertagen zugrunde, der für alle Anwender gültig ist.

Während der Projektlaufzeit kann der Anwender Informationen über den Fortschritt der Aktivitäten und die geleisteten Aufwände eingeben. Sie dienen als Grundlage zur erneuten Ermittlung der Termine unter Berücksichtigung der Kapazitätsbindungen. Zu jeder Zeit kann der Anwender eine Reihe von Auswertungen sowohl in Listenform als auch als grafische Ausgaben erstellen.

Der KapM-Teil hat zum Ziel, neben der Unterstützung der Projektleiter übergreifende Auswertungen für verschiedene Ebenen in der Organisation bereitzustellen. Für diese Ebenen werden aus den Projektinformationen verdichtete Daten als Grundlage für Managemententscheidungen zur Verfügung gestellt, ohne daß zusätzliche Projektinformationen eingegeben werden müssen (Abb.3.1).

Damit könnten Fragestellungen des Management beantwortet werden, wie z.B:

— Anzahl der Projekte/DV-Verfahren/Aufträge
— Stand von Projekten/Aufträgen
— Termine von Projekten/Aufträgen

–   Soll-Ist-Auswertungen von Projekten, bezogen auf Termine und Kosten
–   Verantwortliche Fachabteilungen für Projekte
–   Gebundene/freie Kapazitäten von Ressourcen
–   Auslastung von Ressourcen

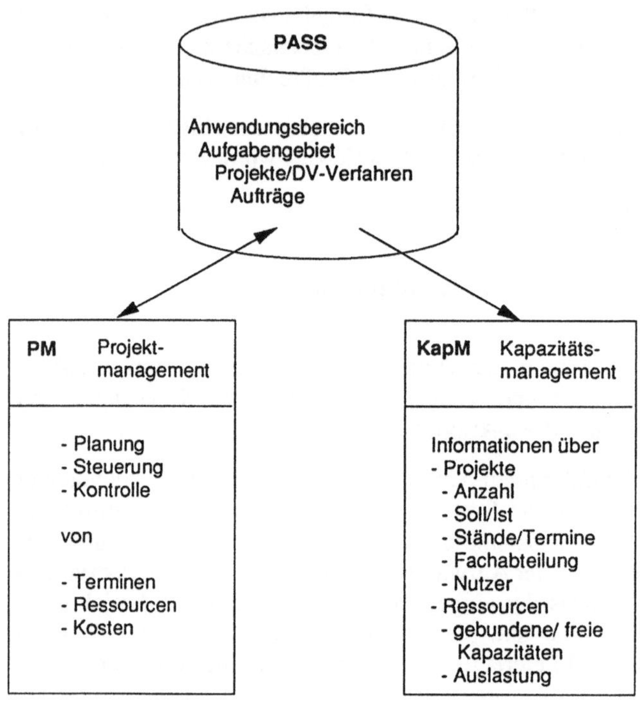

Abb.3.1   Struktur von PASS

Bei dem für die technische Realisierung des PASS ausgewählten Werkzeug PGI handelt es sich um ein Basisprodukt, hinter dem PROJECT/2 und EASEL stehen.

PROJECT/2 ist eine Projektmanagement-Software mit einer Kommandosprache für den Host, ablauffähig unter den Betriebssystemen MVS der Firma IBM und VMS der Firma Digital. Das Produkt ist in die Komponenten Schedule-Manager, Cost-Manager und Graphic-Manager unterteilt. Der Schedule-Manager enthält die Funktionen des Projektmanagements, der Cost-Manager befaßt sich mit Fragen der Kostenstellen- und Kostenträger-Rechnung. Durch den Graphic-Manager werden alle grafischen Ausgaben der Daten des Schedule- und des Cost-Managers gesteuert.

Derzeit werden im Rahmen des PM-Teils der Schedule-Manager und der Graphic-Manager in der MVS-Version eingesetzt, die auch die Schnittstelle zu DB2 mit beinhaltet. Der Einsatz des Cost-Managers erfolgt bei der Realisierung des Teils KapM. Die Speicherung der PASS-Daten und die Berechnungen werden in PRO-JECT/2 durchgeführt.

Mit Hilfe von EASEL, einem Produkt der EASEL Corporation, das in Deutschland von der Firma Aglais vertrieben und unterstützt wird, steht in PGI unter dem Betriebssystem DOS oder OS/2 eine grafische Oberfläche auf dem PC zur Verfügung, die Window-ähnlich ist und mit der Maus bedient werden kann. EASEL dient zur Übertragung der Daten zwischen Host und PC sowie zu deren Darstellung auf dem PC und bedient sich hinsichtlich der Kommunikationssteuerung einer Emulationssoftware.

3.3. Die einzelnen Funktionen im Überblick

Im folgenden werden die einzelnen Funktionen des PASS beschrieben, wie sie in einer ersten Version des PM-Teils momentan realisiert sind. Sie spiegeln den Funktionsumfang eines PM-Werkzeugs wieder, der für die Unterstützung des Projektmanagements von DV-Produkten im BAWV erforderlich ist.

Systemverwaltung

Die erste Hauptfunktion des PASS ist die Systemverwaltung. Diese enthält neben dem Hauptmenü die Funktionen, die sich mit den globalen Projektinformationen befassen.

Hierzu gehören die Funktionen:

– Anmelden auf dem Host und Laden des gewählten Projektes
– Reorganisieren der Projektdaten
– Ansehen der Projektinformationen
– Sichern der in Arbeit befindlichen Version (als Arbeits-, Test- oder Managementversion)
– Abmelden aus PASS

Für jedes Projekt kann es folgende drei PASS-Versionen geben. Die Arbeitsversion dient der operativen Durchführung des PM und enthält die aktuellen Projektinformationen. In der Test-/Simulationsversion kann der Projektleiter eine Kopie der Arbeitsversion zu Test-/und Simulationszwecken, z.B. für "Was wäre, wenn" -Fragestellungen anlegen. In der Managementversion wird die Arbeitsversion zu definierten Zeitpunkten für die Bereitstellung der Projektdaten an den KapM-Teil kopiert.

Die Kontrolle über die Arbeits-, Test- und Managementversionen liegt allein beim Projektleiter. Dadurch wird gewährleistet, daß nur von ihm freigegebene Daten für Managementauswertungen herangezogen werden.

Kalender

Die Hauptfunktion "Kalender" bietet dem Anwender die Möglichkeit, sich die
Definition der Projektkalender anzusehen.

Es sind einheitliche Kalender für alle PASS-Anwender definiert. Dadurch erfolgen
die Terminberechnungen für alle Projekte auf der gleichen Basis. Dieser Kalender
wird als Standardkalender allen Aktivitäten/Ressourcen zugeordnet und bei Berechnungen zugrunde gelegt. Eine Änderung der Kalenderinformationen ist nur durch
einen sogenannten PASS-Beauftragten auf dem Host möglich.

Ressourcen

Die Hauptfunktion "Ressourcen" ermöglicht dem Projektleiter, sich die Ressourceninformationen anzeigen zu lassen. Im PASS wird zwischen Personal, Material und
Ausstattung als verschiedene Arten von Ressourcen unterschieden.

Beim Personal sind Ressourcentypen (z.B. Organisationsprogrammierer, Daten-
bankspezialist) definiert, mit denen der Anwender sein Projekt im ersten Schritt
planen kann. Diese Grobplanung dient als Grundlage für seine Ressourcenforderun-
gen. Nach einem Genehmigungsprozeß erhält er durch den PASS-Beauftragten die
für sein Projekt verfügbaren Ressourcen zugeteilt, die er nun in der weiteren Planung
berücksichtigen kann, wobei zu jeder personellen Ressource deren Verfügbarkeit
unter Berücksichtigung der An- und Abwesenheitszeiten gespeichert ist.

Die Ressourceninformationen können vom Anwender nicht verändert werden. Änderungen erfolgen nur durch den PASS-Beauftragten der jeweiligen Organisationseinheit.

Planung

In dieser Hauptfunktion wird die Planung der Aktivitäten durchgeführt. Die Aktivitäten (auch Vorgänge genannt) können angelegt, geändert und gelöscht werden. Zu
den Informationen eines Vorgangs gehören der Identifizierer, die Beschreibung sowie
die geplante Dauer in Tagen.

Die logischen Beziehungen zwischen den Vorgängen sowie die Art der Verbindung
(Ende-Anfang, Anfang-Ende, Anfang-Anfang, Ende-Ende) mit einer eventuellen
Verzögerung werden eingetragen. Dadurch entsteht das logische Netz der Aktivitäten. Zu den Aktivitäten können Terminvorgaben angegeben werden (z.B. Start nicht
früher als...). Durch den Eintrag von Terminvorgaben zu einzelnen Aktivitäten wird
die Berechnung der Termine beeinflußt.

Zur Durchführung von Aktivitäten werden Ressourcen benötigt. Eine Ressource wird
mit einem geplanten Aufwand zugeordnet, wobei entweder die Gesamtmenge oder
eine Rate pro Tag eingetragen wird.

Es wird zwischen "normalen" Einzelvorgängen, Gruppenvorgängen und Meilensteinen unterschieden. Als Einzelvorgang bezeichnet man eine nicht weiter detaillierte
Aktivität mit einer bestimmten Dauer und der Zuordnung von Ressourcen. Ein

Gruppenvorgang besteht aus mehreren Einzelvorgängen und wird über Beziehungen vom ersten (Anfang-Anfang) und vom letzten (Ende-Ende) ihm zugeordneten Einzelvorgang in das Netz eingebunden. Es sind Hierarchien von Gruppenvorgängen möglich. Ein Meilenstein ist ein Vorgang mit der Dauer 0, der ein besonderes Ereignis im Projektablauf charakterisiert.

Fortschritt

Während der Durchführung des Projektes gibt der Projektleiter in dieser Hauptfunktion ein, welche Aktivitäten begonnen und welchen Aufwand die beteiligten personellen Ressourcen zu den einzelnen Aktivitäten erbracht haben. Dabei kann die Eingabe der Fortschrittsdaten aktivitäts- oder ressourcenbezogen erfolgen.

Durch Angabe eines Zeitraumes kann die Zahl der angezeigten Aktivitäten eingeschränkt werden.

Berechnungen

Die in den Hauptfunktionen "Planung" und "Fortschritt" eingetragenen Daten dienen als Grundlage für die Berechnungen des Projektes.

Bei der Terminrechnung werden die frühesten und spätesten Anfangs- und Endtermine der Vorgänge auf der Grundlage der angegebenen Dauer und der Anordnungsbeziehungen errechnet. Die Ergebnisse werden in einem Plan gespeichert. Die frühesten Termine ergeben sich durch die Rechnung vom Start- zum Ende-Vorgang, die spätesten Termine durch die Rechnung vom Ende- zum Start-Vorgang.

Bei der Erstellung von Ressourcenplänen erfolgt ebenfalls eine Berechnung von Terminen auf der oben beschriebenen Basis. Zusätzlich werden aber noch der Ressourcenbedarf der Aktivitäten und die Ressourcenverfügbarkeiten in die Berechnung miteinbezogen. Die Berechnung erfolgt termintreu, d.h. Vorgänge werden maximal bis zu ihrem spätesten Ende verschoben.

Bei der Erstellung eines Ressourcenplans kann der Anwender angeben, welche Ressourcen berücksichtigt werden sollen. Durch die Ressourcenpläne kann der Projektleiter die Auslastung der betreffenden personellen Ressourcen und eventuelle Engpässe erkennen.

Zu bestimmten Zeitpunkten während des Projektverlaufes (z.B. bei Abschluß der Grobplanung, bei der Feinplanung, bei Erreichen von Meilensteinen) ist es erforderlich, den Projektstand in einem sogenannten Sollplan (Ressourcenplan oder aktueller Projektstand) zu speichern. Dieser kann später als Grundlage für Auswertungen und Vergleiche von Projektständen dienen.

Auswertungen

Die im System PASS enthaltenen Projektinformationen werden in dieser Hauptfunktion auf verschiedene Arten ausgewertet und die Ergebnisse im Listenform oder als Grafiken dargestellt. Es wird generell zwischen Aktivitätslisten und ressourcenbezogenen Listen unterschieden.

Zu den Aktivitätslisten gehören:

- Terminliste
- Terminvergleiche
- Anordnungsbeziehungen
- Ressourcenbedarf pro Aktivität
- Balkenplan.

Zu den Ressourcenlisten zählen:

- Ressourcenverfügbarkeit
- Aktivitäten pro Ressource
- Periodischer Bedarf
- Ressourcenauslastung.

Zu den grafischen Auswertungen zählen z.B. der Netzplan des Projektes oder Histogramme über die Auslastung der beteiligten personellen Ressourcen.

3.4. Zusammenfassung und Ausblick

Die Erfahrungen mit der Anpassung der PSDI-Produktpalette an die organisationsspezifischen Anforderungen haben gezeigt, daß ein flexibles Instrumentarium im Gegensatz zu nicht veränderbaren Lösungen große Vorteile bietet. Nicht zu unterschätzen ist jedoch der Aufwand, der für die Anpassungen zu betreiben ist.

Es darf auch nicht verschwiegen werden, daß die realisierte Host-/PC-Lösung teilweise problematische Antwortzeiten mit sich bringt, die im wesentlichen in der Kommunikation des PC-Produktes EASEL mit dem Host begründet liegen. Die dort aufgetretenen Schwierigkeiten haben zu der Entscheidung geführt, zu Beginn einer PASS-Session möglichst viele Daten auf den PC zu laden und die Zugriffe auf den Host während der Arbeit zu minimieren.

Weitere Probleme ergeben sich derzeit in technischer Hinsicht in bezug auf die Grafikaufbereitung im Zusammenspiel zwischen Host und PC. Es ist daher vorgesehen, die erforderlichen Daten vom Host auf den PC zu übertragen, um die Aufbereitung mit Hilfe des Grafikprogramms GRANEDA auf dem PC vorzunehmen. Diese Lösung hat den Vorteil, daß die bessere Grafikfähigkeit des PC genutzt wird.

Trotz aller Schwierigkeiten scheint der eingeschlagene Weg erfolgversprechend zu sein. Der in einer ersten Version fertiggestellte PM-Teil des PASS soll nun in Pilotprojekten erprobt werden. Dazu wurden Kriterien zur Auswahl der Pilotprojekte definiert und mittlerweile mehrere Projekte ausgewählt, die mit der Erprobung begonnen haben.

Die Erkenntnisse der Piloterprobung werden in die Erstellung einer zweiten Version des Teils PM einfließen. Die Erstellung einer ersten Version des Teils KapM sowie eine Beschreibung der logischen Schnittstelle zum Prozeßmanagement sind momentan in der Erarbeitung.

Die Firma PSDI in USA hat ein neues PC-Werkzeug "Project X" angekündigt, das in Kombination mit Project/2 als neue, integrierte PC-Host-Lösung propagiert wird und in einer weiteren Ausbaustufe die anwenderspezifische Anpassung auf dem PC erlauben soll. Es ist nicht ausgeschlossen, daß ein Überdenken der jetzigen Lösung erfolgt, wenn die Anforderungen des PASS durch diese Produktkombination erfüllt werden.

Unabhängig von der technischen Weiterentwicklung soll das Instrumentarium nach erfolgreicher Durchführung der Pilotprojekte sukzessive mit der Umorganisation im BAWV flächendeckend eingeführt werden. Dabei muß berücksichtigt werden, daß nur die neuen Projekte nach dem V-Modell entwickelt werden, während die laufenden Projekte und die sich in der Nutzung befindlichen DV-Verfahren an den alten Regelungen orientiert sind. Für diese unterschiedlichen Projekttypen müssen Standards in PASS definiert werden, die eine Vergleichbarkeit der PM-Daten und eine spätere Aggregation im KapM-Teil erlauben.

Die ersten Erfahrungen mit den Benutzern von PASS in den Pilotprojekten zeigen, daß das Werkzeug die Anforderungen in bezug auf den Funktionsumfang und die Oberfläche durchaus erfüllt und die Bedienung leicht erlernbar ist. Die sinnvolle Nutzung des PASS setzt jedoch fundierte Kenntnisse über Vorgehensweise und Methoden des Projektmanagements voraus. Die Vermittlung dieser Kenntnisse erfordert einen weitaus größeren Aufwand als die Einführung des Instrumentariums.

4. Prozeßmanagement

Im BAWV liegen mittlerweile erste Erfahrungen mit dem praktischen Einsatz des V-Modells in DV-Projekten vor. Das V-Modell wurde zunächst ohne eine maschinelle Unterstützung angewendet. Parallel dazu wurde die Auswahl eines geeigneten Prozeßmanagementwerkzeugs vorgenommen und das ausgewählte Werkzeug an die Spezifika des V-Modells und die eingesetzten Methoden und Werkzeuge angepaßt.

In diesem Kapitel wird zunächst auf die Erfahrungen mit dem V-Modell in der Projektarbeit eingegangen und im Anschluß daran beschrieben, wie das V-Modell maschinell mit einem Prozeßmanagementwerkzeug unterstützt werden kann.

4.1. Anwendung des V-Modells

Das V-Modell wird als Pilotanwendung in einem Projekt zur Unterstützung administrativer Fachaufgaben zusammen mit der Methode Isotec und den Werkzeugen ADW und CSP eingesetzt und hat sich nach Aussage des Projektleiters bewährt.

Die Anwendung des V-Modells führt zu einer vollständigen, sich selbst überprüfenden Vorgehensweise, zu einer wesentlich genaueren Projektplanung und erfordert ebenso wie die Konfigurations- und QS-Planung frühzeitige Überlegungen und Aussagen zum Projektverlauf. Durch den Einsatz des V-Modells wird eine konstruktive QS erreicht. So beinhaltet die Erstellung eines Systemintegrationsplanes automatisch die Überprüfung der Systemanforderungen und der Systemarchitektur.

Im Gegensatz zur früheren Vorgehensweise verlangt das V-Modell eine sehr detaillierte Beschreibung der Anforderungen in der Entwurfsphase, was grundsätzlich als sehr positiv bewertet wird.

In der Entwurfsphase ergaben sich jedoch Schwierigkeiten in der Anwendung des V-Modells in Verbindung mit der Methode Isotec. Im ersten Ansatz wurden auf der Systemebene gemäß Isotec die kompletten E/R-Modelle, Datenflüsse und die funktionale Dekomposition bis auf Elementarfunktionsebene in der ADW beschrieben, was zu einer vom Umfang her unübersichtlichen, kaum nachvollziehbaren Dokumentation führte. Daraufhin wurde überlegt, zunächst die fachlichen Anforderungen unter Beibehaltung der Vorgehensweise komplett zu beschreiben und damit auch "bottom up" zu adäquaten Zerlegungseinheiten zu kommen und anschließend die Ergebnisse auf die Produkte der Erzeugnisstrukturen von SWE 1 bis SWE 3 zu verteilen. Danach hätte das Produkt "Systemanforderungen" nur grobe fachliche Funktionen enthalten, obwohl eine detaillierte Funktionshierarchie gemäß Isotec vorhanden war. Die restlichen Funktionen (DV-orientiert, elementar) wären in die "DV-Anforderungen" bzw. in die "SW-Anforderungen" übernommen worden. Dieser Ansatz wurde jedoch verworfen, da die Vorgehensweise den systematischen Ansatz des V-Modells nicht in ausreichender Weise berücksichtigt.

Die jetzige Lösung sieht vor, daß das komplette fachliche Modell bei SWE 1 beschrieben und die Dokumentation durch die Bildung von Subsystemen in der Erzeugnisstruktur nach dem V-Modell überschaubar gemacht wird. Bei dieser Vorgehensweise wird die Hauptaktivität SWE 2 gestrichen (Abb.4.1).

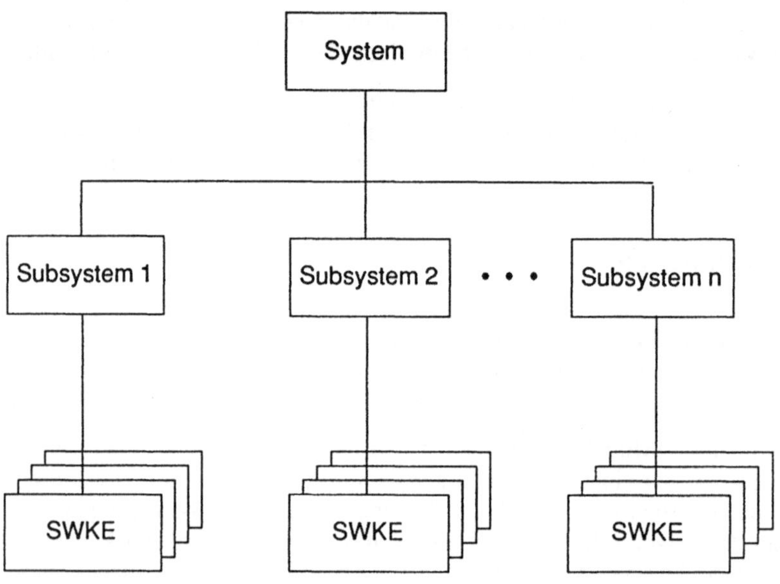

Abb.4.1   Erzeugnisstruktur

Ob dieser Ansatz auf andere Projekte übertragbar ist oder ob andere Lösungsmöglichkeiten für die Kombination von Isotec und V-Modell im Hinblick auf die Erzeugnisstruktur gefunden werden müssen, werden die weiteren Erfahrungen mit dem Einsatz des V-Modells zeigen.

Wesentliche Überlegungen wurden im Pilotprojekt auch zu dem Themenkomplex der Entscheidungsdokumentation für das Management gemäß dem vorgegebenen Phasenmodell gemacht. In das Managementpapier zur "Organisatorisch-Technischen-Forderung" konnten wesentliche, ausgewählte Teile der Systemanforderungen aus der ADW mit Hilfe eines selbstgeschriebenen Makros automatisiert übernommen werden.

Neben dem Einsatz im Pilotprojekt wird das V-Modell in Projekten im Bereich der logistischen Informationssysteme angewendet. Hierbei handelt es sich um Projekte, in denen der Amtsbereich als Auftraggeber nur die Funktionen des Projektmanagements wahrnimmt und die eigentliche Entwicklung von Firmen als Auftragnehmer durchgeführt wird.

Auch aus Sicht des Auftragnehmers wird die durch das V-Modell erreichte Standardisierung positiv bewertet. Es wird jedoch festgestellt, daß das V-Modell allein als Arbeitsgrundlage nicht ausreicht und unbedingt eine Operationalisierung erforderlich ist, die z.B. auch die oben beschriebene Abbildung von Isotec auf die Erzeugnisstruktur des V-Modells mit beinhalten muß.

Ausführliche Erfahrungsberichte zum Einsatz des V-Modells im Pilotprojekt und in der Logistik finden sich in /Bröhl, 93/.

4.2. Erfahrungen mit ADPS

Zur maschinellen Unterstützung eines Vorgehensmodells werden auf dem Markt Werkzeuge angeboten, die eine Abbildung von Modellen und die Steuerung der in den verschiedenen Submodellen eingesetzten CASE-Werkzeuge ermöglichen.

Eines dieser Werkzeuge ist ADPS (Application Development Project Support) der Firma IBM, welches momentan die Rolle des Prozeßmanagers in AD/Cycle übernimmt. ADPS kann neben der Unterstützung eines Vorgehensmodells in dieser Funktion die Kontrolle über verschiedene andere Komponenten, z.B. über ADW, CSP und SCLM übernehmen.

Im Hinblick auf die bestehende DV-Infrastruktur der Entwicklungsumgebung im BAWV bot sich ADPS als Prozeßmanagementwerkzeug an. Da eine Analyse zeigte, daß dieses Werkzeug den überwiegenden Teil der funktionalen Werkzeuganforderungen der dritten Standardisierungsebene erfüllt, wurde auf eine umfangreiche Marktsichtung verzichtet und beschlossen, einen Prototyp zur Unterstützung des V-Modells mit Hilfe von ADPS zu entwickeln.

4.2.1. Funktionsumfang

ADPS ist ein Host-Werkzeug, das unter den IBM-Betriebssystemen MVS und VM lauffähig ist. Es verfügt über eine Workstation-Komponente, die es ermöglicht, neben dem Aufruf Host-basierter Werkzeuge auch andere Werkzeuge aufzurufen, die unter dem Betriebssystem OS/2 laufen.

ADPS besteht aus zwei Komponenten:

- ADPS/P beinhaltet die Anschlußmöglichkeiten für die verschiedenen Werkzeuge, die definitions- und kundenspezifischen Anpassungsfunktionen sowie die Treiberfunktionen für das Vorgehensmodell.
- ADPS/M ist das IBM-eigene Vorgehensmodell mit vorgefertigten Werkzeuganschlüssen, das entweder vom Kunden erworben und angepaßt oder durch ein kun-deneigenes Modell ersetzt werden kann.

ADPS unterstützt ein Netz von Aktivitäts- und Ergebnistypen als Struktur eines Vorgehensmodells. Pro Aktivitätstyp werden die eingehenden und ausgehenden Ergebnistypen festgelegt.

ADPS unterscheidet drei Pfade der Anwendungsentwicklung:

- den D-Pfad als Entwicklungspfad (D = Development),
- den Q-Pfad zur Qualitätssicherung und
- den P-Pfad für die Aktivitätstypen des Projektmanagements.

Durch ein Statuskonzept und durch auszutauschende Ergebnistypen sind die verschiedenen Pfade miteinander verbunden.

Das Werkzeug sieht verschiedene Versionen des Modells vor, verteilt auf drei verschiedene Stufen (Abb.4.2).

- Das *Basismodell* enthält alle vorkommenden Aktivitäts- und Ergebnistypen.
- Das *Anwendungsmodell* ist die für einen bestimmten Anwendungsbereich zugeschnittene Version des Basismodells.
- Das *Projektmodell* enthält die projektspezifischen Aktivitätstypen und Ergebnistypen.

Beim Zuschneiden (Tailoring) des Basismodells über die verschiedenen Stufen bis zum Projektmodell kann immer wieder die Konsistenz des Modells maschinell geprüft werden.

ADPS unterstützt den Benutzer, also den Projektleiter und den Softwareentwickler, bei der Navigation durch das Netz von Aktivitätstypen und Ergebnistypen. Auf der untersten Stufe der dreistufigen Tailoring-Hierarchie werden die Instanziierungen der Typen angelegt. Der einzelnen Instanz ist jeweils ein Status von 1 (= geplant) bis 6 (= fertiggestellt) zugeordnet, anhand dessen eine Projektfortschrittskontrolle durchgeführt werden kann.

Weitere von ADPS bereitgestellte Funktionen sind:

- Zuordnung von Aktivitätstypen zu einem übergeordneten, separat geführten Phasenmodell
- Bereitstellung von Hilfetexten zu jeder möglichen Aktion
- Speicherung von qualifizierenden Merkmalen, wie Autor, Erstelldatum, Änderungsdatum etc.
- Möglichkeit, Gerüste anzulegen, die Produktmuster oder vorgefertigte Dokumente enthalten können

– Bereitstellung einer Berechtigungsausgangsroutine, durch die kundenspezifische Sicherheitskonzepte verwirklicht werden können
– Anschlußmöglichkeit einer Vielzahl von Werkzeugen

Die heute verfügbare Version von ADPS deckt zwar wichtige Funktionen des Prozeßmanagements innerhalb eines Konzeptes wie AD/Cycle ab, läßt aber noch einige Wünsche offen, die hauptsächlich wegen der Host-Orientierung des Produktes nicht erfüllt werden können.

In den für die Entwicklung zuständigen IBM-Labors in Wien wird an dem Nachfolgeprodukt für ADPS gearbeitet (voraussichtlich "Workflow Manager" genannt),

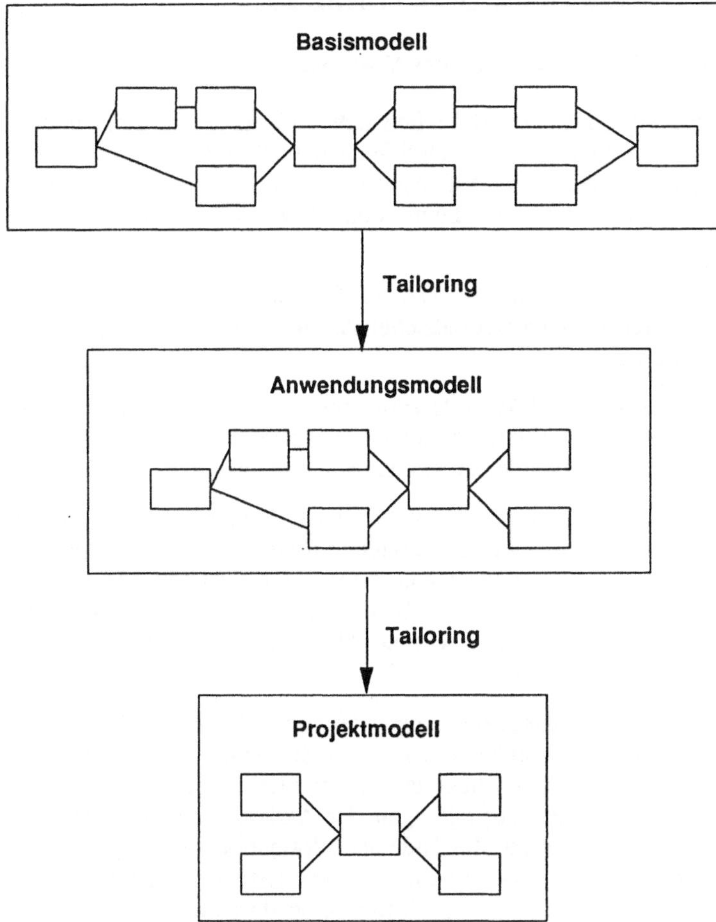

Abb.4.2   Modellhierarchie des ADPS

welches als wesentlichen Unterschied zum ADPS ein objektorientiertes internes Design und eine Workstationkomponente beinhalten wird.

Bei diesem Produkt ist davon auszugehen, daß das konsolidierte Arbeiten in einem Workstation-Host-Verbund einfacher und flexibler möglich sein wird. Der Workflow Manager hat gegenüber ADPS u.a. folgende Zusatzfunktionen:

- Grafische Nutzeroberfläche,
- LAN-Fähigkeit
- Aktives Netzwerk von Aktivitäten
- Automatischer Aufruf von Werkzeugen, abhängig von Bedingungen

Diese neuen Funktionen werden es dem Benutzer erlauben, mit Hilfe der grafischen Oberfläche komfortabel und aktiv durch das Netz der Aktivitäten aufgrund des Modells und der dort definierten Bedingungen zu navigieren.

4.2.2.   Erfahrungen bei der Abbildung des V-Modells

Bei der Abbildung des V-Modells auf ADPS ließ sich das Netz der Aktivitäten und Produkte des V-Modells leicht auf die im ADPS festgelegte Struktur von Aktivitäts- und Ergebnistypen zuordnen. Das im V-Modell geforderte Tailoring wird dabei durch die dreistufige Modellhaltung und durch die maschinelle Konsistenzprüfung unterstützt.

In den Hilfetexten konnte nicht nur der gesamte Text des V-Modells hinterlegt werden, sondern es konnten auch die methodischen Aspekte aktivitäts- und produktbezogen beschrieben werden.

Die für die Synchronisation des V-Modells zum vorgeschriebenen Phasenmodell nötige Zuordnung von Aktivitäten und Produkten zu einzelnen Phasen konnte in ADPS durch Eingabe des Phasenmodells fest verankert werden.

Da ADPS nur drei Pfade vorsieht, das V-Modell aber vier Submodelle hat, mußten bei der Abbildung des V-Modells zwei Submodelle zusammengefaßt werden. Da Projektmanagement und Konfigurationsmanagement organisatorisch eng zusammengehören und einige KM-Aktivitäten, z. B. die Statusverwaltung, durch den Einsatz von ADPS selbst erfüllt werden, wurden Aktivitäten von PM und KM in einem Pfad zusammengelegt.

Das V-Modell sieht ein Zustandskonzept über vier mögliche Zustände auf der Typebene von Aktivitäten und Produkten vor, was vom Statuskonzept im ADPS nur zum Teil abgedeckt werden kann. Dies liegt darin begründet, daß im ADPS jeweils unter den Typbezeichnungen die Ausprägungen der Aktivitäten und Ergebnisse abgelegt werden. Dadurch werden die Zustände als Information auf Ausprägungsebene verwaltet, während sie im V-Modell auf Typebene festgelegt sind. Die Kontrolle, ob die in eine Aktivität eingehenden Informationsflüsse den im V-Modell festgelegten Zustand haben, kann daher nicht maschinell durchgeführt werden.

Das im Vorgehensmodell beschriebene Rollenkonzept konnte über zwei eigendefinierte Tabellen und die Berechtigungsausgangsroutine in ADPS verankert werden.

4.2.3.   Einbindung von Werkzeugen

Durch den beim ADPS mitgelieferten ADPS-PWS-Tool-Driver ist es möglich, Werkzeuge aufzurufen, die auf einer Workstation unter dem Betriebssystem OS/2 laufen. So kann der OS/2-Editor als editierendes Werkzeug angeschlossen und aufgerufen werden, was zur Folge hat, daß eine Datei sowohl auf dem Host als auch auf dem PC gespeichert und editiert werden kann. Die Datei wird in die jeweilige Umgebung per automatischem File-Transfer übertragen (Abb.4.3).

Hinsichtlich der Anbindung der ADW mußte zunächst aus logischer Sicht festgelegt werden, welcher Bearbeitungsschritt oder Diagrammtyp des Werkzeuges welcher Aktivität oder welchem Produkt des Vorgehensmodells zuzuordnen ist. In Anlehnung an die in der zweiten Standardisierungsebene beschriebene Zuordnung von Elementarmethoden zu den Teilprodukten des V-Modells wurden die verschiedenen Diagrammarten der ADW als editierende Werkzeuge den einzelnen Produkten des V-Modells zugeordnet.

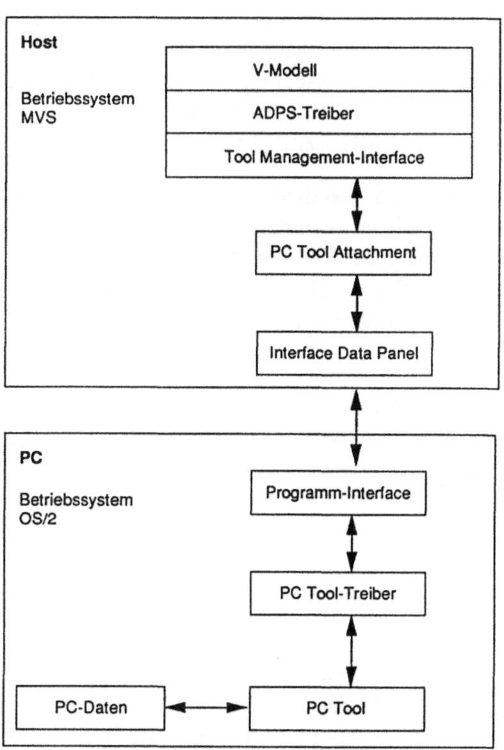

Abb.4.3   PC-Host-Kommunikation

Leider reichen die im Moment zugänglichen Informationen nicht aus, um den Anschluß in der gewünschten Tiefe durchzuführen. Der Einstieg in die ADW findet zur Zeit nur auf Diagrammtypebene statt, ideal aber wäre der Einstieg auf Instanz-ebene der Diagramme. Um dies zu verwirklichen, sind Informationen über Parameter und Return-Codes notwendig, die die ADW intern verwendet.

Weiterhin mußte von der ursprünglichen Philosophie des ADPS abgewichen werden, nämlich alle entstehenden Daten zu verwalten. Da die ADW eine eigene Datenbasis besitzt, die von außen nicht granular verwaltet werden kann, wurde entschieden, die Daten der Analyse- und Design-Aktivitäten auf der Workstation zu speichern und im ADPS nur die Meta-Daten, wie z.B. über Statusinformationen, zu führen.

Aus Sicht des Benutzers stellt sich der ADPS-ADW-Dialog momentan wie folgt dar: Nach Aufruf des ADPS auf dem Host wird der ADPS-PWS-Tool-Driver gestartet und eine Anmeldung zur ADW durchgeführt. Nach Auswahl des zu bearbeitenden Aktivitätstyps im abgebildeten V-Modell-Netz wird die entsprechende Ausprägung des zu bearbeitenden Produktes gemäß V-Modell ausgewählt. Durch die Auswahl einer Produktausprägung mit angeschlossener ADW-Diagrammroutine wird nun automa-tisch die Steuerung vom Host an die PS/2 Workstation abgegeben. Der Benutzer befindet sich in der ADW an der entsprechenden Stelle des zu bearbeitenden Diagrammtyps, z. B. im Entity-/Relationship-Modell. Nach Beendigung der Bearbeitung kann ein Report des Ergebnisses an ADPS geschickt werden (der Anstoß muß über entsprechende ADW-Services erfolgen), wonach automatisch zum ADPS-Host-Bildschirm an die entsprechende Stelle des V-Modells zurückverzweigt wird.

Die Vorteile des Anschlusses von ADW an ADPS bestehen sicherlich in der Einbindung der ADW in den Entwicklungsprozeß, wie er mit dem V-Modell als Standard vorgegeben ist. Der Benutzer wird durch die Vorgabe des V-Modells geführt und kann entsprechende Hilfefunktionen abrufen. Es wird gemeldet, wenn Ergebnisse auf dem PC bearbeitet werden, und es können Statusinformationen über alle Produkte abgefragt werden.

Ferner wurden die Werkzeuge CSP als Generator und Word als Textverarbeitungssystem ebenfalls in gleicher Weise an die entsprechenden Aktivitäten des V-Modells über ADPS physisch und logisch gekoppelt.

4.3. Zusammenfassung und Ausblick

Hinsichtlich der maschinellen Unterstützung bedeutet die Integration der Tools ADPS, ADW und CSP einen ersten Schritt in Richtung einer integrierten Umgebung im bezug auf die Kombination von Phasenmodell, Vorgehensmodell, Methoden und Werkzeugen.

Zur Einführung des V-Modells mit ADPS-Unterstützung werden momentan Kriterien für die Auswahl eines Pilotprojektes definiert. Das Pilotprojekt soll vor allem neben der technischen Funktionalität die Festlegungen bzgl. der implementierten Hausstandards verifizieren.

Weiterhin fließen die Erkenntnisse der Projekte, die bereits ohne Toolunterstützung mit dem V-Modell arbeiten, in die Erarbeitung einer zukünftigen Version ein. Parallel zur Piloterprobung werden die Hausstandards dokumentiert und entsprechende Schulungen vorbereitet.

Bei dem geplanten Anschluß des in Kapitel 3 beschriebenen Projektmanagementwerkzeugs ergibt sich die in Abb.4.4 dargestellte Konfiguration.

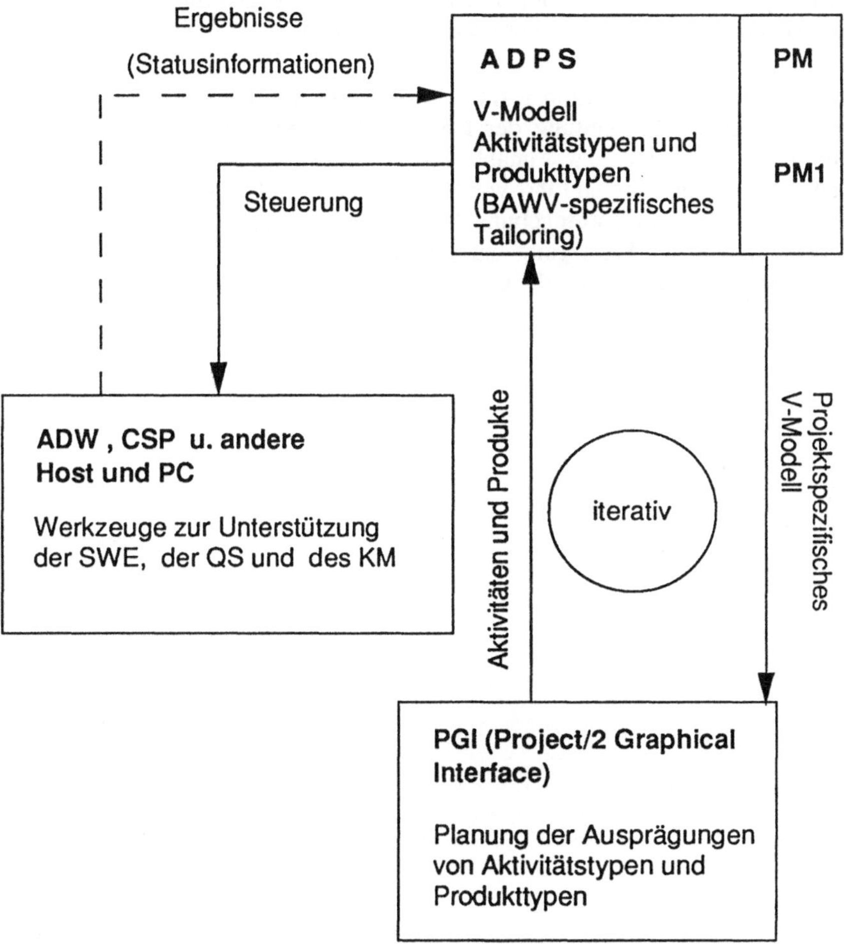

Abb.4.4	Zusammenspiel von Projekt- und Prozeßmanagement

Dabei sind wiederum vor allem die Probleme aus logischer Sicht zu lösen, also z. B. die Frage, wie Projektmanagement und Prozeßmanagement zusammenspielen. Es ist zu definieren, welche Aktivitäten des V-Modells zum Projekt- und welche zum Prozeßmanagement gehören. Weiterhin ist zu klären, ob die Planungsdaten in beiden Richtungen zwischen den Werkzeugen oder nur einseitig fließen. Wahrscheinlich muß auch die iterative Vorgehensweise in der Kombination der Anwendung beider Werkzeuge ermöglicht werden.

Aus technischer Sicht geht es vor allem um die Fragestellungen, wo die Daten gespeichert sind, wie die Daten ausgetauscht werden können und wie die Konsistenz der Daten gewährleistet werden kann.

Bei zukünftigen Integrationsüberlegungen muß sicherlich auch die neue Entwicklung des Workflow Managers mit berücksichtigt werden.

Die zur Zeit getätigten Investitionen sind insofern gerechtfertigt, als daß sie sich im wesentlichen auf die Erarbeitung der logischen Zusammenhänge der einzelnen SEU-Komponenten beziehen, was unabhängig von dem zugrunde liegenden Prozeßmanagementwerkzeug durchgeführt werden muß. Die Erfahrungen mit der Erstellung der Prozeßmanagementumgebung haben nämlich gezeigt, daß der weitaus größte Aufwand in der Festlegung darin besteht, wie Phasenmodell, V-Modell, Methoden und Werkzeuge sinnvoll zusammen genutzt werden können.

Teil IV

Ausblick und Trends

1. Softwaresanierung und Reengineering

1.1. Ausgangssituation

In den USA existieren ca. 77-80 Mrd. Zeilen Programmcode. Über 30 Mrd. US-Dollar (ca. 70-80% des IT-Budgets) werden jährlich für die Wartung dieser Software ausgegeben /Ovum, 90/. Diese Zahlen sprechen eine deutliche Sprache und machen die mißliche Situation im Softwarebereich deutlich. In der Regel sind ca. 50-90% der DV-Kapazitäten eines Unternehmens oder einer Behörde für Wartungsaufgaben gebunden.

Es wird daher oft der Vorwurf gemacht, daß Softwareengineering und CASE nur auf die 10-50% der Neuentwicklung von DV-Verfahren ausgerichtet sind und somit die eigentlichen Probleme nicht angefaßt werden, wobei allerdings verkannt wird, daß Software Engineering im Hinblick auf wartungsfreundliche Produkte eine entscheidende Investition in die Zukunft ist.

Wenn man sich mit dem Problem der Wartung auseinandersetzt, muß zunächst eine Begiffsbestimmung vorgenommen werden. Unter Wartung ist die Softwarepflege und -änderung zu verstehen, wobei die Softwarepflege alle Maßnahmen zur Aufrechterhaltung des Betriebes von in Produktion befindlicher Software aufgrund auftretender Fehler oder Anpassungen an die technologische Entwicklung umfaßt, während die Softwareänderung alle Maßnahmen aufgrund von Änderungsforderungen der Fachabteilungen beinhaltet.

Spezifiziert man den Begriff näher und unterscheidet man Wartungsarten wie "korrektive" Wartung als das Erkennen und Korrigieren von Software-, Leistungs- und Implementierungsmängeln, "adaptive" Wartung als Anpassung an geänderte Daten- und/oder neue Prozeßumgebungen und "perfektive" Wartung/Optimierung als Verbesserung der Qualitätsmerkmale, wie z.B. Kosteneffektivität, Zuverlässigkeit und Wartbarkeit, so zeigen Untersuchungen /Case Consult, 91/, daß ca. 45% für Wartung im Sinne von Korrektur und Anpassung und ca. 55% für Optimierung und Erweiterung aufgewendet werden.

Das Hauptproblem der Wartung liegt neben dem Aufwand darin begründet, daß die eingesetzte Technologie meist veraltet ist, die Änderungswünsche jedoch am Stand der modernen Technologie ausgerichtet sind. Da der Nutzer durch seine Arbeit mit dem PC und mit Standardsoftware weiß, was heute möglich ist, werden auch die

Lösungen an der neuen Technologie gemessen und häufig trotz korrekter Arbeitsweise und Ergebnisse als unbefriedigend empfunden, weil sie nicht "up to date" sind.

Bei immer kürzeren Innovationszyklen wird die Diskrepanz zwischen der angewendeten "Alt-Technologie" und der im Markt eingesetzten neuen Technologie immer größer. Damit nimmt zwangsläufig die Unverträglichkeit der "Alt-Software" zur übrigen Hard-/Softwareumgebung immer mehr zu, zumindest in der Weise, daß keine gemeinsame Auswertungsplattform wegen z.B. unterschiedlicher Speicherungstechniken besteht oder aber die gebotenen technischen Möglichkeiten nicht oder nur ineffektiv bzw. ineffizient genutzt werden.

Weiterhin ergibt sich das Problem, daß sich eine Schere zwischen Mitarbeiterqualifikation und Nachfrageentwicklung ergibt, da die neuen Systeme mehr auf Dialog und Kommunikation sowie auf neue technische Möglichkeiten, wie z.B. auf Client/ Server- Lösungen ausgerichtet sind, während die älteren Systeme sehr oft Host- und Batch-orientiert sind. Es entsteht daher eine "Zweiklassengesellschaft", die "modernen Softwareentwickler" einerseits und die "Behüter" der Altlasten andererseits, wobei der Begriff Altlasten einen sehr negativen Beigeschmack hat und oftmals der Sache nicht gerecht wird. Man sollte lieber von Aufrechterhaltung der Produktion, Investitionssicherung, Bestandswahrung und Funktionserhaltung sprechen, denn nicht alles, was vor einigen Jahren entwickelt wurde, ist schlecht.

Letztendlich aber führen die Wartungsprobleme dann in eine Sackgasse, wenn kein Ausweg aus dem Dilemma der hohen Personalbindungen und damit auch der hohen Kosten, die durch ineffiziente Hardwarenutzung noch verstärkt werden, gefunden wird.

Aus diesem Grund wird der Ruf nach Reengineering und Softwaresanierung immer lauter, wobei jedoch die Voraussetzungen für die Durchführung solcher Aktivitäten sehr sorgfältig geprüft werden müssen. Im folgenden werden einige Anregungen zum erfolgversprechenden Einsatz von Computer Aided Reengineering (CARE) gegeben sowie der heutige Stand der Entwicklung von CARE-Tools anhand von Beispielen beschrieben.

1.2. Reengineering versus Neuentwicklung

Der Begriff "Reengineering" kann wie folgt definiert werden: Eine neue Anwendung entwickeln, indem eine bestehende Anwendung abgebildet und in der Weise verändert wird, daß sowohl die Technologie in einem System unter Beibehaltung der Essenz und ohne Änderung der Grundfunktionalität an den technologischen Fortschritt angepaßt wird als auch die "Lebensbedingungen" des Systems bei gleichzeitiger Erhöhung der Produktivität für die Wartung verbessert werden.

Um die Zielgruppe von Anwendungen zu spezifizieren, auf die Reengineering in erster Linie zielt, läßt sich die heutige Welt der vorhandenen Informationssysteme in drei Klassen einteilen.

Die erste Klasse bilden die "Transaction Processing Systems", welche die klassischen Buchungs- und Berichterstellungssysteme repräsentieren. Hierbei werden Massendaten bearbeitet, d.h. es werden entweder algorithmisch bestimmte Aktionen ausgelöst oder Auswertungen nach einem festgelegtem Zeitplan auf unterschiedlichen Verdichtungsstufen erstellt, oder es werden Massendaten aufgrund von Parameterangaben gezielt ausgewertet.

In der zweiten Klasse befinden sich die "Management Support Systems", die auf Analysen und flexible Auswertungen ausgerichtet sind.

Die dritte Klasse wird durch die "Office Automation Systems" gebildet, welche die Schreibtischarbeit und Kommunikation unterstützen.

Es gibt natürlich zunehmend auch Mischformen in diesen Klassen. So entsteht heute ein sehr großer Bedarf an individuellen Abfragen von Systemen der ersten Klasse. Dieser individuelle Bedarf wird häufig durch das sogenannte "Copy Management" gedeckt, indem von den meist hierarchisch organisierten, operationellen Daten stichtagsbezogene Kopien gezogen werden, die nach Überführung in relationale Datenbanksysteme flexible Auswertungen erlauben. Diese oft auf der Basis einer 1:1 Abbildung der Daten durchgeführten Kopiermechanismen lösen natürlich nicht das Problem der mangelhaften Datenqualität und sind erwiesenermaßen mit dem Verbrauch von hohen DV-Ressourcen verbunden.

Auf die Kategorie der heute mit Copy-Management "renovierten" Verfahren zielt daher vor allem das Reengineering, da die Transaction Processing Systems im Regelfall die ältesten Verfahren darstellen.

Wann lohnt sich aber das Reengineering dieser oder anderer renovierungsbedüftiger Systeme? Es ist eine Illusion zu glauben, daß der Arbeitsaufwand gering ist und Werkzeuge den intellektuellen Aufwand vermindern, der nötig ist, um ein bestehendes System zu sanieren.

Um zu entsprechenden Kriterien zu kommen, muß man sich vergegenwärtigen, daß die technischen Probleme der bestehenden Systeme neben der schon erwähnten veralteten Technologie oft darin begründet liegen, daß die Programme unstrukturiert sind (Spaghetti-Code), die Datenqualität schlecht ist (Redundanz, Homonyme und Synonyme) und keine saubere Trennung zwischen Daten, Programmen und Kommunikation existiert.

Der schlimmste Mangel einer Anwendung besteht jedoch darin, daß die benötigte Funktionalität des Systems fehlt bzw. nicht ausreicht, was im Regelfall auf mangelhafte Analyse-/Designtätigkeiten beim Entstehungsprozeß der jeweiligen Anwendung zurückzuführen ist. Wenn dieser Fall vorliegt, muß sicherlich überlegt werden, ob der Aufwand für Reengineering nicht ebenso hoch wie der Aufwand für Neuentwicklung ist.

Dieses sicherlich entscheidende Kriterium zur Abschätzung, ob sich Reengineering lohnt, kann durch Befragung der Nutzer verifiziert werden. Vielleicht stellt sich dabei ja auch heraus, daß das System überhaupt nicht mehr genutzt wird, so daß eine "Totalsanierung" im Sinne der Einstellung des Verfahrens möglich ist.

Als lohnende Objekte für Reengineering sind generell die Verfahren anzusehen, in denen eindeutig identifizierbare Komponenten, z.B. Programme, Transaktionen oder Module existieren, die Schwachstellen im Bezug auf mangelnde Performance/Antwortzeitverhalten und/oder benutzerunfreundliche Oberflächen darstellen bzw. kaum noch wartbar sind. In diesen Fällen kann durch selektive Maßnahmen relativ schnell ein meßbarer Renovierungserfolg verbucht werden.

Auf alle Fälle ist es eine "strategisch-politische" Entscheidung des einzelnen Unternehmens bzw. der jeweiligen Behörde, ob man sich dem Thema Reengineering nähert oder ob man auf die Evolution durch Neuentwicklung und CASE setzt, wobei der Vorteil eines Reengineering-Ansatzes nicht unterschätzt werden darf, da u.a. damit auch ein Großteil des DV-Personals überhaupt mit neuen Techniken, Methoden und Werkzeugen vertraut gemacht und an neue Aufgaben herangeführt werden kann.

1.3. Stand und Technik der Reengineering-Technologie

Reengineering ohne den Einsatz von Tools erscheint nicht sinnvoll, da der manuelle Aufwand reduziert werden soll und daher das Wissen über Methoden und Algorithmen des Reengineering in den Tools implementiert sein muß. Das heißt jedoch nicht, daß der Reengineering-Prozess automatisiert werden kann. In jedem Fall ist ein hoher intellektueller Aufwand notwendig, denn eine 1:1 Umsetzung ist meistens nicht möglich und auch nicht erwünscht.

Der Komplex "Reengineering" kann nochmals in folgende Gebiete aufgeteilt werden:

–   Reverse Engineering
    Die Ableitung der physischen, logischen oder konzeptionellen Beschreibung einer Anwendung, ausgehend von physischen Komponenten eines Systems.
–   Migration
    Die Überführung von Daten und/oder Programmen einer Anwendung in neue Zielsysteme (Datenbanken und/oder Programmiersprachen).

Im folgenden werden die Prinzipien der Reengineering-Tools auf diesen Gebieten beispielhaft anhand einiger Produkte erläutert :

1.3.1. Reverse Engineering-Werkzeuge

Auf dem Gebiet des Reverse Engineering unterscheidet man im wesentlichen folgende Arten von Tools:

–   Statische Analysatoren
    Analyse von Daten und Programmen im Sinne einer Nachdokumentation.
–   Dynamische Analysatoren
    Transparentmachung des Laufzeitverhaltens.

– Restrukturierer
  Verbesserung der Übersichtlichkeit der Programme, wobei die Strukturen der
  Programme sichtbar gemacht werden.

Analysatoren für Programme analysieren die bestehende Software meist mit Hilfe
einer Metasprache. Die dort gewonnenen Informationen werden in maschineller
Form an *Restrukturierer* weitergegeben. Diese beinhalten Algorithmen zur Umsetzung der alten Programme in strukturierte Programme, wobei als Ergebnis alternative
Vorschläge für eine Restrukturierung gemacht werden. Nachdem einer der Vorschläge für ein neu strukturiertes Programm vom Toolnutzer akzeptiert ist, werden die
bestehenden Programme in strukturierte Programme umgesetzt. Die Zielsprachen
sind fast ausschließlich Fortran und Cobol.

Beispiel für ein solches Restrukturierungstool ist das Produkt MOSES SOS (Methodenorientiertes Softwareentwicklungssystem Software Sanierung) der Firma IABG.
Der Restrukturierungsprozess läuft wie folgt ab:

Der Ausgangszustand ist ein vollständiges Fortran IV Programm, welches zunächst
in die Bestandteile Hauptprogramm, Unterprogramme und Funktionen zerlegt wird.
Diese werden weiter in Formate, Deklarationen und ausführbaren Quellcode zerlegt.
Der Code wird in einer standardisierten Form dargestellt.

Die interne Sprungstruktur einer Verarbeitungseinheit wird symbolisiert und in
graphischer Form dargestellt. Dadurch erhält man einen Überblick über die Komplexität und Wartbarkeit.

In der Sprunglogik wird nach "Mustern" gesucht, die einem Kontrollkonstrukt einer
höheren Programmiersprache entsprechen. Erkannte Muster werden in die MOSES-
Designsprache umgesetzt und bei der weiteren Verarbeitung wie eine Folge sprung-
und labelfreier Anweisungen behandelt (rekursive Abarbeitung von innen nach
außen).

Teile der Sprunglogik, die für eine automatische Umsetzung zu komplex sind, werden
von einem Experten auf der Grundlage des Sprunggraphen und seiner Symbolik mit
der MOSES-Designsprache bearbeitet. MOSES SOS fügt dann das Programmstück
in die Bearbeitungseinheit ein.

Nach Abschluß der Umsetzung werden Formate und Deklarationen in den Code-Teil
integriert und ein vollständiges MOSES-Programm erzeugt. Die Analyse der Daten
wird im Regelfall durch Migrationswerkzeuge mit abgedeckt.

1.3.2. Migrations-Werkzeuge

Als Hilfsmittel für die Migration stehen folgende Arten von Tools zur Verfügung:

– Datenbank-Migrationsprodukte
  Analyse bestehender Datenbanken, Erzeugung eines logischen Datenmodells
  und Überführung in ein neues Datenbanksystem, im Regelfall inklusive der
  Daten.

– Anwendungs-Migrationsprodukte
  Analyse bestehender Datenbanken und Programme, Überführung in ein neues
  Datenbanksystem und Umsetzung der Programme, eventuell auch Migration in
  eine andere Programmiersprache, Überführung der existierenden Daten.

Datenbank-Migrationsprodukte, die auf die Umstellung der Datenbankart (z.B.
hierarchisch nach relational) ausgerichtet sind, arbeiten nach folgendem Prinzip: Die
bestehenden Datenbanken werden z.B. mit Hilfe eines Expertensystems analysiert.
Die Informationen werden in Form eines logischen Datenmodells dargestellt, wobei
die Möglichkeit eines Redesigns besteht. Aus dem logischen Modell wird eine neue
Datenbankstruktur erzeugt.

Beispielhaft sei hier die Toolpalette der Firma Bachman beschrieben, die Partner der
International Alliance for AD/Cycle war. Zielsysteme der Migration sind ausschließlich DB2-Anwendungen, für die auch die Datenadministration unterstützt wird.

Die Bachman-Produkte analysieren und übernehmen Datenstrukturen von Cobol-
Dateien, IMS, IDMS bzw. DB2 und erstellen daraus E/R-Modelle (insoweit ist
bezüglich der Daten der Reverse Engineering-Ansatz mit abgedeckt). Diese Modelle
können dann mit dem Analyse-Tool wiederum weiter bearbeitet werden. Nach
erfolgter Analyse werden die Datenbanken mit dem Designer-Tool neu generiert.

Im Rahmen von AD/Cycle existieren Verbindungen zu Produkten von Knowledge-
Ware und Intersolv. Die Schnittstelle zum Repository ist geplant.

Durch die Ausweitung der bisher nur auf die DB-Seite spezialisierten Bachman-Tools
auf die Bearbeitung der Funktionsseite entwickelt sich diese Produktpalette momentan in die Zielrichtung Anwendungsmigration. Durch die Einbettung in AD/Cycle
können diese Tools gleichzeitig als integraler Bestandteil einer SEU angesehen
werden.

Anwendungs-Migrationsprodukte ermöglichen die Umstellung einer gesamten Anwendung. Dabei wird die bestehende Anwendung im Hinblick auf die Datenbanklo-
gik und die Datenbankzugriffe mit Hilfe einer Meta Language analysiert und ein
logisches Modell erzeugt. Es besteht die Möglichkeit des Redesigns und der Berei-
nigung von Redundanzen, Homonym- und Synonymproblemen.

Die neue Datenbank-Struktur wird aus dem logischen Modell erzeugt. Anschließend
werden die Anwendungsprogramme so umgesetzt, daß die Anwendungslogik erhalten bleibt und die Programme ablauffähig sind. Dabei kann auch die Programmiersprache (zumindest die Version) geändert werden.

Weiterhin werden dann Programme zur Übernahme der Daten erzeugt und die Daten
übernommen, so daß die neue Anwendung auf neuer technologischer Basis ablauffähig ist.

Beispiele für solche Tools sind VREL (VSAM auf Relational) und HIREL (Hierarchisch auf Relational) der Firma SWS (Software Services), die auch durch die Firma
IBM vertrieben werden.

Altsysteme sind VSAM und IMS, Zielsystem ist DB2, als Sprachen werden Cobol und PL/1 unterstützt. Die Migration ist keine Programm- zu Programm- oder Daten- zu Daten-Migration, sondern Programme und Daten werden als Einheit betrachtet (Abb.1.1)

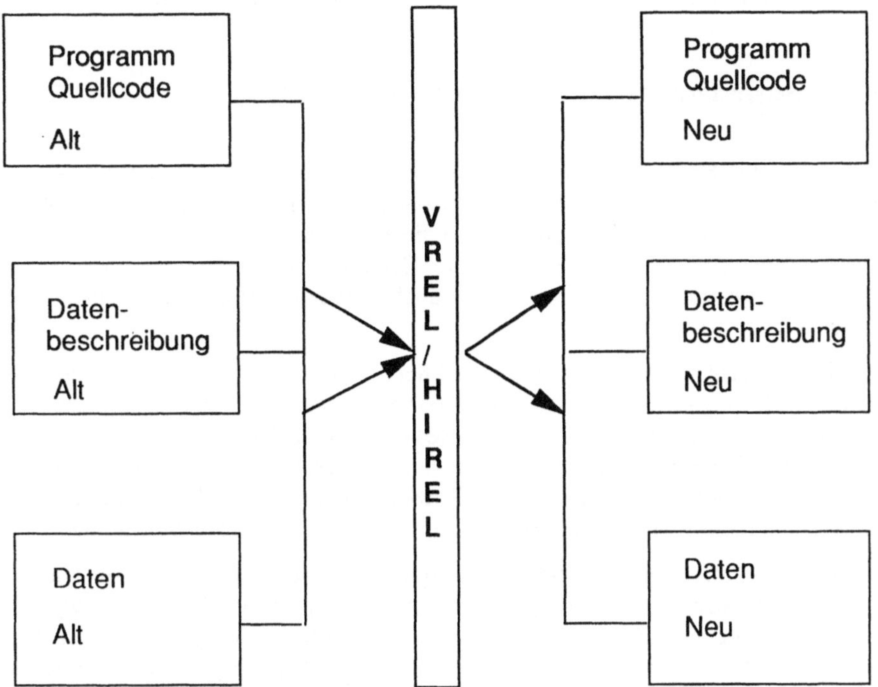

Abb.1.1   Migration mit VREL/HIREL

Der Migrationsprozeß mit Hilfe von HIREL läuft wie folgt ab: Durch Analyse der Datenbankbeschreibungen und der für die Datenbehandlung relevanten Programm- spezifikationen werden Tabellen erstellt, die die Datenbank als logisches Modell darstellen. An dieser Stelle kann der Datenbankadministrator eingreifen und das Design der Datenbank verändern. In einem Expertensystem werden alle Informatio- nen "alt-neu" festgehalten.

Nachdem das veränderte Design feststeht, wird die neue Datenbank generiert. Mit Hilfe weiterer Module von HIREL wird die Migration der Programme so durchge- führt, daß diese mit den entsprechenden Zugriffen auf die neue Datenbank mit gleicher Funktionalität wieder ablauffähig sind. Bei dieser Gelegenheit wird auch für eine saubere Trennung von Funktionen und Daten gesorgt.

Die Migration kann iterativ erfolgen und ermöglicht den Mischbetrieb von alten und neuen Technologien.

Erste Erfahrungen mit diesem Produkt haben gezeigt, daß die Datenbanken auf eine modernere Technologiebasis gebracht werden können und die angestrebte Trennung zwischen Programmen und Daten erreicht wird, die neue Datenbank jedoch im Hinblick auf Performance nicht immer den Anforderungen entspricht, was durch das ursprünglich andere, nämlich hierarchisch ausgerichtete Design zu erklären ist.

1.4. Zusammenfassung und Ausblick

Die oben beschriebenen und sich in den skizzierten Tools widerspiegelnden Ansätze zeigen, daß momentan vornehmlich nur "Insellösungen" für die einzelnen Problembereiche auf dem Markt existieren. Da sich die Reengineering-Technologie erst am Anfang befindet, ist zu erwarten, daß die Hersteller und Vertreiber integrierter CASE-Konzepte im Rahmen einer SEU auch Reengineering-Komponenten mit anbieten werden.

Als Beispiel hierfür wurden bereits die Bachman-Tools erwähnt, die in den Rahmen von AD/Cycle eingebettet sind, in dem weitere Reengineering-Tools existieren, wie z.B. CSF (Cobol Structuring Facility) als Restrukturierer der Firma IBM. Auch die Firma KnowledgeWare plant eine "Maintenance Workstation" als Ergänzung ihrer ADW Produktpalette. Mit dem Produkt EASEL (vgl. Teil III, Kapitel 3) steht in AD/Cycle auch ein Werkzeug zur Renovierung der Oberfläche zur Verfügung.

Im AD/Cycle-Umfeld gibt es einen weitereren Ansatz von der Firma Case Consult im Bezug auf Programmsanierung. In diesem Konzept spielt das Repository als Integrationselement der Zukunft eine entscheidende Rolle. Im Vorgriff darauf ist eine Kombination der Case Consult-Produkte mit direkter Kopplung an die Datenbasis (Enzyklopädie) der ADW bereits auf dem Markt verfügbar.

Das Case Consult-Konzept geht davon aus, daß in einem Reengineering-Szenario zunächst mit einer Qualitätsdefinition begonnen wird, die eine quantitative und objektive QS ermöglicht (Abb.1.2) und eine Portfolio-Analyse sowie benutzer- und systemspezifische Metriken unterstützt.

Erst danach beginnt der Reengineering-Prozeß, an dessen Ende die Qualitätsbewertung zur Beurteilung des Reengineering-Erfolges steht.

Grundsätzlich kann festgestellt werden, daß Reengineering in eine organisatorische Vorgehensweise eingebettet werden muß.

Im BAWV wird derzeit zusammen mit der Firma CSC (Computer Sciences) eine Studie durchgeführt, um eine Vorgehensweise für die Anwendung von Reengineering zu definieren. Dabei ähnelt der ausgewählte Ansatz dem der Firma Case Consult (Abb.1.3).

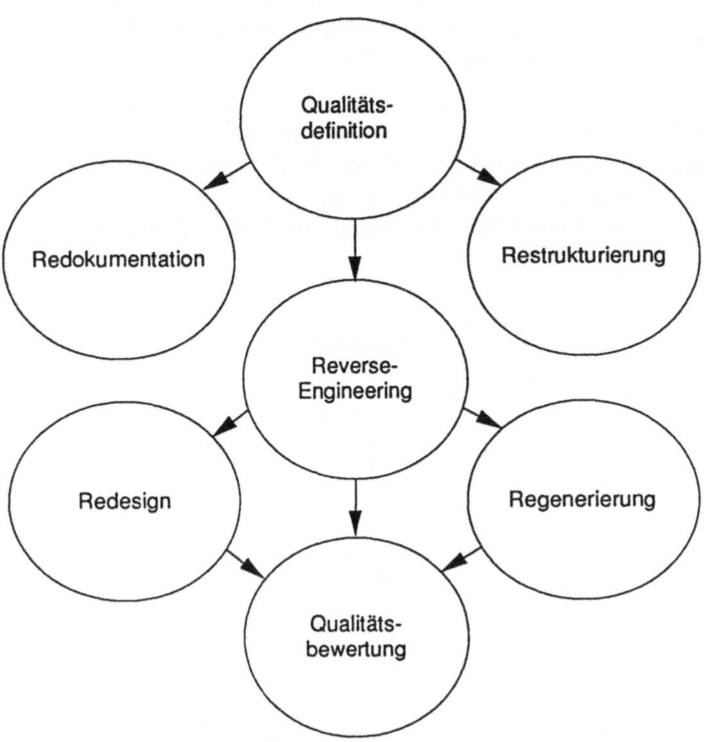

Abb.1.2   Das Reengineering-Konzept von Case Consult

Als Hauptziele des BAWV für die Anwendung von Reengineering wurden formuliert:

- Abbau von Altlasten
- Reduzierung des Aufwands bei der Wartung
- Steigerung der Produktivität bei der Wartung
- Gewinnung von planerischen Freiräumen
- Beschleunigung der Anwendungsentwicklung
- Erhöhung der Wiederverwendbarkeit in der IT
- Modernisierung der Benutzeroberfächen
- Bewältigung des Technologiewechsels

Da sich nicht alle IT-Anwendungen gleichermaßen zur Sanierung eignen, werden im Rahmen der *Anwendungsbewertung* praktikable Anwendungskriterien definiert, um unter Berücksichtigung des Aufwand-Nutzenverhältnisses die Anwendungen in bezug auf ihre Sanierungsmöglichkeit beurteilen zu können. Dabei werden sowohl strategische und wirtschaftliche Faktoren als auch Nutzen und Aufwand in Form einer Portfolio-Analyse betrachtet. Weiterhin werden Funktionalität, Nutzungshäufigkeit, Umfang, Anzahl der Nutzer und Bedienerfreundlichkeit als Kriterien mit berücksichtigt. Ebenfalls werden die Anwendungen hinsichtlich der technologischen Basis und der organisatorischen Einbindung bewertet.

In der *Lösungsdefinition* wird nach der Festlegung von Prioritäten eine konkrete Lösung für die betroffene Anwendung erarbeitet. Ausgehend von einer Fülle von möglichen Maßnahmen, die in einem Katalog zusammengefaßt sind, werden Schritt für Schritt nur solche Maßnahmen herausgefiltert, die erstens für die Anwendung relevant sind und zweitens auch unter Berücksichtigung der technischen Durchführ-

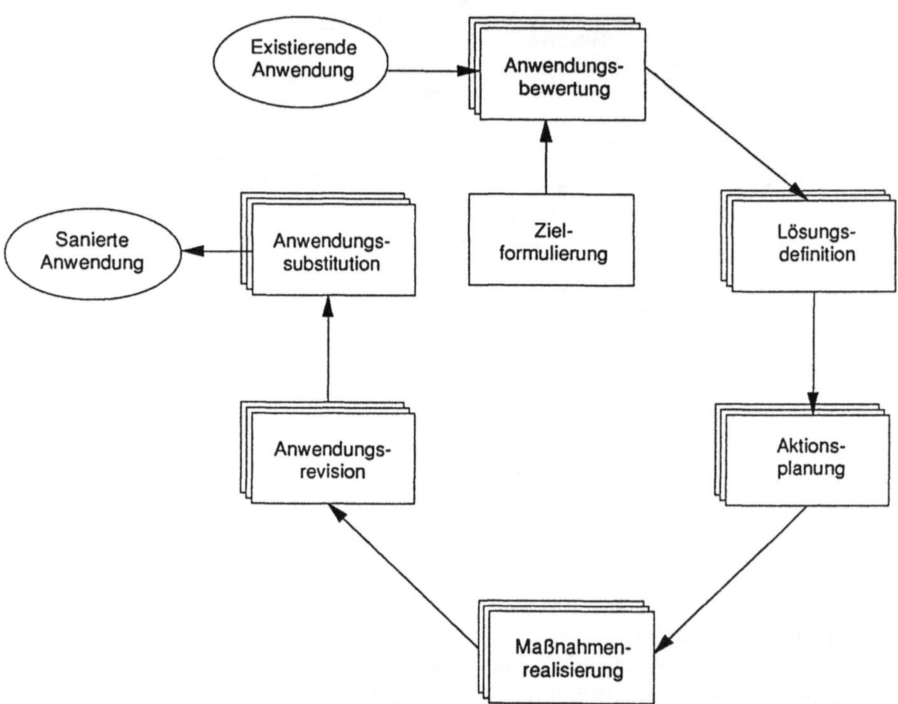

Abb.1.3   Vorgehensweise im BAWV

barkeit einerseits und der zeitlichen und finanziellen Einschränkungen andererseits realisierbar sind.

Die *Aktionsplanung* befaßt sich mit der Beschreibung der durchzuführenden Reengineering-Aktivitäten und der Abstimmung mit dem Management. Hierfür werden sogenannte "Timeboxen" definiert, welche die komplexe Aufgabenstellung in überschaubare, durchführbare Bündel von Aufgaben mit meßbaren Ergebnissen aufteilen. Im Anschluß daran werden die "Timeboxteams" benannt und die Koordination dieser Teams geplant.

Die *Maßnahmenrealisierung* umfaßt dann den eigentlichen Reengineeringprozeß, dessen Ergebnisse in der *Anwendungsrevision* einer Qualitätssicherung unterzogen werden und die letztendlich zur *Anwendungssubstitution* führen.

Um diese Vorgehensweise zu verifizieren, wird zur Zeit eine Anwendung zur Unterstützung der Infrastrukturangelegenheiten der Bundeswehr mit Hilfe der genannten Kriterien bewertet, um im Anschluß daran die einzelnen Reengineering-Schritte beispielhaft durchzuführen. Dies beinhaltet auch den Test geeigneter Reengineering-Werkzeuge. Falls sich die Vorgehensweise als praktikabel erweist, ist geplant, alle DV-Verfahren einer entsprechenden Reengineeringanalyse zu unterziehen.

Diese Aktivitäten werden nicht unabhängig von den SEU-Projekten durchgeführt. Es ist z.B. angedacht, daß die beschriebene Vorgehensweise als Projekttyp in das V-Modell integriert wird. Weiterhin soll sichergestellt werden, daß die Reengineering-Werkzeugpalette eine Schnittstelle zu den SEU-Werkzeugen hat, so daß diese integrativ genutzt werden können.

2. Wissensbasierte Systeme

2.1. Wissensbasiertes CASE

Wie die Darstellung der Softwareentwicklungsumgebungen in den vorangegangenen Kapiteln gezeigt hat, erfordert der Einsatz von CASE ein fundiertes methodisches Wissen. Für den effektiven Einsatz ist zudem Erfahrungswissen aus der praktischen Anwendung unverzichtbar.

Auch die marktüblichen Softwareentwicklungsumgebungen bilden CASE-Wissen ab. Allerdings ist die Unterstützung auf die Wissensausschnitte beschränkt, die mit Hilfe von verfügbaren konventionellen Basiswerkzeugen in den operativen Werkzeugen implementiert werden können.

Es liegt nahe, zur Verbesserung der Leistungsfähigkeit von Softwareentwicklungsumgebungen auch Methoden einzusetzen, die die Darstellung und Verarbeitung von Wissen gezielt unterstützen. Eine spezielle Forschungsrichtung der Informatik, die *Künstliche Intelligenz*, stellt solche Methoden zur Verfügung. In diesem Zusammenhang spricht man aus der softwaretechnischen Perspektive von wissensbasierten Techniken, aus der Perspektive der Anwendung von Expertensystemen.

Die Künstliche Intelligenz kennt mehrere Methoden zur Darstellung und Verarbeitung von (Experten-)Wissen, von denen die regelbasierte Wissensrepräsentation die am am meisten verbreitete ist. Das für die Lösung eines bestimmten Problem(ausschnitt)s erforderliche Wissen wird in Form einzelner Wissenseinheiten formuliert, die - bei regelbasierter Wissensrepräsentation - aus einem Prämissen- und einem Konklusionsteil bestehen. Die Anwendung der Wissens- bzw. Regelbasis auf konkrete Fragestellungen erfolgt vorwärtsverkettend, d. h. von den Prämissen ausgehend (datengetrieben), oder rückwärtsverkettend, d. h. von den Konklusionen ausgehend (zielgetrieben).

Die regelbasierte Repräsentation von Wissen bietet mehrere Vorteile, u. a.:

- Das Wissen ist nicht in irgendwelchen Algorithmen versteckt, sondern wird vielmehr explizit spezifiziert.
- Komplizierte Ausnahmebedingungen können sehr einfach formuliert werden.
- Das allgemeine Problemlösungswissen kann von dem branchen-, unternehmens- oder fallspezifischen Wissen getrennt werden.

–   Der modulare Aufbau der Wissensbasis in Regelform ermöglicht eine inkrementelle Entwicklung/Verfeinerung des Wissens.

Betrachtet man Softwareentwicklungsumgebungen aus der Sicht der Künstlichen Intelligenz, kann die Entwicklungsdatenbank als Wissensbasis aufgefaßt werden. Sie kann neben den Repräsentationen der unterschiedlichen Entwurfsobjekte auch Regeln zur Sicherung der Integrität und der Vollständigkeit von Plänen, Modellen und Entwürfen enthalten.

Für die Softwareentwicklung sind u. a. folgende Wissensbereiche von Bedeutung:

–   Wissen über Algorithmen (Suchen, Sortieren, Gruppenwechsel etc.)
–   Wissen über Entwurfs- und Problemlösungstechniken (Durchführung von Programmzerlegung)
–   Wissen über das Anwendungsgebiet (Gesetzesvorschriften, Lieferbedingungen)
–   Wissen über Methoden und Verfahren (Techniken/Heuristiken über Anwendbarkeit und Durchführung)
–   Wissen über den Softwareentwicklungsprozeß (Voraussetzungen, Ziel, Abhägigkeit und Ergebnisse einzelner Aktivitäten im Entwicklungsverlauf)
–   Wissen über Entwicklungswerkzeuge (Anwendbarkeit, Stärken, Schwächen)
–   Wissen über die Zielumgebung (organisatorisch/technische Restriktionen)

Die Liste verdeutlicht die Bedeutung des Einsatzes wissensbasierter Techniken für die praktische Anwendung von Softwareentwicklungsumgebungen, da wesentliche Bestandteile des Wissens nicht mit konventionellen Basissystemen abgebildet werden können. Man kann davon ausgehen, daß eine möglichst umfassende Erfassung des Anwendungswissens die Effektivität des CASE-Einsatzes unterstützt. Konsequent dieser These folgend, fordert Martin /Martin, 90/, daß eine Enzyklopädie - in Abgrenzung zu einem konventionellen CASE-Dictionary - prinzipiell regelbasiert zu konstruieren ist. Daraus folgt, daß die auf der Enzyklopädie arbeitenden Entwicklungswerkzeuge sich zwangsläufig wissensbasierter Technik bedienen müssen.

Die Relevanz wissenbasierter Techniken für die Unterstützung der Softwareentwicklung wird nicht nur in der Forschung intensiv diskutiert, sondern auch von vielen Anbietern realisiert. In einer aktuellen empirischen Untersuchung konnten ca. 100 wissensbasierte kommerzielle CASE-Systeme identifiziert werden /Herzwurm, 93/. Am bekanntesten sind sicherlich die auf der von *James Martin* konzipierten regelbasierten Systemarchitektur aufbauenden Entwicklungsumgebungen, so auch das Werkzeug ADW von KnowledgeWare. Der wissensbasierte Teil beschränkt sich jedoch bei diesem Werkzeug auf die Formulierung und Anwendung von Integritätsbedingungen/Konsistenzregeln innerhalb der Enzyklopädie. Auch Maestro (Softlab) unterstützt die Definition, Überprüfung und Pflege von Konsistenzregeln in Hinblick auf bestimmte Entwurfsobjekte.

Betrachtet man die oben genannten Wissensarten, zeigt sich, daß die Abbildung und Anwendung von Konsistenzregeln nur einen bestimmten Ausschnitt aus dem CASE-Wissen erfaßt. Wissensbasierte CASE-Systeme müssen den gesamten Softwarelebenszyklus abdecken, d.h. die phasenbezogene Unterstützung von der Anforderungsanalyse bis zur Wartung bieten, und zusätzlich die phasenübergreifenden Aktivitäten wie Projektmanagement, Qualitätssicherung und Konfigurationsmanagement unterstützen. Für fast jedes der einzelnen Anwendungsfelder wurde bereits ein Prototyp entwickelt, jedoch nähern sich nur wenige Systeme der Produktreife. Ein besonderer Schwerpunkt in der Informatik-Forschung bildet z.Zt. der Bereich des Software-Prozeßmanagements.

Ein wesentlicher Nachteil der meisten Systeme besteht darin, daß es sich - im Gegensatz zur "offenen" Enzyklopädie - um Partiallösungen handelt, die nur schwer an existierende Systeme bzw. nur an ein bestimmtes System angebunden werden können. Dieses Problem gilt nicht nur für wissensbasiertes CASE, sondern ist bezeichnend für viele wissensbasierte Systeme in der Anwendung. Analog zu der in der Realität oft zu beobachtenden Uneinigkeit führender Experten eines Wissensgebietes ist es nicht leicht, unterschiedliche Wissensquellen und -bereiche in ein konsistentes und umfassendes wissensbasiertes System zu integrieren.

Eine probate Lösung für dieses Problem ist die Definition eines übergreifenden Bezugsrahmens. In den klassischen Ingenieurdisziplinen wird ein solcher Bezugsrahmen durch eine im Kern allgemein akzeptierte Material- und Konstruktionslehre vorgegeben. Für die Softwaretechnik ist ein solcher Bezugsrahmen noch nicht gefunden. Der vorgestellte Methodenstandard und das Vorgehensmodell der Bundeswehr stellen einen ersten Schritt in Richtung eines verbindlichen methodischen Bezugsrahmens dar. Methodenstandard und Vorgehensmodell sind eine bedeutende Wissensquelle für die Softwareentwicklung. Die strukturierte und uniforme Darstellung der Methodenbausteine erleichtert die Transformation des Methoden-Wissens in beliebige wissensbasierte CASE-Systeme.

2.2. Computer-Aided Knowledge Engineering

Wissensbasierte Techniken eignen sich jedoch nicht nur zur Verbesserung von CASE, es besteht umgekehrt auch die Möglichkeit, die Erstellung wissensbasierter Systeme bzw. Expertensysteme durch CASE-Systeme zu unterstützen. In Anlehnung an den Begriff des Software Engineering wird die Erstellung wissensbasierter Systeme oft als *Knowledge Engineering* bezeichnet. Entwicklungsumgebungen im Sinne des CASE zur Unterstützung der Expertensystemerstellung werden analog als Computer-Aided Knowledge Engineering (CAKE) bezeichnet.

Die Methoden des Knowledge Engineering sind noch relativ jung; das Repertoire der Entwicklungsmethoden ist noch nicht mit dem "konventionellen" Software Engineering vergleichbar. Erst in letzter Zeit wurden die ersten umfassenden strukturierten Entwicklungsmethoden konzipiert. Bis dato herrscht in der praktischen Anwendung eine heuristische oder experimentelle Vorgehensweise vor, wobei sich die Entwicklungsmethodik auf das aus der konventionellen Softwareentwicklung wohl bekannte "quick and dirty" reduziert.

Die strukturierten Methoden befinden sich noch in der Erprobung. Besondere Bedeutung erlangte die in einem größeren ESPRIT-Projekt entwickelte und nicht nur deshalb zum Standard avancierende Methode KADS. Die Methode KADS greift zu einem gewissen Teil auf grafische Objektdarstellungen zurück und eignet sich deshalb für die Übertragung der CASE-Philosophie. Erste kommerzielle CAKE-Prototypen auf der Basis von KADS sind bereits verfügbar. Es bleibt abzuwarten, wie sie sich in der praktischen Anwendung bewähren.

Es ist davon auszugehen, daß in der Zukunft wissensbasierte Techniken nicht ausschließlich parallel zu den konventionellen Softwartechniken eingesetzt werden können, sondern einen festen Platz im Instrumentarium des Software-Knowledge-Engineering erhalten. Das bedeutet, daß wissensbasierte Techniken auch in die bestehenden CASE-Werkzeuge zu integrieren sind. Die Integration von konventionellen Datenverabeitungssystemen und wissensbasierten (Experten-)systemen stellt sich beim augenblicklichen Stand der Technik sowohl aus der theoretischen als auch aus der praktischen Sicht als ein besonders schwieriges Unterfangen dar. Bis zur homogenen Integration wissensbasierter Techniken in CASE-Werkzeuge sind noch erhebliche Anstrengungen in Forschung und Entwicklung erforderlich.

Anhang

Kriterienkataloge für die Werkzeugauswahl

Die nachfolgenden Kriterienkataloge sind gemäß dem in Teil III, Kapitel 1 beschriebenen UFAB-Verfahren aufgebaut und wurden im BAWV zur Werkzeugauswahl verwendet.
Zunächst werden die Kriterien mit ihren Gewichtungsfaktoren sowohl für die Auswahl eines Analyse-/Design-Tools als auch eines PM-Tools dargestellt. Im Anschluß daran wird jeweils ein Wertungsvorschlag für die Vergabe von Punkten auf der untersten Ebene des UFAB-Baumes beschrieben.

A. Analyse-/Design-Tool

A.1. Kriterienkatalog nach UFAB

A.2. Wertungsvorschlag

Bei diesem Wertungsvorschlag ergibt sich die Wertung für das jeweilige Kriterium
als arithmetisches Mittel der Unterpunkte je Position. Die Unterpunkte einer Position
sind entweder als exklusive Alternative (Summe des Wertungsvorschlags größer als
10) oder als inklusive Alternative (Summe des Wertungsvorschlags = 10) zu verstehen.

1.1.1 Marktposition der Firma

- Firmenkonstruktion
    - Entwicklung/Vertrieb in einer Hand 10
    - Entwicklung/Vertrieb getrennt, aber unter einer Dachfirma 5
    - Entwicklung/Vertrieb getrennt und unabhängige Gesellschaften 1

- Firmenpräsenz
    - Entwicklung/Vertrieb in Deutschland 10
    - Entwicklung in Europa/Vertrieb in Deutschland 5
    - Entwicklung außerhalb von Europa/Vertrieb in Deutschland 3

1.1.2 Marktdaten des Produkts

- Entwicklungskapazität bezogen auf das Produkt
    - 80 oder mehr Mitarbeiter 10
    - weniger als 80; je 8 Mitarbeiter einen Punkt

- Referenzkunden für das Produkt vorhanden.
    - 10 oder mehr 10
    - weniger als 10; für jeden Referenzkunden einen Punkt

- geografische Verteilung der Referenzkunden
    - in Deutschland 10
    - nur im Ausland 5

- Einsatzunterstützung
    - Hot-Line in Deutschland 4
    - Produkt-Support in Deutschland 3
    - Wartung in Deutschland 3

- Produktstatus
    - Produkt hat Betatest erfolgreich durchlaufen 10
    - Produkt befindet sich im Betatest 3

– Firma bietet produktspezifische Nutzerveranstaltungen an
  – mit Requirementmöglichkeiten 10
  – ohne Requirementmöglichkeiten 3

1.2.1 Bedienung des Produkts

– Art der Befehlseingabe
  Host
  – via grafische Benutzeroberfläche mit Pull-Down-/Pop-Up-Menüs 3
  – via Bildschirmformate oder Befehlsmenüauswahl 2
  Workstation
  – via grafische Benutzeroberfläche mit Pull-Down-/Pop-Up-Menüs ... 3
  – via Bildschirmformate oder Befehlsmenüauswahl 2

– logisch einheitliche Benutzeroberfläche zwischen
  Workstation und Host 10

– Deutsche Benutzeroberfläche ((Fehler-)Meldungen, Layout,
  Benutzerführung, Hilfetexte sind in deutsch) 10

– Technische Bedienerführung
  Host
  – das Produkt ist anpaßbar an den Lernfortschritt
    des Anwenders (Expertenmodus) 2
  – das Produkt arbeitet mit Fenstertechnik 1
  – das Produkt arbeitet mit Maussteuerung 1
  – das Produkt arbeitet mit Funktionstasten 1
  Workstation
  – das Produkt ist anpaßbar an den Lernfortschritt
    des Anwenders (Expertenmodus) 2
  – das Produkt arbeitet mit Fenstertechnik 1
  – das Produkt arbeitet mit Maussteuerung 1
  – das Produkt arbeitet mit Funktionstasten 1

– Beim Verlassen merkt sich das Produkt den Einsprungpunkt
  für den nächsten Aufruf 10

– Informationsdarstellung der Grafik
  – Produkt verändert Topologie nicht 10
  – Produkt verändert Topologie mit "Optimierung" 5

– Einsatz spezieller Darstellungsmittel
  – Pool an Standardsymbolen, die syntaktisch
    und semantisch erweiterbar sind 10
  – Pool an alternativen Standardsymbolen, aus denen
    der Nutzer auswählen kann 5
  – fest vorgegebene Standardsymbole 3

1.2.2 Dokumentation des Produkts

1.2.3 Einführungsunterstützung des Produkts

- Schulung
  - Seminare inhouse 6
  - Seminare extern 4

- Einführungsmaßnahmen
  - Stand-by-Betreuung bei Pilotprojekten 5
  - Betreuung auf Abruf 5

- Schulungsinhalt vom Kunden beeinflußbar
  (Der Kunde kann u.a. Fallbeispiel einbringen) 10

- Schulungs-Know-How kann auf Kunden
  übertragen werden 10

1.3.1 Datenschutz/Datensicherheit/Betriebsablaufsicherung

- Regelung des Zugangs zum Produkt mit
  abgestufter Berechtigung nach Nutzerprofilen 10

- Das Produkt ist verträglich mit gängiger
  Sicherheitssoftware (z.B. RACF der Fa. IBM) 10

- Der Zugriffsschutz auf Entwurfsdaten
  - kann logisch geregelt werden 5
  - kann physisch auf Feldebene geregelt werden 3
  - kann physisch auf Satzebene geregelt werden 2

- Die Beziehungsintegrität (referential integrity)
  der Daten wird automatisch gewährleistet 10

- Sicherung von Löschvorgängen
  - Löschen nur nach Bestätigung und Anzeigen
    der Auswirkungen auf Entwurfsdaten 10
  - Löschen nur nach Bestätigung 5

- Sicherung der Datenbasis
  - automatisches Logging und im Fehlerfall
    automatischer Restart 10
  - Sicherheitskopien werden automatisch
    nach bestimmbarem Zeitintervall angelegt 5
  - Sicherheitskopien sind explizit mit Utilities zu erstellen 3

- Arbeitsergebnisse einer abnormal beendeten Session stehen
  bei Wiederaufnahme der Arbeit zur Verfügung 10

1.3.2 Auswertungen/Abfragemöglichkeiten

– Betriebsart der Auswertungen/Abfragen
   – Dialog 6
   – Batch 4

– Dokumentationen (erstellte Texte/Grafiken)/Auswertungen/Abfragen
  können mit dem Produkt,präsentationsfähig aufbereitet, gedruckt
  werden 10

– Auswertungen/Abfragen
   – in Form von im Detaillierungsgrad steuerbaren Standardaus-
     wertungen, die vom Nutzer um selbstdefinierte ergänzt werden
     können 10
   – in Form von Standardauswertungen mit steuerbarem
     Detaillierungsgrad 5
   – in Form von vordefinierten Standardauswertungen 3

– Recherchemöglichkeiten mit logischen Verknüpfungen über
   – Volltext 6
   – Stichworte 4

– Auswertungen/Abfragen möglich auf wählbarem Ausschnitt
  der Datenbasis 10

– Dokumente können inkrementell, adressatengerecht aus der
  Entwicklungsdatenbank generiert werden 10

1.3.3 Schnittstellen/Kombinierbarkeit

– Kommunikation zwischen Workstation und Host
   – existiert über Programm-zu-Programm-Verbindung 10
   – existiert über Filetransfer, der im Produkt integriert ist 5
   – muß vom Anwender auf Basis offengelegter Schnittstellen
     selbst geschaffen werden 3

– Das Produkt bietet Schnittstellen zu
   – Standardsoftwareprodukten 5
   – hat Programmschnittstellen 5

– Das Produkt kann granular in ein maschinell unterstütztes
  Vorgehensmodell eingebunden werden 10

1.3.4 Modell- und Teilmodellbildung

– Das Produkt unterstützt maschinell Analyse und Design von verteilter
  Datenverarbeitung und verteilter Datenhaltung durch Modell- und
  Teilmodellbildung 10

1.4.1 Entwicklungsdatenbasis

1.4.2 Produktumgebung

2.1.1 Funktionsentwurf

- Wiederholung mit Bedingung 2
- Auswahl mit Bedingung 2
- Auslöser 2

- Im Informationsflußdiagramm sind neben Datenflüssen und
  Funktionen darstellbar
  - Input/Output-Schnittstellen (Quellen/Senken) 2
  - Datenablagen 2
  - externe Partner 2
  - Auslöser 2
  - Logische Verknüpfung von Datenflüssen 2

- Darstellung des Ablaufs einer Elementarfunktion
  - grafisch (z.B. nach M. Jackson) 10
  - halbgrafisch (z.B. nach James Martin) 5
  - mit Pseudocode 3
  - mit strukturiertem Text o.ä. 1

- Methodik der Zerlegung
  - in Regelbasis abgelegt 4
  - eigene Regeln sind definierbar 4
  - in Handbüchern beschrieben 2

- Das Produkt beinhaltet interaktive Simulation von Vorgängen auf der
  Grundlage der Informationsflußdiagramme 10

2.1.2 Logischer Datenentwurf

- Im Entity-Relationship-Diagramm sind neben Entitäten, Beziehungen
  und Kardinalitäten darstellbar
  - Optionalität von Beziehungen 2
  - Rekursivität von Beziehungen 2
  - gegenseitiger Ausschluß von Beziehungen 2
  - Subentitäten 2
  - mehrere Beziehungen zwischen zwei Entitäten 2

- In die Entwicklungsdatenbasis können ablegt werden
  - Schlüssel 2
  - Attribute 2
  - Wertebereiche (Domänen) 2
  - Integritätsbedingungen 4

- Mengenangaben bei Beziehungen können in die Entwicklungsdaten-
  basis abgelegt werden 10

- Attribute können charakterisiert werden nach
  - elementar 2
  - zusammengesetzt 2

2.1.3 Abgleich Funktionsstruktur/Informationsstruktur

2.2.1 Maskenentwurf

2.2.2 Dialogentwurf

2.2.3 Listenentwurf

---

1   Zielsysteme sind zu erfragen

- Anlegen von Layout-Skeletten (Models) als Vorgaben, die den
  nutzereigenen Konventionen entsprechen 10

- Formatgestaltung mit Seitenkopf/Seitenfuß und Gruppenausgaben
  wird automatisch unterstützt 10

- Interaktive Zuordnung der Datenelemente mit Einbindung der
  Entwicklungsdatenbasis durch Übernahme von Feldattributen 10

- Listensimulation interaktiv am Bildschirm 10

2.3.1 Programmentwurf/Programmierung

- Unterstützung der Programmierung
  - aus der Spezifikation der Elementarfunktionen werden lauffähige
    Programme generiert[2]) 10
  - aus der Spezifikation der Elementarfunktionen wird die
    Programmiersteuerung mit Eingabe-/ Ausgabebehandlung von
    Daten generiert 8
  - aus der Spezifikation der Elementarfunktionen wird die
    Programmsteuerung generiert, die Datenbehandlung ist
    manuell zu ergänzen 3

- Generierung der Laufumgebung (z.B. JCL)aus der Entwicklungs-
  datenbasis 10

- Unterstützung von Programmänderung und -pflege
  - Anteile des Sourcecodes, die automatisch aus dem Entwurf
    generiert wurden, sind jederzeit identifizierbar 2
  - Im Änderungsfall ist die Rückführung von manuell ergänztem
    Code entweder automatisch gesichert oder bei vollständiger
    Generierung des Sourcecodes irrelevant 4
  - Der generierte Code ist gegen strukturelle Änderungen bei
    manuellen Eingriffen abgesichert 4

2.3.2 Systemspezifischer/Physischer Datenentwurf

- Die Berücksichtigung von Datenmengen und Zugriffshäufigkeiten
  beim systemspezifischen Entwurf von Dateien und Datenbanken
  wird maschinell unterstützt 10

- Das Produkt generiert Vorschläge für
  - relationale Datenstrukturen 5

---

2   Zielsprachen sind zu erfragen

- – hierarchische Datenstrukturen 4
- – netzwerkartige Datenstrukturen 1

- Umsetzung des systemspezifischen Entwurfs
  - – Generierung von physischen DB- und Dateistrukturen aus
    der Entwicklungsdatenbasis[3]) 10
  - – Auswertung der Entwicklungsdatenbasis mit Vorschlägen
    für die physische Umsetzung 5

- Generierung von Include-Membern und Copystrecken
  - – mit Feldanfangswerten 10
  - – ohne Feldanfangswerte 5

2.3.3 Testunterstützung/Debugging

- Das Produkt unterstützt die statische Analyse von Programmcode
  hinsichtlich
  - – Komplexitätsmessungen 2
  - – Verwendung von Sprachelementen 2
  - – Modulaufrufhierarchien 2
  - – Schachtelungstiefen 2
  - – Abdeckungsmessung 2

- Das Produkt generiert Testdaten für Blackbox-Tests 10

- Das Produkt generiert Testfälle für Whitebox-Tests zur
  - – C0 (jede Anweisung mindestens einmal) 3
  - – C1 (jeder Ablaufzweig mindestens einmal) 5
  - – C7 (jeder Pfad) 10

- Erstellen und Verwalten der Testdatenbank für Online und Batch
  (u.a. Regressionstests, Massentests, Belastungstest, Testfälle,
  Testergebnisse) 10

- Unterstützung Fehlersuche/Tuning
  - – Ablaufverfolgung (Trace) 5
  - – Zeitmessung 5

- Interaktives Debugging ist auf der Ebene der Spezifikationssprache
  gewährleistet 10

2.4.1 Projektmanagement

- Das Produkt kann Projektdaten parallel und Ressourcen
  projektübergreifend verwalten 10

---

3   Zielsysteme sind zu erfragen

2.4.2 Qualitätssicherung

2.4.3 Administration

B. PM-Tool

B.1. Kriterienkatalog nach UFAB

B.2. Wertungsvorschlag

1.1.1. Anzahl Host-Installationen

–   Die Anzahl der Installationen des Produkts beträgt
    –   30 oder mehr 10
    –   weniger als 20 5

1.1.2. Anzahl Referenzkunden

–   Referenzkunden[4]) in der Bundesrepublik Deutschland vorhanden:
    –   10 bis 20 5
    –   mehr als 20 10

1.1.3. Personal beim Anbieter

–   Der Anbieter verfügt über Personal zur Einführungsunterstützung,
    laufenden Betreuung und Wartung.

---

4   Bitte Adressen und Ansprechpartner aufschreiben

   –   Hot-Line in Deutschland[5]) 5
   –   Produkt-Support in Deutschland[6]) 3
   –   Wartung in Deutschland 2

1.1.4. Ausbildung

– Der Anbieter bietet Ausbildung an. Das Ausbildungs-"Know how"
kann auf den Kunden übertragen werden.
   –   "train the trainer"-Seminar 3
   –   Erstellung BAWV-bezogenen Schulungsmaterials 3
   –   Überlassung von Schulungsmaterial (einschl. Übungen und
      Beispielen) 2
   –   regelmäßge Anwenderschulungen 2

1.2.1. Einmalerfassung von Informationen

– Die Informationen werden imWerkzeug nur einmal erfaßt
(keine Mehrfacheingaben) 10

1.2.2. Deutsches Benutzerhandbuch

– Das Produkt wird mit einem deutschen Benutzerhandbuch
ausgeliefert 10

1.2.3. Bedienung ohne spezielle DV-Kenntnisse

– Die Bedienerführung ist selbsterklärend 10

– Die Bedienerführung ist leicht zu verstehen 5

1.2.4. Bedienung im Expertenmodus

– Das Produkt kann im Expertenmodus bedient werden
(direkte Sprünge zwischen Funktionen) 10

1.2.5. Kontextbezogene Hilfe-Funktionen

– Die Hilfetexte sind prägnant und leicht zu verstehen 8

– Die Hilfetexte sind z.T. zu allgemein oder schwer verständlich 2

---

5   telefonisch während einer Kernzeit von mindestens 9.00 Uhr bis 15.30 Uhr
erreichbare Ansprechstelle bei Anwendungsproblemen mit dem Produkt
oder bei unerwartetem Produktverhalten

6   Unterstützung durch Produktspezialisten vor Ort auf Abruf

1.3.1. Eingaben, Abfragen und Auswertungen im Dialog

1.3.2. Deutschsprachige Bedieneroberfläche

1.3.3. Grafische Bedieneroberfläche

1.3.4. Fenstertechnik

1.3.5. Einheitliche Bedienung Host/Workstation

1.4.1. Datenaustausch Host/Workstation

1.4.2. Transparente Datenstrukturen

1.4.3. Schnittstelle zu DB2

1.4.4. Netzwerkfähigkeit

2.1.1. Report-Generator

2.1.2. Individuelle Auswertungen

- Das Produkt erlaubt individuelle Auswertungen
  - mittels einer Abfragesprache oder 10
  - verfügt über eine definierte Programmschnittstelle
    zu anderen Auswertungssystemen 5

2.1.3. Grafische Auswertungsmöglichkeiten

- Das Produkt enthält grafische Auswertungsmöglichkeiten:
  - Balkendiagramm 4
  - Netzplan 2
  - sonstiges (z.B. Kapazitätsauslastungsdiagramm) 4

2.1.4. Integration von Text und Grafik

- Das Produkt ermöglicht die Integration von Text und Grafik
  in Berichten 10

2.1.5. Import- und Export-Funktionen

- Das Produkt enthält IMPORT- und EXPORT-Funktionen für alle
  gespeicherten Daten:
  - PC-Software-Formate 5
  - ASCII 10

2.2.1. Abgestufter Zugriffsschutz der Funktionen (Host)

- Die Hostkomponente des Produkts gestattet einen abgestuften
  Zugriffsschutz nach Nutzerprofilen für die integrierten Funktionen 10

2.2.2. Abgestufter Zugriffsschutz der Daten (Host)

- Die Hostkomponente des Produkts gestattet einen abgestuften
  Zugriffsschutz nach Nutzerprofilen für die gespeicherten Daten 10

2.2.3. Abgestufter Zugriffsschutz der Funktionen (Workstation)

- Die Workstationkomponente des Produkts gestattet einen abgestuften
  Zugriffsschutz nach Nutzerprofilen für die integrierten Funktionen 10

2.2.4. Abgestufter Zugriffsschutz der Daten (Workstation)

- Die Workstationkomponente des Produkts gestattet einen abgestuften
  Zugriffsschutz nach Nutzerprofilen für die gespeicherten Daten 10

2.2.5. Erhalt der Daten bei Sessionabbrüchen

2.3.1. Eigendefiniertes Vorgehensmodell

2.3.2. Simulation

2.3.3. Ressourcen-Kalender

2.3.4. Unterschiedliche Aggregationsstufen

2.3.5. Netzplantechniken

2.4.1. Soll-Ist-Abgleich

2.4.2. Projekttagebuch

2.4.3. Projektbezogene, projektübergreifende Aufwandsrechnung

2.4.4. Unterschiedliche Aggregationsstufen

2.4.5. Automatische Warnmeldungen

Literaturverzeichnis

/Achatzi, 91/ H. G. Achatzi: Praxis der strukturierten Analyse. Hanser, München, 1991

/AD Cycle, 92/ AD/Cycle Ziele, Konzepte und Funktionen. Oldenbourg, München, 1992

/Angus, 84/ J.E. Angus: The Application of Software Reliability and Maintainability. Symposium, Jan. 1984

/ANSI, 73/ ANSI-Norm N45. 2.10.1973

/ANSI IRDS, 88/ ANSI X3.138-1988, IRDS, approved October 1988, published January 1989 by ANSI, 1430 Broadway, New York, NY 10018

/Babich, 86/ A. Babich, A. Wayne: Software Configuration Management. Addison-Wesley, Reading, 1986

/Balzert, 77/ H. Balzert: Systementwicklung, hierarchische Strukturen, Modularisierung, Datenabstraktion. Bericht Fachbereich Informatik, Universität Kaiserslautern, Dez. 1977

/Balzert, 82/ H. Balzert: Die Entwicklung von Softwaresystemen: Prinzipien, Methoden, Sprachen, Werkzeuge. BI-Wissenschaftsverlag, Mannheim, 1982

/Batini, 92/ C. Batini, S. Ceri, S. Navathe: Conceptual Database Design. Benjamin Cummings, Menlo Park, 1992

/Baumgarten, 90/ B. Baumgarten: Petri-Netze, Grundlagen und Anwendungen. BI-Wissenschaftsverlag, Mannheim, 1990

/Bausch, 72/ H. Bausch: Delphi-Methode. In: /Tumm, 72/

/Barthel, 92/ R. Barthel: Case und Outsourcing. Kongreßdokumentation Online 1992

/BDI, 90/ Bundesverband der Deutschen Industrie: Rahmenvereinbarung zum Daten- und Kostenmeldeverfahren. BDI-Drucksache Nr. 231, Köln, 1990

/Berg, 73/ R. Berg, A. Meyer, M. Müller, A. Zogg: Netzplantechnik: Grundlagen,
Methoden, Praxis. Verlag Industrielle Organisation, Zürich, 1973

/BMI UFAB, 88/ Unterlagen für Ausschreibung und Bewertung von
IT-Leistungen, Version II. Schriftenreihe der KBSt, Band 11, 1988

/Boehm, 81/ B. Boehm: Software Engineering Economics. Prentice-Hall,
London, 1981

/Boehm, 86/ B. Boehm: A Spiral Model of Software Development and
Enhancement. ACM SIGSOFT Software Engineering Notes 11, 1986,
S.22-42

/Booch, 87/ G. Booch: Software Engineering with Ada. Benjamin Cummings,
Menlo Park, 1987

/Brändle, 75/ R. Brändle: Organisationspläne. In: /Fischer, 75/

/Bröhl, 90/ A. Bröhl: SE-Umgebung für Informationssysteme der Bundeswehr.
ÖVD-Online 3/90 , S.96-102

/Bröhl, 91/ A. Bröhl: Projektmanagement und CASE-Tools. ÖVD-Online 12/91,
S. 46-48

/Bröhl, 93/ A. Bröhl, W. Dröschel: Das V-Modell. Oldenbourg, München, 1993

/Buhr, 84/ R.J.A. Buhr: System Design with Ada. Prentice-Hall, Englewood
Cliffs, NJ, 1984

/BUND, 86/ Planungslehrmappe der Fortbildungsinstitutionen des Bundes,
Bonn, 1986

/Case Consult, 91/ Dokumentation des IBM CASE-Forums 1991

/Chen, 77/ P. Chen: The Entity-Relationship Approach to Logical Data Base
Design. The Q.E.D. Monograph Series, Data Base Management, No 6, 1977

/CCITT, 85/ CCITT Annexes to Recommendations, Z.100-Z.104, Volume VI.
Fascicle VI.11, Genf, 1985

/Daenzer, 88/ W.F. Daenzer (Hrsg.): Systems Engineering-Leitfaden zur methodischen Durchführung umfangreicher Planungsvorhaben. Verlag Industrielle
Organisation, Zürich, 1988

/Date, 90/ C. J. Date: An Introduction to Database Systems, Volume I.
Addison-Wesley, Reading, 1990

/Davis, 88/ A.M. Davis: A Comparison of Techniques for the Specification of
External System Behavior. Comm. of the ACM, Vol. 31, No. 9,
S. 1098 - 1115, Sept. 1988

/DeMarco, 78/ T. DeMarco: Structured Analysis and System Specification.
Prentice-Hall, Englewood Cliffs, NJ, 1978

/Deutsch, 82/ M.S. Deutsch: Software Verification and Validation.
Prentice-Hall, Englewood Cliffs, NJ, 1982

/Deutsch, 88/ M.S. Deutsch, R. Willis: Software Quality Engineering.
Prentice-Hall, Englewood Cliffs, NJ, 1988

/DIN 66241, 78/ DIN 66241: Entscheidungstabellentechnik für den Informationsaustausch. Beuth, Berlin, 1978

/DIN 69900.1, 87/ DIN 69900 Teil 1: Netzplantechnik Begriffe. Beuth,
Berlin, 1987

/DIN 69900.2, 87/ DIN 69900 Teil 2: Netzplantechnik Darstellungstechnik.
Beuth, Berlin, 1987

/Elben, 73/ W. Elben: Entscheidungstabellentechnik-Logik, Methodik und
Programmierung. Walter de Gruyter, Berlin, New York, 1973

/ESA, 89/ ESA (1989): Ref. WME/89-173/JB: HOOD Reference Manual,
Issue 3.0. European Space Agency, Noordwijk, The Netherlands, 1989

/Fischer, 75/ Management-Enzyklopädie: Das Managementwissen unserer Zeit.
Fischer Taschenbuchverlag, Verlag Moderne Industrie, 1975

/Fleming, 89/ C.C.Fleming, B. van Halle: Handbook of Relational Database Design. Addison-Wesley, Reading,1989

/Freedman, 82/ D.P. Freedman, G.M. Weinberg: Handbook of Walkthroughs,
Inspections, and Technical Reviews. Little Brown and Company,
Boston, 1982

/Gewald, 72/ K. Gewald, K. Kasper, H. Schelle: Netzplantechnik: Methoden zur
Planung und Überwachung von Projekten, Bd. 2: Kapazitätsoptimierung.
Oldenbourg, München, 1972

/Gewald, 74/ K. Gewald, K. Kasper, H. Schelle: Netzplantechnik: Methoden zur
Planung und Überwachung von Projekten, Bd. 3: Kosten- und Finanzpla-
nung. Oldenbourg, München, 1974

/Gewald, 82/ K. Gewald, G. Haake, W. Pfadler: Software Engineering: Grundlagen und Technik rationeller Programmentwicklung. Oldenbourg,
München, 1982

/Harel, 87/ D. Harel: Statecharts: A Visual Formalism for Complex Systems.
Science of Computer Programming, Bd. 8, 1987

/Hatley, 87/ D.J. Hatley, I.A. Pirbhai: Strategies for Real-Time System Specification. Dorset House, New York, 1987

/Hawryszkiewycz, 88/ I.T. Hawryszkiewycz: Introduction to Systems Analysis
and Design. Prentice-Hall, Englewood Cliffs, NJ, 1988

/Herzwurm, 93/ G. Herzwurm: Wissensbasiertes CASE , Theoretische Analyse, Empirische Untersuchung, Entwicklung eines Prototyps. Vieweg, Braunschweig/Wiesbaden, 1993

/IEEE 1028, 88/ IEEE-STD 1028-1988: IEEE Standard for Software Reviews and Audits, 1988

/IEEE 982.2, 88/ IEEE-STD 982.2-1988: IEEE Guide for the Use of IEEE Standard Dictionary of Measures to Produce Reliable Software, 1988

/Informatik-Spektrum, 90/ Informatik-Spektrum, Bd. 14, 1990

/ISO DIS 10011, 89/ ISO DIS 10011: Guidelines for Auditing Quality Systems, 1989

/Karer, 92/ A. Karer: Verändert CASE die Organisationsstrukturen der DV/ORG-Abteilungen? Kongreßdokumentation Online 1992

/Kirsch, 70/ W. Kirsch: Entscheidungsprozesse, Bd. 1: Verhaltenswissenschaftliche Ansätze der Entscheidungstheorie. Gabler, Wiesbaden 1970

/Koslowski, 90/ K. Koslowski: Unterstützung von partizipativer Systementwicklung durch Methoden des Softwareengineering. Arbeitspapier der GMD 242, Sankt Augustin, 1990

/Koßmann, 87/ H. Koßmann: Entwicklung von Systemen mit einem SDL-Toolset. Siemens AG, ZFE SOF1, München, 1987

/Lapadula, 75/ L.J. Lapadula: Engineering of Quality Software Systems, Volume VIII: Software Reliability Modelling and Measurement Technique. RADC-TR-74-325, MITRE Corporation, Jan. 1975

/Lauber, 91/ R. Lauber: Dokumentation des GMD CASE-Anwenderforums, 14.-16.5.91

/Leveson, 86/ N.G. Leveson: Software Safety: What, Why and How. ACM Computing Surveys, Volume 18, No 2, S. 125 ff, June 1986

/Martin, 85/ J.A. Martin, C. McClure: Diagramming Techniques for Analysts und Programmers. Prentice-Hall, Englewood Cliffs, NJ, 1985

/Martin, 86/ J. A. Martin: Information-Engineering. Savant Research Studies, New Street, Camforth Camshire 1986

/Martin, 87/ J.A. Martin: Diagramming Standards for Analysts & Programmers. Prentice-Hall, Englewood Cliffs, NJ, 1987

/Martin, 89/ J.A. Martin, C. McClure: Action Diagrams: Clearly Structured Specifications, Programs, and Procedures, 2nd Edition. Prentice-Hall, Englewood Cliffs, NJ, 1989

/Martin, 90/ J.A. Martin: Information Engineering, Book 2. Prentice-Hall, Englewood Cliffs, NJ, 1990

/Mc Clure, 88/ C. Mc Clure: The Case Technical Report. Extended Intelligence, Chicago, 1988

/McMenamin, 84/ S.M. McMenamin, J.F. Palmer: Essential Systems Analysis. Prentice-Hall, Englewood Cliffs, NJ, 1984. Auch als deutsche Übersetzung: Strukturierte Systemanalyse. Hanser, München, 1988

/MIL-HDBK 189, 81/ MIL-HDBK-189: Reliability Growth Management, 1981

/MIL-STD 756B, 82/ MIL-STD-756 B: Reliability, Modelling and Prediction, 1982

/MIL-STD 1521B, 85/ MIL-STD-1521 B: Technical Reviews and Audits for Systems Equipment and Computer Software, 1985

/MIL-STD 1629A, 80/ MIL-STD-1629 A: Procedures for Performing a Failure Mode, Effects and Critically Analysis, 1980

/Miller, 86/ D.R. Miller: Exponential Order Statistic Models of Software Reliability Growth. IEEE Transactions on Software Engineering, Volume SE-12, No. 1, S. 12 ff, Jan. 1986

/Müller-Ettrich, 89/ G. Müller-Ettrich (Hrsg.): Effektives Datendesign. Rudolf Müller, Köln, 1989

/Münzenberger, 89/ H. Münzenberger: Eine pragmatische Vorgehensweise zur Datenmodellierung. In: /Müller-Ettrich, 89/

/Myers, 91/ G.J. Myers: Methodisches Testen von Programmen. Oldenbourg, München, 1991

/Noth, 84/ T. Noth, M. Kretzschmar: Aufwandschätzung von DV-Projekten. Darstellung und Praxisvergleich der wichtigsten Verfahren. Betriebs- und Wirtschaftsinformatik, Bd. 8, Springer-Verlag, Berlin, 1984, 2. Aufl. 1985

/Ovum, 90/ OVUM Reverse Engineering Report 08, 1990

/Peters, 88/ L. Peters: Advanced Structured Analysis and Design. Prentice-Hall, Englewood Cliffs, NJ, 1988

/Ploenzke, 86/ EDV Studio Ploenzke: Projektmanagement-Handbuch, 1986

/Ploenzke, 91/ Ploenzke Informatik: Isotec-Handbücher, 1991

/Putnam, 80/ L.H. Putnam: Software Cost Estimating and Life-Cycle-Control (Tutorial). IEEE Catalog No. EHO-165-1, 1980

/Raasch, 91/ J. Raasch: Systementwicklung mit Strukturierten Methoden. Hanser, München, 1991.

/Redvine, 83/ S.T. Redvine: An Engineering Approach to Software Test Case Design. IEEE-Transactions on Software Engineering, Volume SE-9, S. 191 ff, March 1983

/Reifer, 89/ Reifer Consultants: Economics of Ada: Estimation and Control.
Torrance, California 1989

/Reisig, 85/ W. Reisig: Systementwurf mit Netzen. Springer-Verlag, Berlin, 1985

/Reisig, 86/ W. Reisig: Petrinetze, eine Einführung. Springer-Verlag, Berlin, 1986

/Reynolds, 76/ C. Reynolds, R.T. Yeh: Induction as the Basis for Program
Verification. IEEE Transactions on Software Engineering SE-2(4), 1976

/Rumbaugh, 91/ J. Rumbaugh, M. Blaha, W. Premerlani, F. Eddy, W. Lorensen:
Object-oriented Modeling and Design. Prentice-Hall, Englewood Cliffs,
NJ, 1991

/Scheer, 88/ A.-W. Scheer: Wirtschaftsinformatik: Informationssysteme im
Industriebetrieb. Springer-Verlag, Berlin, 1988

/Schöntaler, 90/ F. Schöntaler, T. Németh: Software Entwicklungswerkzeuge:
Methodische Grundlagen. Teubner, Stuttgart, 1990

/Sneed, 88/ H.M. Sneed: Software-Qualitätssicherung. Rudolf Müller, Köln, 1988

/Sneed, 92/ H.M. Sneed: Re-Engineering des Menschen. Kongreßdokumentation
Online 1992

/Srivastava, 86/ V.K. Srivastava, W. Farr: The Use of Software Reliability Models
in the Analysis of Operational Systems. 1986 Proceedings of the Institute of
Environmental Sciences, 32nd Annual Technical Meeting Dallas,
Fort Worth, 1986

/Strunz, 77/ H. Strunz: Entscheidungstabellentechnik: Grundlagen und Anwendungsmöglichkeiten bei der Gestaltung rechnergestützter Informationssysteme. Hanser, München, 1977

/Sukert, 77/ A.N. Sukert: An Investigation of Software Reliability.
Models Proceedings of the Annual Reliability and Maintainability
Symposium, Philadelphia, 1977

/Tichy, 82/ W.F. Tichy: A data model for programming support environments and
its application. In: Schneider, Wassermann (Hrsg.): Automated Tools for
Information System Design and Development, S.31-48.
North-Holland, Amsterdam, 1982

/Tichy, 88/ W. F. Tichy: Tools for Software Configuration Management.
In: Winkler: Proceedings of the International Workshop on Software Version
and Configuration Control. January 27-28, 1988, Teubner, 1988

/Thumb, 75/ N. Thumb: Grundlagen und Praxis der Netzplantechnik, Bd. 1 und 2.
Verlag Moderne Industrie, München, 1975

/Tumm, 72/ G. Tumm: Die neuen Methoden der Entscheidungsfindung.
Verlag Moderne Industrie, München, 1972

/Ulrich, 88/ H. Ulrich, G.J.B. Probst: Anleitung zum ganzheitlichen Denken und
Handeln. Haupt, Bern, 1988

/Vetter, 90/ M. Vetter: Aufbau betrieblicher Informationssysteme.
Teubner, Stuttgart, 1990

/Voigt, 71/ J.P. Voigt: Fünf Wege der Netzplantechnik. Rudolf Müller, Köln, 1971

/Vossen, 88/ G. Vossen: Datenmodelle, Datenbanksprachen und Datenbank-Mana-
gement-Systeme. Addison-Wesley, Bonn, 1989

/Wallmüller, 90/ E. Wallmüller: Software-Qualitätssicherung. Hanser,
München, 1990

/Weiler, 91/ G. Weiler: Das Projekt "Euromethod". Computerwoche Nr. 41,
11.10.1991

/Wiborny, 91/ W. Wiborny: Datenmodellierung, CASE, Datenmanagement.
Addison-Wesley, Bonn, 1991

/Wille, 72/ H. Wille, K. Gewald, H.D. Weber: Netzplantechnik: Methoden zur
Planung und Überwachung von Projekten, Bd. 1: Zeitplanung.
Oldenbourg, München, 1972

/Yamada, 85/ S. Yamada, S. Osaki: Software Reliability Growth Modelling:
Models and Applications. IEEE Transactions on Software Engineering,
Volume SE-11, No. 12, S. 1431 ff, Dec. 1985

/Yourdon, 79/ E. Yourdon, L.L. Constantine: Structured Design:
Fundamentals of a Discipline of Computer Program and Systems Design.
Prentice-Hall, Englewood Cliffs, NJ, 1979

/Yeh, 77/ R.T. Yeh: Verification of Programs by Predicate Transformation.
In: R.T. Yeh (Hrsg.): Current Trends in Programming Methodology,
Volume II, Program Validation. Prentice-Hall, Englewood Cliffs, NJ, 1977

/Zangemeister, 72/ Ch. Zangemeister: Nutzwertanalyse. In: /Tumm, 1972/

Glossar

Im folgenden sind die wichtigsten Begriffe aus dem Bereich der Softwaretechnologie beschrieben, wie sie in diesem Buch verwendet werden. Besonderer Dank gilt der Firma IABG, die ihr "Glossar für den Bereich Softwaretechnologie (1992)" als Grundlage für die Erarbeitung zur Verfügung gestellt hat.

Änderbarkeit

Eigenschaften der Software, die den für eine Modifikation, *Fehler*behebung oder Anpassung an Umgebungsänderungen erforderlichen Aufwand beeinflussen.

Aktivität

Im *Vorgehensmodell* geregelte Tätigkeit. Sie wird eindeutig durch ihre Voraussetzungen, ihre Abwicklung und ihre Ergebnisse beschrieben.

Analyse

siehe *Anforderungsanalyse*.

Anforderungsanalyse

Aktivität, um alle wichtigen Einsatzbedingungen an das zu entwickelnde *Produkt* vollständig und eindeutig zu erfassen, die Durchführbarkeit der geplanten Entwicklung zu untersuchen und die Anforderungen an das Produkt zu definieren.

Anwendung, IT

Einsatz eines *IT-Systems* zur Erfüllung von Aufgaben, die in einem eingegrenzten fachlichen und organisatorischen Bereich liegen und durch gemeinsame Merkmale ausgezeichnet sind.

Anwendungssystem

Synonym für *IT-Anwendung*.

Applikationskonzept

Das Applikationskonzept umfaßt die Priorisierung der geplanten *Anwendungssysteme* nach verschiedenen Bewertungsmaßstäben.

Attribut

Eigenschaft oder Charakteristik eines *Objekts* oder einer *Entität*.

Baseline

Eine genau spezifizierte Menge an *Produkten*, die im Rahmen des *Konfigurationsmanagements* verwaltet werden und die eine verläßliche Basis für das Weiterarbeiten bilden. Die Bestandteile einer Baseline dürfen nur in einem formalen Änderungsverfahren geändert werden.

Benutzerfreundlichkeit

Eigenschaft einer Software, die es erlaubt, den Aufwand für Einarbeitung oder Benutzung so gering wie möglich zu halten.

Benutzerschnittstelle/Benutzeroberfläche

Hardware und/oder Software, die dem Benutzer ermöglichen, interaktiv mit einem System zu arbeiten.

CASE

Computer Aided Software-Engineering. Rechnerunterstützte Softwareentwicklung, basierend auf den Prinzipien des *Softwareengineering*.

Client/Server

Spezielle Ausprägung des *Cooperative Processing*, in der Rollen bzw. Hierarchien festgelegt werden. Der Rechner A (Server) bietet Leistungen an, die vom Rechner B (Client) nachgefragt werden.

Cooperative Processing

Verteilung von Funktionen und/oder Daten einer *IT-Anwendung* auf zwei oder mehr Rechner. Die Synchronisation erfolgt auf System- bzw. Anwendungsprogrammebene durch eine Programm-zu-Programm-Kommunikation.

Data Dictionary

Das Data Dictionary in seiner ursprünglichen Bedeutung unterstützt die *Datenadministration* durch Führen eines Datenlexikons. Heutzutage soll mit einem Data Dictionary das Datenmodell und das Funktionsmodell gepflegt und die zugehörigen Programm*systeme* und *System*abläufe sowie die Datenspeicherung und -nutzung verwaltet werden.

Datenadministration

Die Datenadministration umfaßt die Tätigkeiten, die die konzeptionellen Aspekte der Datenverwaltung betreffen. Dies sind u.a. die Entwicklung und Pflege von *Daten-* und Funktionsmodellen, die Planung und Verwaltung des *Data Dictionary-* bzw. *Repository-*Einsatzes und die Entwicklung von Standards und Namenskonventionen.

Datenbank

Eine Datenbank ist ein Mittel zur Beschreibung, Speicherung und Wiedergewinnung von Daten im Mehrnutzerbetrieb. Eine Datenbank besteht aus den Daten, der sogenannten Datenbasis, und der Verwaltungs- und *Zugriffs-*Software, dem Datenbankmanagementsystem.

Datenbankadministration

Die Datenbankadministration umfaßt die Tätigkeiten, die zum Entwurf und Betrieb einer *Datenbank* notwendig sind.

Datenmodell

Ein Datenmodell ist eine formale Darstellung (Grafik oder Sprache) von Daten zur Abbildung eines Ausschnitts der realen Welt in Form von Datenstrukturen und Integritätsbedingungen.

Datenübertragung

Transport von Daten auf Verbindungswegen, z.B. zwischen Rechnern.

Design

Der Prozeß des Definierens und Entwerfens der Hardware-/Software-*Architektur*, der *Komponenten, Module, Schnittstellen* und *Daten* für eine Anwendung.

Distributed Presentation

Verteilung von ressourcenaufwendigen Präsentationsfunktionen (z.B. objektorientierte, grafische Nutzeroberflächen) auf Workstations und von den übrigen *Funktionen* und Daten auf übergeordnete Rechner.

Distributed Processing

Verteilung von Funktionen einer *IT-Anwendung* auf verschiedenen Rechner.

Distributed Database

Verteilung logisch zusammengehöriger Datenbestände auf verschiedene Rechner.

Dokumentation

Sammlung von Dokumenten, in der die in verschiedenen *Phasen* erzeugten *Produkte* detailliert beschrieben sind.

DV-Segment

Bestandteil eines *Systems* oder eines *Subsystems*, der mindestens eine Software-*Konfigurationseinheit* enthält und kein *Subsystem* darstellt.

Elementarmethode

Methode i. S. des Softwareengineering, die einen methodischen Baustein repräsentiert, der nicht mehr sinnvoll aufzuteilen ist. Grundelement des Methodenstandards.

Embedded Computer System

Datenverarbeitungssystem, das in ein größeres *System* eingebunden ist, in dem der Computer nur als Hilfsmittel zur Erreichung anderer Aufgaben eingesetzt wird (z.B. ein Computer-System in einem Flugzeug)

Entität

Gegenstand der realen Welt oder einer Vorstellungswelt (Modellwelt). Die Eigenschaften dieses Gegenstands werden der Entität als *Attribute* zugeordnet. Entitäten modellieren den statischen, passiven *Daten*aspekt der Modellwelt.

Entitätstyp

Ein Entitätstyp beschreibt eine Menge von *Entitäten*, die eine gemeinsame Menge von *Attributen*, also eine gemeinsame Struktur haben.

Entwicklungsdatenbank

Eine Entwicklungsdatenbank ist eine für Entwicklungsumgebungen spezialisierte *Datenbank*.

Enzyklopädie

Eine *Entwicklungsdatenbank*, deren *Meta-Modell* alle Objekttypen und Beziehungen enthält, um die gesamten Ergebnisse der Softwareentwicklung aufzunehmen.

Erfolgsfaktor, kritischer

Ein kritischer Erfolgsfaktor ist eine Einflußgröße, die für die Überlebensfähigkeit eines Unternehmens wesentlich ist.

Erzeugnisstruktur

Darstellung der Zusammensetzung eines komplexen *Systems* durch seine Bestandteile (*Subsysteme, Segmente, Komponenten, Module/Datenbanken*).

Euromethod

Vorhaben der EG, das die Erstellung eines Regelungswerkes zum Ziel hat, welches die einheitliche Planung, Ausschreibung, Beschaffung, Entwicklung, Wartung und Steuerung von IT-Projekten im öffentlichen Bereich sicherstellen soll.

Fehler

Ein Fehler liegt vor, wenn die tatsächlichen Eigenschaften einer *Funktionseinheit* von dem als korrekt festgelegten oder in einer *Spezifikation* geforderten Verhalten oder Zustand abweichen.

Fertigprodukt

Komplett verfügbare *Funktionseinheit* (verfügbar im eigenen Unternehmen oder auf dem Markt).

Framework

Ein Framework (Rahmen, Gerüst) ist eine Sammlung von abstrakten und konkreten *Klassen* und den *Schnittstellen* zwischen ihnen.

Funktion

Eine Funktion ist die Verrichtung an einem Objekt. Sie transformiert eine bestimmte Art von Eingaben in genau bestimmte Ausgaben.

Funktionsmodell

Darstellung der *Funktionen* und deren Beziehungen in einem *System* sowie ihrer *Schnittstellen* zur Außenwelt in *Modellform*.

Funktionalität

Fähigkeit der Software, eine Menge von *Funktionen* auszuführen, welche die explizit definierten oder implizit vorhandenen *Benutzer*bedürfnisse erfüllen.

Funktionseinheit

Eine Funktionseinheit ist ein nach Aufgabe und Wirkung abgrenzbares Gebilde. Eine Funktionseinheit kann Software und/ oder Hardware umfassen.

Generator

Ein *Werkzeug*, das verwendet wird, um Software-*Komponenten* oder komplette *Anwendungssysteme* aus der *Design*spezifikation zu erstellen.

Geschäftsprozeß

Ein *Prozeß*, der kommerziell administrative oder technische Zwecke in einem Unternehmen erfüllt.

Identifikation

Identifikation ist die Bestimmung der Identität eines Subjekts bzw. *Objekts*.

Implementierung

Programmierung der funktionalen *Komponenten* der Software und Erzeugung einer *Datenbank*.

Informatikstrategie

Die Informatikstrategie befaßt sich mit den auf die Unternehmensziele ausgerichteten Aufgaben der *IT*, unabhängig davon, ob sie durch DV-Abteilungen oder durch andere organisatorische Einheiten erfüllt werden. Sie behandelt alle organisatorischen, personellen und wirtschaftlichen Fragen, die sich mit der Planung, Steuerung und Kontrolle der *IT* im Unternehmen beschäftigen.

Information Resource Dictionary System (IRDS)

IRDS ist ein Standard von ISO und ANSI, mit dem die Basisdatenhaltung eines *Data Dictionary* festgelegt wird.

Informationsmanagement

Bezeichnung für das Management der Informationen, die zur Versorgung der Mitarbeiter für ihre Aufgaben benötigt werden.

Informationsmodell

Beschreibung der logischen Inhalte einer *Entwicklungsdatenbank* in *Modell*form.

Informationstechnik (IT)

Die Informationstechnik umfaßt alle technischen Mittel, die zur Verarbeitung oder Übertragung von Informationen dienen.

Integration

Der Prozeß, der Softwareelemente, Hardwareelemente oder beides in eine größere Einheit einfügt oder zu einer größeren Einheit zusammenbaut.

ISO 9000

Die ISO 9000 ist eine internationale Norm (auch DIN-Norm) zum Qualitätsmanagement und zur *Qualitätssicherung*. Der Teil 3 ist der Leitfaden für die Anwendung auf die Entwicklung, Lieferung und Wartung von Software.

IT-Richtlinien

Rahmenregelungen für den IT-Einsatz bei den Bundesbehörden.

IT- Rahmenkonzept

Konzept für die Planung und Durchführung von IT-*Vorhaben* in einer Behörde.

IT-Mindestanforderungen

Grundsätze und Empfehlungen der Rechnungshöfe des Bundes und der Länder im Sinne von Mindestanforderungen an IT-*Vorhaben* und -*Verfahren*.

Klasse

Eine Klasse bezeichnet eine Menge von *Objekten*, die eine gemeinsame Menge von *Attributen* bzw. Eigenschaften, also eine gemeinsame Struktur und eine gemeinsame Menge von *Methoden*, also ein gemeinsames Verhalten haben.

Klassenhierarchie

Der durch die *Vererbungs*beziehung zwischen *Klassen* induzierte Graph.

Kommunikation

Übermittlung von Informationen.

Kommunikationstechnik

Technik, die der Übermittlung von Informationen in Text, Bild und Sprache dient.

Komponente

Softwarebaustein einer Software-*Konfigurationseinheit*.

Konfiguration

Eine Konfiguration ist eine definierte und formal freigegebene Menge von Entwicklungsergebnissen mit den jeweils gültigen Versionsangaben, die in ihrer Wirkungsweise und ihren *Schnittstellen* aufeinander abgestimmt sind und gemeinsam eine vorgegebene Aufgabe erfüllen sollen.

Konfigurationseinheit

Hardware- oder Softwareeinheit der *Erzeugnisstruktur*, die unter *Konfigurations*verwaltung genommen wird. Konfigurationseinheiten werden grundsätzlich nach wartungstechnischen Gesichtspunkten festgelegt.

Konfigurationsmanagement

Das Konfigurationsmanagement umfaßt alle Aktivitäten zur Verwaltung der *Konfigurationen*, zum Änderungsmanagement und zur *Datenadministration* sowie zur Datensicherung im Projekt. *Submodell* des V-Modells.

Meilenstein

Ein eindeutig erkennbares, für ein *Projekt* bedeutungsvolles Ereignis im Verlauf der Projektabwicklung, das sich terminlich planen und überwachen läßt und für die Bewertung des Projektfortschritts geeignet ist.

Methode i.S. des Softwareengineering

Eine Methode ist eine planmäßig angewandte, begründete Vorgehensweise im Bereich des *Softwareengineering* zur Erreichung von festgelegten Zielen. Sie ist durch einen Namen eindeutig identifizierbar und beinhaltet in der Regel die charakteristische Darstellungsform der Ergebnisse.

Methode i.S. der Objektorientierung

Methode, die die auf *Objekte* einer *Klasse* anwendbaren Operationen realisiert, wobei eine Aktionsfolge das Verhalten einer Operation festlegt .

Migration

Migration ist die Summe aller Aktivitäten, die zur Durchführung eines Technologiewechsels an einem Objekt (z.B. an einem Rechnersystem, *Datenbank*system usw.) notwendig ist.

Modell

Ein Modell repräsentiert das Abbild eines Ausschnitts der realen Welt. Ein Modell entsteht aus der Realität durch Abstrahieren (und damit durch Vereinfachen) und ist einer mathematischen Behandlung zugänglich.

Modul

Ein Modul ist ein zu programmierender Softwarebaustein, der nicht weiter zerlegt wird.

Netz

Verbindung von zwei oder mehr Rechnern oder allgemein: ein *IT-System*, das einen Datenaustausch zwischen verschiedenen *Komponenten* von *IT-Systemen* ermöglicht.

Objekt

Ein Objekt ist eine Einheit, die Informationen enthält oder erhält. Der *Zugriff* auf ein Objekt bedeutet den Zugriff auf die Informationen, die es enthält, oder bewirkt eine Veränderung seines Zustands. Objekte können physikalischer oder immaterieller Natur sein.

Objektorientiert

Betrachtungsweise eines Problemfeldes, eines Anwendungsgebiets oder einer technischen Lösung als Sammlung von kommunizierenden *Objekten*. Jedes *Objekt* besitzt dabei einen eigenen Zuständigkeitsbereich (Datenbereich) und eine Menge von *Methoden*, die Leistungen anderer *Objekte* über das Versenden von Nachrichten anfordern können. Dabei wird das *Vererbung*skonzept mit angewendet.

Phase

Zusammenfassung von Projekt-*Prozeß*schritten. Zu den Anfangs- und End*meilensteinen* einer Phase müssen *Phasenentscheidungen* getroffen werden.

Phasenentscheidung

Formale Entscheidung über die Abnahme der zum jeweiligen *Meilenstein* vorliegenden Ergebnisse und Freigabe der nächsten *Phase* durch den Entscheidungsträger.

Portabilität

Portabilität ist die Eigenschaft eines Software*produktes*, problemlos von einer Umgebung in eine andere transferierbar zu sein.

Portable Common Tool Environment (PCTE)

Europäisches Standardisierungsvorhaben, das sich zum Ziel gesetzt hat, die Portabilität von *CASE-Werkzeugen* zu erreichen. Das im Rahmen dieses Projektes entwickelte Referenzmodell für eine *SEU* ist mittlerweile von der ECMA in Europa und dem NIST in USA als gemeinsamer Standard verabschiedet.

Produkt

Ein Produkt ist ein Bearbeitungsgegenstand bzw. das Ergebnis einer *Aktivität* im Laufe der Projektabwicklung.

Produktivität

Unter Produktivität versteht man die Aufwand-/Kostenrelation.

Produktzustand

Kennzeichnung für das Bearbeitungsstadium eines Produktes. Der Wechsel des Produktzustandes wird grundsätzlich durch eine *Aktivität* ausgelöst.

Projekt

Vorhaben, das im wesentlichen durch die Einmaligkeit der Bedingungen in ihrer Gesamtheit gekennzeichnet ist, wie z.B. durch eine Zielvorgabe, zeitliche, finanzielle, personelle und andere Begrenzungen und eine projektspezifische Organisation.

Projektmanagement

Gesamtheit von Führungsaufgaben, -organisation, -techniken und -mitteln für die Abwicklung eines *Projekts. Submodell* des *V-Modells*.

Prototyping

Vorgezogene Entwicklung einer Funktionseinheit, um durch Versuche unbekannte Eigenschaften zu ermitteln oder um ein *Kommunikation*smedium zu schaffen, das die Ermittlung der wirklich relevanten Anforderungen erleichtert und beschleunigt.

Beim evolutionären Prototyping wird ein *System* inkrementell in einem stufenweisen Übergang vom explorativen, sehr einfachen Prototyp bis zum fertigen *Produkt* entwickelt.

Prozeß

Der zeitliche Ablauf einer Folge von Aktionen, die bezüglich eines bestimmten Zwecks eine funktionale Einheit bilden. Der funktionale Ablauf wird dabei von prozeduralen Regeln bestimmt.

Prozeßmanagement

Die Standardisierung und geordnete Verwaltung von *Prozessen* für den gesamten Lebenszyklus in der Anwendungsentwicklung.

Prozeßprüfung

Qualitätsprüfung an einem *Prozeß* bzw. an einer Tätigkeit anhand der Merkmale des *Prozesses* bzw. der Tätigkeit selber.

Prüfplan

Der Prüfplan definiert organisatorische Regelungen im Sinne der zeitlichen und personellen Planung zum Ablauf der *Prüfung*.

Prüfung

Prüfung ist der Oberbegriff für alle analytischen Maßnahmen unabhängig von der eingesetzten Methode und dem betroffenen Prüfgegenstand.

Pseudo-Code

Semiformales sprachliches Ausdrucksmittel für den Programmentwurf. Enthält üblicherweise Konstrukte der strukturierten Programmierung und natürlichsprachliche Beschreibungen.

Qualität

Die Gesamtheit der Merkmale und Merkmalswerte (Beschaffenheit) einer Einheit bezüglich ihrer Eignung, festgelegte und vorausgesetzte Erfordernisse zu erfüllen.

Qualitätsanforderung

Gesamtheit der quantitativen oder qualitativen Einzelanforderungen an die Merkmale einer Einheit, die festgelegt wurden, um diese Einheit erstellen und prüfen zu können.

Qualitätssicherung

Eine geplante und systematische Vorgabe sowie die Durchführung aller Maßnahmen zur Erreichung und zum Nachweis der geforderten *Qualitätsanforderungen* oder der notwendigen *Qualität*. *Submodell* des *V-Modells*.

Reengineering

Reengineering umfaßt sowohl die Änderung der Technologie in einem *IT-System* unter Beibehaltung der Grundfunktionalität als auch die Verbesserung der "Lebensbedingungen" des *IT-Systems* bei gleichzeitiger Erhöhung der *Produktivität* für die *Wartung*.

Relation

Eine Relation im Rahmen des E/R-Modells ist ein geordnetes Tupel von *Entitäten*.

Relationstyp

Ein Relationstyp bescheibt eine Menge von *Relationen*, indem die *Entitätstypen* der durch diese *Relation* verbundenen *Entitäten* und deren Anordnung innerhalb einer *Relation* angegeben werden.

Repository

Ein Repository ist ein *System*, das Informationen über alle *Objekte* der *Software*- und Informationssystementwicklung, deren Beschreibung und deren Beziehungen untereinander verwaltet.

Reverse-Engineering

Die Ableitung der physischen, logischen oder konzeptionellen Beschreibung eines *IT-Systems*, ausgehend von den physischen *Komponenten* eines *IT-Systems*.

Rolle

Eine Rolle definiert eine Menge von *Aktivitäten*, die einem Rollenträger, der diese *Aktivitäten* ausübt, zugeordnet werden können.

Schema

Ein Schema ist eine in einem Formalismus (*Datenmodell*) abgefaßte Definition von Datenstrukturen mit Integritätsbedingungen.

Schnittstelle

Gedachter oder tatsächlicher Übergang an der Grenze zwischen zwei *Funktionseinheiten* mit den vereinbarten Regeln für die Übergabe von Daten oder Signalen.

Segment

Unterstruktur eines *Systems* oder eines *Subsystems*, gekennzeichnet durch Komplexität und Geschlossenheit hinsichtlich *Funktionalität* und Realisierung.

SEU-Architektur

Die SEU-Architektur ist die Festlegung der Teile und Leistungen einer *SEU* sowie deren Anordnung und Zusammenwirken innerhalb der *SEU*.

SEU-Datenhaltung

Komponenten einer *SEU*, die sich mit der Datenhaltung einer SEU (*Data Dictionary*, *Repository*, *Entwicklungsdatenbank*) befassen.

SEU-Leistungseinheit

Eine SEU-Leistungseinheit ist eine aus (*SEU-*) *Benutzer*sicht erwartete und identifizierbare Leistung, die eine *SEU* rechnergestützt anzubieten hat.

SEU-Spezifikation

Die Festlegung von Anforderungen an die bei der Entwicklung von Software zum Einsatz kommende Hardware und Software sowie an die notwendigen organisatorischen Maßnahmen (Vorgehensweise, Konzepte, *Methoden* und Techniken).

Sicherheit

Sicherheit ist ein Zustand, in dem Risiken, die aufgrund von Bedrohungen vorhanden sind, durch Maßnahmen auf ein tragbares Maß reduziert sind.

Sicherheit, IT-

Die *IT-Sicherheit* ist die *Sicherheit* in bezug auf ein *IT-System*.

Sicherheitskonzept

Das Sicherheitskonzept ist eine *Dokumentation*, in der definierte *Sicherheit*smaßnahmen beschrieben und begründet werden.

Softwareengineering

Ein systematisches Vorgehen beim Entwurf, der Entwicklung, der Nutzung und der *Pflege/Änderung* von Software-*Produkten* unter Einsatz geeigneter Vorgehensweisen, Konzepte, *Methoden*, Techniken und *Werkzeuge*.

Softwareentwicklungsumgebung (SEU)

Eine Softwareentwicklungsumgebung ist die Realisierung einer *SEU-Spezifikation* für einen konkreten Anwendungsfall, d.h. Hardware, Software und organisatorische Maßnahmen (Vorgehensweise, Konzepte, *Methoden* und Techniken), die bei der

Entwicklung von Software in einem gegebenen Umfeld (z.B. im Projekt) tatsächlich verwendet werden.

Software Life Cycle

Software Life Cycle ist der Zeitraum, der bei der Idee zur Erstellung eines Software-*Produktes* beginnt und endet, wenn das *Produkt* aus der Nutzung genommen wird.

Software-Pflege und -Änderung

Alle Maßnahmen, die ergriffen werden, um eine zur Nutzung freigegebene Software funktionsfähig zu erhalten, ohne daß Benutzeranforderungen geändert oder erweitert werden (Pflege), sowie alle Maßnahmen, die ergriffen werden, um eine Änderung oder Erweiterung der Benutzeranforderungen zu berücksichtigen (Änderung).

Submodell

Ein aus Anwendersicht abgeschlossenes Teilmodell des *V-Modells*.

Subsystem

Teil eines *Systems* oder eines Subsystems, welches aus lösungsorientierter Sicht identifiziert wird.

System

Gesamtheit der zur selbständigen Erfüllung eines Aufgabenkomplexes erforderlichen technischen und/oder organisatorischen und/oder anderen Mittel der obersten Betrachtungsebene.

System, IT

Ein *System*, repräsentiert durch eine Kombination von Hardware und Software, die eingesetzt wird, um Aufgaben im Rahmen der *Informationsverarbeitung* zu erfüllen.

Systemarchitektur

Die Struktur und die Beziehungen zwischen den *Komponenten* eines *Systems*. Die *Schnittstelle* des Systems zu seiner operativen Umgebung kann dazugehören.

Test

Methode zur dynamischen *Prüfung* eines Software-*Produkts* mit dem Ziel, Abweichungen im erwarteten Verhalten vom tatsächlichen Verhalten des Software-*Produkts* festzustellen, so daß Korrekturmaßnahmen eingeleitet werden können.

Validierung

Nachweisführung, bei der gezeigt wird, daß das betrachtete *Produkt* die Erwartungen und die Erfordernisse des Benutzers erfüllt.

Vererbung

Die Vererbung ist ein Konstruktionsprinzip bei der *Klassen*bildung. Die Vererbung führt zur hierarchischen Anordnung von *Klassen*, die sich über mehrere Stufen erstrecken kann. Es wird zwischen Einfach- und Mehrfachvererbung unterschieden.

Verfahren

Ein in der Nutzung befindliches Endergebnis eines DV-Vorhabens.

Verfügbarkeit

Verfügbarkeit ist die Eigenschaft eines *Systems*, seine Dienstleistungen in dem erwarteten oder geforderten Umfang und innerhalb eines vorgegebenen Zeitraums zu erbringen.

Verifikation

Nachweisführung, bei der gezeigt wird, das ein *Produkt* einer Entwicklungsaktivität die Anforderungen erfüllt, die während vorhergehender Aktivitäten aufgestellt wurden.

Version

Eine Version ist eine identifizierbare und dokumentierte Fassung einer *Konfiguration* oder einer *Konfigurationseinheit*.

V-Modell

Bundeswehrspezifische Ausprägung eines *Vorgehensmodells*.

Vorgehensmodell

Regelungen, die die Gesamtheit aller *Aktivitäten* und *Produkte* sowie deren logische Abhängigkeiten bei der Entwicklung und *Pflege/Änderung* von Software festlegen.

Vorhaben

Alle administrativ verfolgbaren Unternehmungen innerhalb des *Phasen*vorlaufes und innerhalb des *Phasen*ablaufs.

Wartung

Synonym für *Software-Pflege* und *-Änderung*.

Wartbarkeit

Eigenschaft der Software, die eine Modifizierung mit geringem Aufwand möglich macht.

Werkzeug

Ein Werkzeug ist eine Software, die eine oder mehrere SEU-*Leistungseinheiten* realisiert.

Werkzeuganforderung, funktionale

Funktionale Anforderungen an die *Werkzeuge* einer *SEU*.

Wiederverwendbarkeit

Eigenschaft, die es ermöglicht, daß eine *Systemkomponente* in verschiedenen Anwendungen verwendet werden kann.

Zugriff

Vorgang, der einem Benutzer eines *IT-Systems* Informationen zugänglich macht, die als Daten in einem *IT-System* gespeichert sind.

Abkürzungsverzeichnis

AD/Cycle	Application Development Cycle
ADV	Automatische Datenverarbeitung
AE	Anwendungsentwicklung
ALF	Advanced Software Engineering Logistics Framework / Accueil de Logiciel Future
ANSI	American National Standards Institute
APHRODITE	A PCTE Host Target Distributed Testing Environment
APSE	Ada Programming Support Environment
ATMOSPHERE	Advanced Tools and Methods for System Production in Heterogenous, Extensible, Real Environments
BAWV	Bundesamt für Wehrverwaltung
BMI	Bundesminister des Inneren
BMVg	Bundesminister der Verteidigung
BRH	Bundesrechnungshof
BSS	Benutzerschnittstelle
Bw	Bundeswehr
CAIS	Common APSE Interface Set
CASE	Computer Aided Software Engineering
CCITT	International Telegraph and Telephone Consulting Committee / Comitè Consultatife International Tèlègraphique et Tèlèphonique
CEN	European Committee for Normalization
CUA	Common User Architecture

DB	Datenbank
DBMS	Datenbankmanagementsystem
DDE	Dynamic Data Exchange
DIN	Deutsches Institut für Normung
DoD	Department of Defense
DV	Datenverarbeitung
E/R	Entity Relationship
ECMA	European Computer Manufacturers Association
ECMA TC	ECMA Technical Committee
ECMA TC 33 TGRM	ECMA TC Task Group on Reference Model
EG	Europäische Gemeinschaft
ESF	External Source Format
ESPRIT	European Strategic Programs for Research and Development in Information Technology
HW	Hardware
HWKE	Hardwarekonfigurationseinheit
IE	Information Engineering
IEEE	Institute of Electrical and Electronics Engineering
IEPG	Independent European Program Group
IM	Informationsmanagement
IMKA	Interministerieller Koordinierungsausschuß
IRDS	Information Resource Dictionary Standard
ISE	Information Systems Engineering
ISEE	Integrated Software Engineering Environment (Reference Model)
ISO	International Organization for Standardization
Isotec	Integrierte Softwaretechnologie
IT	Informationstechnik
KapM	Kapazitätsmanagement
KBSt	Koordinierungs- und Beratungsstelle des BMI
KM	Konfigurationsmanagement
LAN	Local Area Network

Mil-HDBK	Militärisches Handbuch der Bürokommunikation
Mil-Std.	Militärischer Standard
Moses	Methodenorientiertes Softwareentwicklungssystem
NIST	National Institute for Standards and Technology
OLE	Object Linking Embedded
OTF	Organisatorisch-technische Forderung
PACT	PCTE - Added Common Tools
PASS	Projektabwicklungs- und Steuerungssystem
PAVE	PCTE and VMS-Environment
PC	Personal Computer
PCIS	Portable Common Interface Set
PCTE	Portable Common Tool Environment
PIMB	PCTE Interface Management Board
PM	Projektmanagement
PPG	Public Procurement Group
QS	Qualitätssicherung
RE	Requirements Engineering
Rz	Rechenzentrum
SAA	System Application Architecture
SE	Systementwurf
SEI	Software Engineering Institute
SEU	Softwareentwicklungsumgebung
SEU-IS	Softwareentwicklungsumgebung für Informations-systeme
SEU-WS	Softwareentwicklungsumgebung für Waffensysteme
SFNIX	Software Factory Integration and Experimentation
SQ	Sequence Charts
SSADM	Structured System Analysis and Design Method
STARS	Software Technology for Adaptable Reliable Systems
SW	Software
SWE	Softwareerstellung

SWKE	Softwarekonfigurationseinheit
SWPÄ	Softwarepflege und -änderung
UFAB	Unterlagen für die Ausschreibung und Bewertung von DV-Leistungen
V-Modell	Vorgehensmodell
VIP	VDM Interface für PCTE
WAN	Wide Area Network
WP	Wartung und Pflege